企业合规不起诉法律实务研究

陶伦康　庄力文　著

吉林大学出版社

·长春·

图书在版编目 (CIP) 数据

企业合规不起诉法律实务研究 / 陶伦康，庄力文著.—
长春 : 吉林大学出版社，2022.11
ISBN 978-7-5768-0998-5

Ⅰ．①企… Ⅱ．①陶… ②庄… Ⅲ．①企业法—研究
—中国 Ⅳ．① D922.291.914

中国版本图书馆 CIP 数据核字 (2022) 第 206037 号

书　　名：企业合规不起诉法律实务研究
　　　　　QIYE HEGUI BUQISU FALÜ SHIWU YANJIU

作　　者：陶伦康　庄力文　著
策划编辑：邵宇彤
责任编辑：张　驰
责任校对：周春梅
装帧设计：优盛文化
出版发行：吉林大学出版社
社　　址：长春市人民大街 4059 号
邮政编码：130021
发行电话：0431-89580028/29/21
网　　址：http://www.jlup.com.cn
电子邮箱：jldxcbs@sina.com
印　　刷：三河市华晨印务有限公司
成品尺寸：170mm×240mm　　16 开
印　　张：18.5
字　　数：319 千字
版　　次：2023 年 1 月第 1 版
印　　次：2023 年 1 月第 1 次
书　　号：ISBN 978-7-5768-0998-5
定　　价：98.00 元

前　言

　　企业合规不起诉，既是近年来学术界研究的一个热点问题，也是检察机关关注的一个重要领域。为贯彻落实党的十九届四中全会通过的《中共中央关于坚持和完善中国特色社会主义制度推进国家治理体系和治理能力现代化若干重大问题的决定》中"健全支持民营经济、外商投资企业发展的法治环境"的精神，2020年3月，最高人民检察院在上海、广东、江苏、山东等地的6个基层检察院开展了第一轮的企业合规不起诉制度改革试点工作，随后第二轮试点扩大到全国10个省份的上百家基层检察院。

　　从世界各国的实践来看，企业通过制订合规计划，换取在涉刑案件中暂缓起诉或不起诉的结果，已经取得一定成效。2020年，最高人民检察院开始由理论研究所牵头，启动对我国企业刑事合规制度的探索。目前，我国检察机关在初步探索合规不起诉制度的同时，也制定了相应的指引和政策。这些政策均明确强调检察机关在合规不起诉制度运行中的作用，即"加大对民营经济的平等保护，更好落实依法不捕不诉不提出判实刑量刑建议等司法政策，既给涉案企业以深刻警醒和教育，防范今后可能再发生违法犯罪，也给相关行业企业合规经营提供样板和借鉴"。合规不起诉制度为企业运营创造了一定的激励制度，促进企业合规体系的建立与落实，为企业后续的合规经营打下了坚实的基础。

　　合规不起诉制度在我国的发展让我们意识到，企业合规不仅为企业创造价值，也为企业的董事、监事和高级管理人员等企业核心人员提供了相应的保护。尤其是合规制度中设定的责任分割制度，可以有效防止企业核心人员因业务合作伙伴、上下游客户、下属员工的违法犯罪行为而承担刑事责任。梳理企业合规管理流程，构建企业合规风险防控制度体系，为企业合规管理提供可操作性、可复制性、可推广性的合规样本，是本书努力尝试的积极探索。

全书内容共分10章。第1章主要概述企业刑事合规不起诉和企业合规不起诉的内涵，并介绍了我国企业合规不起诉的适用范围。第2章至第9章重点构建企业合规内控体系，具体包括企业发展战略与组织治理机制合规管理、企业人力资源合规管理、企业计划财务合规管理、企业投资融资合规管理、企业产品市场销售合规管理、企业采购合规管理、企业文案与法律纠纷合规管理、企业信息系统与物流合规管理。第10章重点介绍了企业合规不起诉的司法实务流程，包括启动阶段、整改阶段、第三方监督评估、合规考察、听证验收等各阶段的司法实务程序。

企业合规不起诉的中国范本正在形成，从司法实务的角度激励和保护企业的经营与创造力，使中国的企业更好地走上国际舞台，是我们共同的期许与担当。

目　录

第1章　企业合规不起诉概述 1

1.1　企业刑事合规理论 1

1.2　企业合规不起诉理论 3

1.3　企业合规不起诉适用范围 6

第2章　企业发展战略与组织治理机制合规管理 9

2.1　企业发展战略合规管理 9

2.2　企业治理结构合规管理 13

2.3　企业组织架构合规管理 18

2.4　企业制度建设合规管理 19

2.5　企业子企业管控合规管理 22

2.6　企业职务授权及代理人制度合规管理 25

第3章　企业人力资源合规管理 28

3.1　员工招聘与配置合规管理 28

3.2　员工培训合规管理 33

3.3　薪酬合规管理 40

3.4　绩效考核合规管理 46

3.5　员工合规管理 50

3.6　岗位调动与离职合规管理 56

第4章　企业计划财务合规管理 61

4.1　全面预算合规管理 61

4.2　银行账户及存款合规管理 67

4.3 现金合规管理 72

4.4 票据合规管理 77

4.5 会计核算合规管理 82

4.6 财务报告与分析合规管理 86

第5章 企业投资融资合规管理 94

5.1 重大投资合规管理 94

5.2 工程项目投资合规管理 101

5.3 融资合规管理 111

5.4 募集资金使用合规管理 116

第6章 企业产品市场销售合规管理 121

6.1 销售预测合规管理 121

6.2 客户开发合规管理 124

6.3 产品合规管理 126

6.4 售后合规管理 130

6.5 价格合规管理 136

6.6 仓储运输合规管理 139

第7章 企业采购合规管理 141

7.1 供应商合规管理 141

7.2 招投标合规管理 146

7.3 设备采购合规管理 151

7.4 原材料采购合规管理 158

7.5 应付款合规管理 163

7.6 采购定价合规管理 168

7.7 进口合规管理 170

第8章 企业文案与法律纠纷合规管理 173

8.1 档案合规管理 173

8.2 印章合规管理 179

8.3 合同合规管理 183

8.4　法律纠纷合规管理 ···189

第 9 章　企业信息系统与物流合规管理 ·················194

9.1　信息开发系统合规管理 ·································194

9.2　信息系统运行、维护、安全合规管理 ···········199

9.3　外包物流合规管理 ·······································209

9.4　内部物流合规管理 ·······································213

第 10 章　企业合规不起诉操作流程 ·····················217

10.1　启动阶段 ··217

10.2　整改阶段 ··218

10.3　第三方监督评估 ···219

10.4　合规考察 ··223

10.5　听证验收 ··224

附录一：法律文件 ···226

附录二：典型案例 ···262

参考文献 ··286

第 1 章　企业合规不起诉概述

1.1　企业刑事合规理论

1.1.1　企业刑事合规的内涵

目前在我国企业刑事合规的概念还存在争议，尚未形成一致的观点，但人们普遍认为，企业刑事合规的本质是企业内部刑事风险防控机制，旨在降低企业的刑事法律风险；企业刑事合规是避免企业及其员工的行为给企业带来刑事责任；企业刑事合规意味着为了避免公司员工因其相关业务行为承担刑事责任而采取的一切必要且容许的措施。

严格来说，欧美合规体系中并没有单纯的企业刑事合规概念，企业合规的依据既包括行政监管法规，也包括刑事规定，甚至包括行业准则、商业惯例等方面。之所以强调刑事合规，无非因为刑事法律处罚的严厉性和刑事违法行为的危害性，有可能对企业造成更大的伤害。

企业刑事合规是将刑事法律规范穿插在企业日常经营、管理工作中，提高企业的刑事法律意识，避免企业涉刑，或者因为员工涉刑而牵连公司带来刑事法律问题后，避免企业受到处罚，使企业在遭受犯罪行为侵害时利用刑事合规手段预判和化解不法侵害。总而言之，刑事合规的根本目的是保护合法经营的企业，以及避免不想犯罪的企业实际掌控者、管理者或经营者免受牢狱之灾，从而避免企业受到更加严重的处罚。

1.1.2　企业刑事合规的核心要素

1. 合规制度

企业合规管理制度是企业与员工在生产经营活动中需要共同遵守的行为

指引、规范和规定的总称，是企业合规管理的核心内容。合规管理制度相当于企业的"内部立法"。

2. 合规组织机构

企业合规组织是企业实施合规管理及建设企业合规管理体系的组织载体。独立、高效、协调合作的企业合规组织，是企业合规管理体系的重要组成部分，是企业有效进行合规管理、依法治企的组织保障。

3. 合规文化

合规文化是企业在合规管理中形成的合规理念、合规目的、合规方针、合规价值观、合规管理体系、合规管理运行等的总和。

4. 合规培训

合规培训是有效刑事合规的基本要素。合规培训的目的是使公司全员树立合规意识、掌握合规知识、降低企业经营风险。合规培训应当遵循持续性原则、适当性原则、有效性原则、可追溯性原则和重要性原则。

5. 合规风险识别

合规风险识别是发现、收集、确认、描述、分类、整理合规风险，对其产生原因、影响范围、潜在后果等进行分析归纳，最终生成企业合规风险清单，为下一步合规风险的分析和评价明确对象与范围的活动。

6. 合规风险评估

合规风险评估是指企业在有效识别合规风险的基础上，运用特定的风险评估方法及工具对合规风险可能产生的危害、损失及造成的影响程度等进行测算，并基于此采取相应的控制措施。

7. 合规风险处置

合规风险处置是在完成风险评估之后，选择并执行一种或多种改变风险的措施，包括改变风险事件发生的可能性或后果，以及针对合规风险采取相应措施，消除合规风险或者将合规风险控制在企业可承受的范围。

8. 合规审计

合规审计是对合规管理工作进行全面评价和监督的重要手段，应重点审查合规体系的运行情况、合规程序的执行情况及对财务控制和其他内控手段的实施情况。

9. 合规调查

内部调查是有效合规计划的重要组成部分。

10. 合规举报

合规举报是指企业员工以匿名的方式，对企业经营活动中存在的合规风险隐患或已发生的违规问题，根据一定的途径和步骤向合规部门报告的活动。

11. 问责与惩戒

有责必究是一个在组织内部建立和保持道德文化的关键要素。

12. 持续改进

企业的合规风险是时时存在的、动态变化的，因此，面对内部和外部的变化，企业必须在合规风险方面建立持续改进机制并付诸实践。

1.2　企业合规不起诉理论

1.2.1　企业合规不起诉的内涵

企业合规不起诉又称企业刑事合规不起诉，由于我国刑事诉讼法针对企业犯罪没有规定撤回起诉协议、附条件不起诉等内容，因此我们对合规不起诉内涵的理解主要依据改革试点阶段的相关文件精神，根据最高人民检察院《关于开展企业合规改革试点工作方案》的相关规定，我们可以将企业合规不起诉定义为：检察机关会同有关主管机关、工商联、行业协会，对涉案企业的整改情况进行考察，在确认涉案企业内部管理已经优化后，做出不予起诉的决定。

为了准确理解企业合规不起诉的内涵，我们有必要将企业合规不起诉与其他相近概念进行区分。

1. 企业合规不起诉与无罪不起诉的关系

当涉案企业的行为属情节显著轻微、危害不大，不认为是犯罪，一般不能进行合规不起诉，除非涉案企业为求得检察机关建议有关主管机关从宽处罚，从而主动要求合规整改。由于检察机关做出不起诉决定后，需要向有关主管机关制发检察意见书建议行政处罚，所以部分涉案企业希望通过合规整改换取检察机关制发从宽行政处罚的检察意见书。《刑事诉讼法》规定，人民检察院决定不起诉的案件，对被不起诉人需要给予行政处罚、处分或者需要没收其违法所得的，人民检察院应当提出检察意见，移送有关主管机关处理。有关主管机关应当将处理结果及时通知人民检察院。

2. 企业合规不起诉与存疑不起诉的关系

涉案企业的犯罪事实不清、证据不足，一般不能进行合规不起诉。但实践中，即使检察机关做出存疑不起诉，侦查机关仍可以继续侦查而不一定终止侦查，这种既不了结又不向前推进的"挂案"，悬而未决的不仅是案件，更是一个企业的命运。当涉案企业请求侦查机关快速侦结案件以更好地融入市场竞争时，会要求检察机关在做出存疑不起诉的一段时间后履行监督撤案的职能。而检察机关也会要求涉案企业进行合规整改，以平衡侦查的长期性与涉案企业的急迫需求。

3. 企业合规不起诉与相对不起诉的关系

目前，在企业合规改革试点阶段，合规不起诉主要依托现有的相对不起诉制度。相对不起诉的前提是涉案企业与涉案人员犯罪情节轻微，而合规整改的效果与否是判断犯罪情节轻微的重要条件。当涉案企业通过合规整改的验收，检察机关就可以以犯罪情节轻微做出相对不起诉决定，同时通过检察意见书的形式建议有关主管机关从宽行政处罚。

4. 企业合规不起诉与轻缓量刑建议的关系

最高人民检察院《关于开展企业合规改革试点工作方案》指出，开展企业合规改革试点工作，是指检察机关对办理的涉企刑事案件，在依法做出不批准逮捕、不起诉决定或者根据认罪认罚从宽制度提出轻缓量刑建议等的同时，针对企业涉嫌具体犯罪，结合办案实际，督促涉案企业做出合规承诺并积极整改落实，促进企业合规守法经营，减少和预防企业犯罪，实现司法办案政治效果、法律效果、社会效果的有机统一。这里谈到的"轻缓量刑建议"指的是缓刑的量刑建议。在合规不起诉工作中，存在宣告刑在 3 年以上有期徒刑的案件。在立法未修正前提下，检察机关只能对涉案企业做出不起诉决定同时对涉案人员做出缓刑量刑建议。

1.2.2　我国企业合规不起诉制度与美国 DPA、NPA 制度

1. 美国 DPA、NPA 制度概述

美国检察官（仅仅联邦检察官）从事企业合规业务分为：缓起诉协议（Deferred Prosecution Agreement，简称 DPA）和不起诉协议（Non-Prosecution Agreement，简称 NPA）。缓起诉协议（DPA）是指案件起诉进入法院之后，被告（企业法人）同意认罪且接受检察官提出之罚金、赔偿金数额，并建立遵行法令制度，而检察官同意暂时停止进行诉讼程序之协议（检察官与被告共同以书面同意停止诉讼程序，即不违反速审法规定应在起诉后 70 日内进行审判程序之限制）。在诉讼程序暂停期间，被告必须完成赔偿金之支付、建立相关遵行法令制度或采取补救措施；当被告未按照协议履行，检察官可请求法院续行诉讼程序，并追加起诉其他犯罪事实。如果被告都能履行协议，协议期满后，检察官则申请法院驳回起诉。不起诉协议（NPA）是指案件尚未进入法院前（法官不需要同意），检察官裁量案件情节，与涉案企业（犯罪嫌疑企业）就赔偿金额、补救措施达成合意后，而给予不起诉处分协议。

缓起诉协议（DPA）和不起诉协议（NPA）的共同特性是：案件在法官进行实质审理前，被告表达认罪而与检察官达成合意；双方约定其中被告履行特定条件，而检察官则同意暂缓或不追究其刑事责任。缓起诉协议（DPA）和不起诉协议（NPA）的优点在于既可以使企业为其行为付出代价，又可以降低外部性（如企业产品仍可继续销售，不至于影响到一般的消费者）。同时，检察官不仅可以要求企业立即停止其不法行为，还可以要求企业对其内部进行结构性的改革（包括解雇所有参与违法犯罪人员、新增独立董事、增加道德行为准则 / 企业文化等），及要求企业配合监管部门对员工之违法犯罪行为的执法调查。缓起诉协议（DPA）和不起诉协议（NPA）的缺点也很明显：一方面，企业是否可以得到 DPA 以及 NPA 的最终决定权在检察官手上，检察官的角色与法官的角色难以区分；另一方面，缓起诉协议（DPA）和不起诉协议（NPA）的内容大多是要求企业为特定行为，因此，检察官似乎又变成了企业的监管部门，其是否适合监督公司合规整改不无疑问。

2. 我国企业合规不起诉与美国 DPA、NPA 实施差异

美国缓起诉协议（DPA）类似我国的撤回起诉，不起诉协议（NPA）类似我国的附条件不起诉。

我国企业合规不起诉实施主要是为了践行"六稳""六保"①而探索的，目的是为依法保护企业正常生产经营活动，主要针对中小型企业、正在转型升级的企业及正处于渡过难关期中的企业。由于我国的企业与实质经营人的关联度往往很高，因此，在实施中既要考虑企业也要考虑企业主。同时，《关于建立涉案企业合规第三方监督评估机制的指导意见（试行）》中，要求企业合规不起诉工作，都需要第三方监督评估机制管理委员会选任出第三方监督评估组织去监督评估涉案企业的整改情况。与我国企业合规不起诉实施相比，美国的 DPA、NPA 的实施对象主要针对超大型企业，美国检察官可以对企业不追究责任而对涉案人员追究责任，同时，美国的 DPA 与 NPA 实施中，使用第三方监管的频率很低，很少有案件使用第三方监管，基本依赖于涉案企业自行整改到位。

1.3　企业合规不起诉适用范围

企业合规不起诉的适用范围包括涉案企业与涉案罪名。

1.3.1　涉案企业

企业合规不起诉涉案企业包括涉嫌犯罪的企业和被侵害的企业。截至 2021 年 12 月底，在最高人民检察院公布的两期企业合规不起诉试点工作中，10 个试点省份共办理合规不起诉涉案企业合规案件 600 余件，在前两批试点工作中，合规不起诉针对的主要是小型企业、其他经济组织和个体工商户。在未来，合规不起诉将越来越适用于大企业与重罪案件，即上市公司子公司、上市公司关联公司与拟上市公司。

从目前企业合规不起诉试点司法实践来看，检察机关在办理合规不起诉案件中，往往要综合考察涉案合规企业是否满足如下条件。

1. 涉案企业能正常生产经营且自愿适用第三方机制

无法正常经营的企业如僵尸企业，无论是否认罪认罚都不能适用合规不

---

① "六稳""六保"指的是稳就业、稳金融、稳外贸、稳外资、稳投资、稳预期；保居民就业、保基本民生、保市场主体、保粮食能源安全、保产业链供应链稳定、保基层运转。

起诉。此外，对证据存疑、情节显著轻微与侦查机关长期挂案不移送检察机关也不终止侦查的案件，只要涉案企业自愿适用第三方机制，也可以开展第三方监督评估工作，最终实现合规不起诉。

2. 涉案企业要有充足的资金进行整改

合规整改中，涉案企业需要外聘合规团队、招录专门人员、宣传合规文化、建立"三道防线"、制作合规手册等。无论哪个工作，都需要花费资金，这是一个无法回避的问题。检察机关在确定涉案企业是否具备整改条件中，往往会重点考虑这一内容。

3. 涉案企业属于法律规定的单位犯罪

刑法规定，公司、企业、事业单位、机关、团体实施的危害社会的行为，法律规定为单位犯罪的，应当负刑事责任。单位犯罪的，对单位判处罚金，并对其直接负责的主管人员和其他直接责任人员判处刑罚。本法分则和其他法律另有规定的，依照规定。所以，法律规定是单位犯罪的，不论罪名与否，都可以适用合规不起诉制度。

4. 涉案企业属于实质判断上的单位犯罪

涉案企业案发原因符合下面两条之一且无合理解释的，可以开展合规整改，适用合规不起诉制度。

①当企业内部存在纵容企业犯罪的内部文化时，推定单位具有犯罪故意；

②单位内部没有建立起有效的合规方案而导致危害结果发生的，推定单位具有犯罪过失。

另外，若涉案企业证明案发前已经建立且实际运行了合规体系，则本案属意外事件或个人犯罪。检察机关有义务征求涉案企业的意见是否愿意合规整改。当涉案企业同意合规整改，检察机关可以启动合规不起诉程序。

司法实践中绝大部分的合规不起诉案件，宣告刑都在有期徒刑 3 年以下或有期徒刑 5 年以下（如非法经营罪）。但当涉案企业的宣告刑是 3~10 年有期徒刑、5~15 年有期徒刑或数个罪名案件，也可以进行合规不起诉，即对涉案企业做不起诉，对涉案人员轻缓量刑建议。

1.3.2　涉案罪名

司法实践的企业合规不起诉案件中，涉案企业的涉案罪名主要有：虚开增值税专用发票罪；串通投标罪；走私普通货物罪；非法发放贷款罪；生产、销售伪劣产品罪；销售假冒注册商标罪；非法吸收公众存款罪；对非国家工作人员行贿罪；职务侵占罪；侵犯公民个人信息罪；污染环境罪；非法占用农用地罪等。

合规不起诉企业一般具有如下特征：企业本身在依法纳税、吸纳就业人口、带动当地经济发展等方面发挥一定作用，对当地乃至全国的经济、劳动力就业具有较大影响，或列入当地乃至国家重点发展项目的企业；企业的发展模式和发展方向符合现行产业政策或未来产业发展趋势，具有一定竞争优势；企业涉嫌的罪名是经济犯罪和职务犯罪；企业可能被判处 3 年或 5 年以下有期徒刑；企业涉案后认罪认罚，且具备启动第三方机制的基本条件；企业是初犯、偶犯；企业属于科技创新型企业等。

1.3.3　不适用合规不起诉的情形

根据目前试点实践来看，涉案企业具有下列情形之一的，一般不宜适用合规不起诉制度：

①实施危害国家安全犯罪、恐怖活动犯罪、毒品犯罪、涉黑涉恶犯罪的；

②未经国家或者省金融有关主管机关批准，擅自从事金融业务或者金融活动，给群众造成重大损失的；

③涉罪企业直接负责的主管人员和其他直接责任人员依法应当被判处 10 年有期徒刑以上刑罚的；

④造成人员重大伤亡的；

⑤社会负面影响大，群众反映强烈的；

⑥涉罪企业以犯罪所得作为主要收入来源的；

⑦涉罪企业不接受合规考察的。

第 2 章 企业发展战略与组织治理机制合规管理

2.1 企业发展战略合规管理

2.1.1 概述

企业发展战略合规管理规定了企业中长期战略规划的编制、审批、执行、评价，旨在根据企业发展经营现状，协调企业内外各项资源，制定在未来一定时间内能够平稳、有序达到的中长期发展目标。

2.1.2 相关制度

相关制度：战略规划管理程序。

2.1.3 职责分工

各职能部门：负责战略规划编制前的调研，确定职能战略规划的编制方案，执行企业战略规划，在必要时候提出战略规划调整建议。

战略与证券管理部：负责战略规划的编制汇总，负责监督各职能部门战略规划的执行情况，定期进行执行情况分析，负责对战略规划进行调整。

总经理／董事会：负责对企业战略规划的制订和调整进行审批。

2.1.4 控制目标

企业发展战略合规管理的控制目标如表 2-1 所示。

表2-1 企业发展战略合规管理的控制目标

序号	控制目标	目标类别
1	保证企业战略符合国家法律和政策	合法合规目标
2	保证企业战略科学合理	战略目标
3	保证企业战略目标有效执行	战略目标

2.1.5 风险控制点

风险点 1

风险描述：国家及地方相关产业政策变动造成经营成本增加，影响企业正常生产经营。

关键控制措施：企业及子企业及时掌握并了解国家和地方相关产业政策，在此基础上进行初步研究，市场部牵头各部门对政策进行充分研究分析，企业总经理办公会议集体商讨和研究应对方案。

控制痕迹：国家相关行业政策文件。

风险点 2

风险描述：新技术研发落后于竞争对手，导致产品无法满足客户需求，影响企业销售收入。

关键控制措施：企业由相关部门收集国内外最新技术研究资料，参加由权威机构组织举办的行业相关研讨会等学术会议，根据企业技术开发情况和实际需求，对信息进行分析研究，对符合企业发展情况且具备相应资源的，形成科研可行性研究文件，报企业领导及相关部门进行商讨。

控制痕迹：国内外科技文件资料。

风险点 3

风险描述：下游电子产品行业市场波动造成产品需求不稳定，影响企业销售收入。

关键控制措施：企业相关部门对下游电子产品市场需求及波动情况信息

进行收集、分析,定期报企业相关部门及领导进行商讨,制定相对应的市场策略。

控制痕迹:市场调查报告。

风险点 4

风险描述:未获取合理数量的生产原材料,缺乏资源进行生产,影响企业持续稳定生产。

关键控制措施:①供应链中心应当指定专人负责跟踪主要原材料的市场供应量及价格的走势,并将信息及时传递给相关领导;②企业应当建立原材料储备及备选供应商储备制度,当主要原材料未来供应可能存在不足时企业应当及时采购相关原材料以达到合理储备量,或者当主要供应商发生供货困难时,企业应当及时联系备选供应商协商供货事宜。

控制痕迹:①主要原材料调查报告;②主要原材料储备及备选供应商储备制度。

风险点 5

风险描述:企业与相关战略合作伙伴进行合作经营时,缺乏合理的选择与合作机制,导致合作失败或企业利益受损。

关键控制措施:①企业建立广泛的社会关系,建立企业良好内部形象,并积极收集各类行业信息和数据,识别潜在战略合作伙伴;②企业与相关战略合作伙伴合作前,应当进行可行性分析及尽职调查,内容包括项目合作理念、项目初选、预期目标、合作方式、行业市场分析、合作对象核心竞争力分析、企业现有资源分析等,经总经理办公会议审批通过后,与合作伙伴进行谈判,确定合作经营方式、合作经营目标等内容,并形成双方认可的会议纪要,妥善保管;③根据企业战略发展目标的调整对现有战略合作伙伴进行评估,筛选符合企业发展所需要的战略合作伙伴。

控制痕迹:①项目可行性分析;②尽职调查报告;③谈判纪要;④战略合作协议。

风险点 6

风险描述:未能制订符合企业发展目标的中长期战略规划,影响企业发展目标的实现。

关键控制措施:根据企业战略计划和发展需要,由董事会及高层领导会议讨论提出中长期战略规划目标。

控制痕迹:中长期战略规划。

风险点 7

风险描述：中长期战略规划流程职责划分不明确，导致中长期规划与企业实际发展情况不符。

关键控制措施：①企业战略委员会负责企业总体发展战略规划和各职能战略规划的审议、决策、核准；②战略与证券管理部负责企业各职能战略规划的汇总，牵头负责企业总体发展战略规划的起草、修订、上报审查、实施及控制，负责企业职能战略规划中的《中长期发展规划》起草、修订、上报审查；③企业各职能部门负责该职能战略规划的起草、修订、上报审查。

控制痕迹：①战略规划审议会会议纪要、会议决议；②中长期发展规划；③各职能战略规划。

风险点 8

风险描述：企业中长期战略规划未经充分讨论、审批即决定实施规划，导致中长期战略规划不合理，影响企业稳定持续的发展。

关键控制措施：中长期战略规划须经过企业管理层逐层报批，按照决策权限报总经理、董事会审议决策讨论，提出执行意见。

控制痕迹：总经理批示、董事会决议。

风险点 9

风险描述：在战略规划前期，未能进行充分调研，导致战略规划的决策无有效依据，影响战略规划的合理准确。

关键控制措施：①收集整理研究资料，编写战略规划研究报告，主要包括战略发展方向、战略目标、战略风险评估及内外部环境影响等内容；②将战略规划研究报告提交风险管理委员会、总经理及董事会决议。

控制痕迹：总经理批示、董事会决议。

风险点 10

风险描述：中长期战略规划不符合国家有关法律法规和内部规章制度要求，导致外部处罚、经济损失和信誉损失风险。

关键控制措施：战略规划内容的审核须参照国家有关法规规定，审核过程中涉及违反相关规定的内容应及时向企业管理层反映并进行修改调整，确认无误后提交企业董事会审核批复。

控制痕迹：董事会决议。

风险点 11

风险描述：中长期战略规划调整变动过于频繁，导致企业资源浪费。

关键控制措施：①战略规划的制订及审核须经过管理层的严格审核，避免重复修改及调整；②战略规划调整后须及时上报企业总经理、董事长及董事会审核确认。

控制痕迹：总经理批示、董事会决议。

风险点 12

风险描述：中长期战略规划的执行未能得到有效监督和评估，导致中长期规划的执行偏离预期计划，影响企业发展战略的实现。

关键控制措施：由企业管理层指派专人负责对战略规划的执行过程进行记录并定期进行成果汇报，出具战略规划执行情况报告，对于执行过程中需要调整的由董事会会议讨论决定，提出新的规划目标。

控制痕迹：战略规划执行情况报告。

2.2　企业治理结构合规管理

2.2.1　概述

企业治理结构合规管理规定了企业股东会、董事会、监事会及相关专业委员会对重要事项进行审批、评价和监督的流程。

2.2.2　相关制度

相关制度：企业章程；董事会议事规则；监事会议事规则；审核委员会议事规则；提名和薪酬委员会议事规则；战略委员会议事规则；风险管理委员会议事规则；企业文化手册；信息披露管理制度。

2.2.3　职责分工

股东大会：按照企业章程设立股东会并任命四大专业委员会，在职责范围内进行决策。

董事会：按照议事规则召开董事会，在职责范围内进行决策，任命高级管理人员。

高级管理人员：负责具体的日常经营管理活动，行使管理职权。

专业委员会：在专业范围内行使决策、监督职责。

2.2.4 控制目标

企业治理结构合规管理的控制目标如表2-2所示。

表2-2 企业治理结果合规管理的控制目标

序 号	控制目标	目标类别
1	保证治理架构的设置和运行符合国家法律法规	合法合规目标
2	保证治理架构科学合理	经营效率目标
3	保证治理架构的良好运行及有效执行	战略目标

2.2.5 风险控制点

风险点1

风险描述：董事会的设立、工作程序不符合国家法律、法规和企业章程的要求，可能遭受外部处罚、经济损失和信誉损失。

关键控制措施：①企业按照相关法律法规要求任命董事长、董事、独立董事和董事会专门委员会成员，并成立董事会办公室负责处理董事会日常事务。②董事会会议实行届次制，董事会例会每年应当至少在上下两个半年度各召开一次定期会议。经董事长与股东代表协调，董事会和股东会会议可同时召开，分别议事；有下列情形之一的，董事长应在20个工作日内召集临时董事会会议：代表十分之一以上表决权的股东提议时；三分之一以上董事联名提议时；监事会提议时；董事长认为必要时；二分之一以上独立董事提议时；经理提议时；证券监管部门要求召开时；本企业章程规定的其他情形。③企业按照相关法律法规要求任命董事长、董事、独立董事和董事会专门委员会成员，并成立战略与证券管理部负责处理董事会日常事务。④企业按照相关法律法规要求任命董事长、董事、独立董事和董事会专门委员会成员，并成立战略与证券管理部负责处理董事会日常事务。⑤会议表决实行一人一票，以计名和书面方式进行；与会董事表决完成后，证券事务代表和有关工作人员应当及时收集董事的表决票，交董事会秘书在一名独立董事或者其他董事的监督下进行统计。

董事会审议通过会议提案并形成相关决议，必须有超过企业全体董事人数之半数的董事对该提案投赞成票。法律、行政法规和本企业章程规定董事会形成决议应当取得更多董事同意的，从其规定。董事会根据本企业章程的规定，在其权限范围内对担保事项做出决议，除企业全体董事过半数同意外，还必须经出席会议的三分之二以上董事的同意。出现下述情形的，董事应当对有关提案回避表决，如《深圳证券交易所股票上市规则》规定董事应当回避的情形；董事本人认为应当回避的情形；本企业章程规定的因董事与会议提案所涉及的企业有关联关系而须回避的其他情形。⑥董事会会议决议应当以书面方式记载，决议应包括会议届次和召开的时间、地点、方式；会议通知的发出情况；会议召集人和主持人；董事亲自出席和受托出席的情况；关于会议程序和召开情况的说明；会议审议的提案，每位董事对有关事项的发言要点和主要意见，对提案的表决意向；每项提案的表决方式和表决结果（说明具体的同意、反对、弃权票数）；与会董事认为应当记载的其他事项。

控制痕迹：①董事任命书；②会议通知。

风险点2

风险描述：董事会对重大信息的上报不符合有关上级部门披露程序及要求，可能遭受外部处罚、经济损失和信誉损失。

关键控制措施：企业的重大事件上报应当严格遵守国家相关法律法规及交易所有关制度执行。

控制痕迹：重大事件披露文件。

风险点3

风险描述：董事会职责决策权限设立不清、越权管理，导致决策低效和舞弊、欺诈行为的发生，使企业遭受经济损失和信誉损失。

关键控制措施：①董事会职权，包括召集股东会会议，并向股东会报告工作；执行股东会的决议；决定企业的经营计划和投资方案；制订企业年度财务预算方案、决算方案；制订企业的利润分配方案和弥补亏损方案；决定企业内部管理机构的设置；制订企业的基本管理制度；决定聘任或者解聘企业经理及其报酬事项，并根据经理的提名决定聘任或者解聘企业副经理、财务负责人或其他高级管理人员及其报酬事项；制订企业增加或者减少注册资本及发行企业债券的方案；制订企业合并、分立、解散或者变更企业形式的方案；制订企业章程修订方案；拟订企业的重大收购或出售方案；在遵照有关法律法规及章程的要求下，执行企业对外担保、对外投资及融资等股东会

决；决定聘用或者解聘承办企业审计业务的会计师事务所；章程规定的其他
职权。②董事长职权，包括主持股东会会议、召集和主持董事会会议；检查
董事会决议的实施情况；在董事会授权范围内签署或委托授权一名或多名董
事签署企业的重要文件；董事会授予的其他职权。③董事会秘书职责，包括
确保企业组织文件和各项记录的真实性和完整性；负责准备和递交行政管理
机关（包括但不限于注册登记机关）所需的各项报告和文件；确保企业股东
名册妥善设立和保存，保证相应权利人及时得到企业有关记录和文件；负责
与股东及董事之间的联络和沟通；履行法律上及章程中规定企业秘书之其他
职责（包括董事会的合理要求）。④各董事行使以下职权，包括出席董事会并
行使表决权，董事会决议的表决实行一人一票；报酬请求权；签名权；企业
章程规定的其他职权。

控制痕迹：企业章程。

风险点4

风险描述：监事会工作流程不满足相关法律法规要求，可能导致企业发
生违法违规行为、受到外部处罚。

关键控制措施：①监事会定期会议应当每六个月召开一次。②出现下列
情况之一的，监事会应当在10日内召开临时会议，如任何监事提议召开时；
股东大会、董事会会议通过了违反法律、法规、规章、监管部门的各种规定
和要求、企业章程和其他有关规定的决议时；董事和高级管理人员的不当行
为可能给企业造成重大损害或者在市场中造成恶劣影响时；企业、董事、监
事、高级管理人员被股东提起诉讼时；企业、董事、监事、高级管理人员受
到证券监管部门处罚或者被深圳证券交易所公开谴责时；证券监管部门要求
召开时；本企业章程规定的其他情形。③召开监事会定期会议和临时会议，
监事会应当分别提前10日和5日将盖有监事会印章的书面会议通知，通过直
接送达、传真、电子邮件或者其他方式提交全体监事；非直接送达的，还应
当通过电话进行确认并做相应记录。④书面会议通知应当至少包括会议的时
间、地点；拟审议的事项（会议提案）；会议召集人和主持人、临时会议的提
议人及其书面提议；监事表决所必需的会议材料；监事应当亲自出席会议的
要求；联系人和联系方式。⑤监事会会议的表决实行一人一票，以记名和书
面方式进行。监事会形成决议应当经出席会议的监事过半数同意监事会工作
人员应当对现场会议做好记录。会议记录应当包括：会议届次和召开的时间、
地点、方式；会议通知的发出情况；会议召集人和主持人；会议出席情况；

关于会议程序和召开情况的说明；会议审议的提案，每位监事对有关事项的发言要点和主要意见，对提案的表决意向；每项提案的表决方式和表决结果（说明具体的同意、反对、弃权票数）；与会监事认为应当记载的其他事项。

控制痕迹：①会议通知；②会议记录、会议决议。

风险点 5

风险描述：监事会履行职能不力，可能导致企业利益和股东权益受损。

关键控制措施：企业应当严格遵守监事会议事规则，确保监事的意见反映渠道畅通。

控制痕迹：监事会议事规则。

风险点 6

风险描述：高级管理层违法、违规及不遵守企业的规章制度，可能引起法律风险，遭受外部处罚，造成经济损失或信誉损失。

关键控制措施：①人力资源部门及相关职能部门负责企业文化的培训工作，包括企业全体员工尤其是各级管理人员和业务操作人员通过多种形式，努力传播企业风险管理文化，牢固树立风险无处不在、风险无时不在、严格防控纯粹风险、审慎处置机会风险、岗位风险管理责任重大等意识和理念；风险管理文化建设与薪酬制度和人事制度相结合，有利于增强各级管理人员特别是高级管理人员风险意识，防止盲目扩张、片面追求业绩、忽视风险等行为的发生。②企业建立重要管理及业务流程、风险控制点的管理人员和业务操作人员岗前风险管理培训制度，采取多种途径和形式加强对风险管理理念、知识、流程、管控核心内容的培训，培养风险管理人才，培育风险管理文化。

控制痕迹：相关培训记录。

风险点 7

风险描述：高级管理层的积极性得不到充分发挥，决策能力、宏观把握能力的欠缺可能会影响到企业发展。

关键控制措施：企业建立企业文化评估制度，明确评估的内容、程序和方法，落实评估责任制，避免企业文化建设流于形式。

控制痕迹：企业文化手册。

风险点 8

风险描述：专业委员会执行过程中未按照标准流程开展工作，导致工作效率低下，决策错误。

关键控制措施：企业董事会下设审核委员会、提名与薪酬委员会、风险管理委员会及战略决策委员会四个专业委员会，审核委员会、提名与薪酬委员会应当独立董事占多数并且会议召集人为独立董事；应当明确四大委员会的各自职能及议事规则。

控制痕迹：审核委员会议事规则；提名和薪酬委员会议事规则；战略委员会议事规则和风险管理委员会议事规则。

2.3　企业组织架构合规管理

2.3.1　概述

本流程涉及企业的组织机构设计与变更过程，旨在根据企业发展战略规划，优化使用企业生产与经营所需的人、财、物资源，协调各项经营管理活动之间的均衡，使集团有序、稳定地达到战略目标。

2.3.2　相关制度

相关制度：组织与职责管理程序；人力资源管理授权手册。

2.3.3　控制目标

企业组织架构合规管理的控制目标如表2-3所示。

表2-3　企业组织架构合规管理的控制目标

序　号	控制目标	目标类别
1	保证组织架构科学合理	经营效率目标
2	保证职责分配科学合理	经营效率目标
3	保证组织架构运行有效	经营效率目标

2.3.4　风险控制点

风险点 1

风险描述：组织机构设置中，部门职责交叉、职责缺失、职责错置。

关键控制措施：①定期或不定期对部门职责变动或新增职责进行调整，梳理整合交叉、缺失或错置职责；②相关职能部门对组织机构设置 / 变动进行评审。

控制痕迹：××办字红头文件、企业公告。

风险点 2

风险描述：组织机构与上级领导和下属单位的授权审批权限不够清晰，导致决策效率较低或决策失误。

关键控制措施：①组织机构设置 / 变动方案需要通过总经理办公会讨论确定；②相关职能部门对组织机构运行中存在的问题进行评审；③总经理办公会对评审报告讨论通过后报董事会审批调整组织机构设置。

控制痕迹：①总经办会议纪要及 OA 审批；②会议纪要；③总办会会议决议、董事会会议决议。

2.4　企业制度建设合规管理

2.4.1　概述

企业制度建设合规管理规定了企业的体系文件建设工作，旨在规范企业体系文件、管理规定、操作手册等相关体系文件的编制、上报、审核等过程。

2.4.2　相关制度

相关制度：文件控制程序；培训管理规定；审核管理程序。

2.4.3　职责分工

各职能部门：负责与本部门相关程序文件的编写和修订。

授权审批部门：负责对程序文件进行审批。

质量管理部门：负责对审批通过的程序文件进行统一编号并形成受控文件。

战略人力资源部：负责组织对受控文件进行培训，并对文件执行情况进行考核。

2.4.4 控制目标

企业制度建设合规管理的控制目标如表 2-4 所示。

表2-4 企业制度建设合规管理的控制目标

序 号	控制目标	目标类别
1	保证体系文件编制流程有序高效	经营效率目标
2	保证体系文件符合国家相关法律法规	合法合规目标
3	保证各项体系文件编制科学合理	经营效率目标
4	保证体系文件执行有效	经营效率目标

2.4.5 风险控制点

风险点 1

风险描述：没有部门对企业体系文件建设起牵头作用，导致企业各职能部门及各所属单位管理无序混乱。

关键控制措施：①企业各职能部门负责分管职责内管理制度的起草、制订、修改修订、完善、组织评审，牵头组织相关部门和人员参加管理制度培训等工作；②企业各职能部门制订的管理制度经评审合格发布后及时向质量与客服部备案，并形成受控文件。

控制痕迹：文件控制程序。

风险点 2

风险描述：企业体系文件与国家相关法规条例相冲突，导致日常经营管理的合法合规风险。

关键控制措施：各职能部门要在其职能范围内对国家现行或地方性法律

法规进行收集，并加以辨识使用，指导各自职能范围内内控制度建立的合法性、合规性。

控制痕迹：体系文件。

风险点 3

风险描述：企业体系文件编制范围不合理，导致制度文件数量过多或过少，内容冲突，影响日常管理效率。

关键控制措施：质量与客服部应当每年通过内部巡查、内部审核、管理评审等对体系文件的充分性、适宜性及有效性进行评审。对于需要修订的体系文件，应当由相关职能部门根据实际情况进行修订，文件修订到发布的整个程序与文件制订的程序相同。

控制痕迹：体系文件修订记录。

风险点 4

风险描述：企业体系文件内容不具有操作性，导致难以操作，影响部门正常经营管理。

关键控制措施：文件评审时针对制度的可操作性、适应性、符合性、合规性、公平性、效益性进行评审。①文件评审不合格，职能部门重新修改，再次组织评审；②在特殊情况下，根据实际情况对文件进行制订或修订后，文件评审可以由相关职能部门领导进行会签，高效快捷地完成制度评审工作。

控制痕迹：体系文件评审记录。

风险点 5

风险描述：体系文件的编制审批及审核为同一人，导致制度文件过于主观，影响日常管理效率。

关键控制措施：对于新拟制的文件，流程负责部门应评估文件与其他职能部门的相关性，若不相关则直接提交至权限人员批准，若相关则需提交至其他职能部门进行评审会签；对于修订的文件，需求部门应提交至文件上一版评审部门进行评审会签。

控制痕迹：①体系文件会签记录；②评审意见。

风险点 6

风险描述：体系文件未按企业相关规定进行统一编号，易导致制度文件管理混乱。

关键控制措施：体系文件发布前应到质量与客服部进行职能管理制度的统一编号，或在制度文件发布前打印环节，应对制度文件编号进行检查。

控制痕迹：体系文件清单。

风险点7

风险描述：各级人员未能就部门体系文件得到充分培训，导致日常工作未能遵循文件规定。

关键控制措施：经评审合格的体系文件，战略人力资源部／培训组配合相关部门准备培训资源并负责安排培训计划，牵头组织相关部门和人员参加职能管理体系文件培训，培训结束后由战略人力资源部／培训组组织培训考核。

控制痕迹：①培训台账记录；②考核结果。

风险点8

风险描述：企业及各所属单位体系文件未能进行定期监督执行情况，导致客观原因改变而不符合实际操作情况，影响制度的可操作性。

关键控制措施：①文件下发执行后，每年由执行部门对体系文件的执行情况进行自查，质量与客服部应当组建审核小组，对各部门体系文件的执行情况进行检查。②检查发现问题后，质量与客服部应当召开会议，各相关人员及被发现问题的部门应当参加会议。质量与客服部将审核工作实施状况、审核发现、改善要求及是否需启动计划外审核与与会人员沟通，对表现较好的内审员及体系协调员进行表彰。

控制痕迹：①审核检查表；②审核不符合项报告单。

2.5 企业子企业管控合规管理

2.5.1 概述

企业子企业管控合规管理规定了企业对其子企业的管理、控制、监督和改进的流程，旨在根据企业发展战略规划，优化使用企业生产与经营所需的人、财、物资源，协调各项经营管理活动之间的均衡，使企业有序、稳定地达到战略目标。

2.5.2　相关制度

相关制度：控股子企业管理制度；战略规划管理制度；重大信息内部报告制度。

2.5.3　职责分工

战略与证券管理部：负责对子企业的股权管理工作，行使母企业出资人的各项权利；负责履行子企业重大事项的披露义务。

授权审批机构：负责按照授权体系审批子企业业务。

战略人力资源部：负责对委派人员进行考核。

2.5.4　控制目标

企业子企业管控合规管理的控制目标如表 2-5 所示。

表2-5　企业子企业管控合规管理的控制目标

序　号	控制目标	目标类别
1	确保对子企业进行适当管控	经营效率目标
2	确保子企业经营策略符合集团总体战略目标	战略目标
3	确保子企业重大信息及时准确披露	财务报表准确性目标

2.5.5　风险控制点

风险点 1

风险描述：未建立子企业管控体系，导致对子企业控制不足，影响企业战略目标。

关键控制措施：①应当建立子企业管控体系，明确子企业管控类型、管控方式及各部门的职责等；②母企业可以根据需要设置专门部门（或岗位），具体负责对子企业的股权管理工作，行使母企业出资人的各项权利。

控制痕迹：子企业管控程序。

风险点 2

风险描述：子企业章程起草随意，导致母企业利益无法得到充分保障。

关键控制措施：子企业应根据企业章程编制子企业章程，母企业负责编制子企业章程主要条款，子企业负责编制其他条款。

控制痕迹：子企业章程。

风险点3

风险描述：没有向子企业委派董事及重要管理岗位人员，导致对子企业控制不足。

关键控制措施：①母企业应当建立健全委派董事制度，对子企业设有董事会的，集团应当向其派出董事，通过子企业董事会行使出资者权利；②母企业可以根据企业章程规定，向子企业董事会提名子企业经理人选，并根据需要向子企业委派财务负责人。

控制痕迹：①子企业董事会成员名单；②子企业经理提名表。

风险点4

风险描述：委派人员未向母企业报告子企业经营状况及重大事项，导致对子企业经营状况不了解，影响母企业对子企业的管控。

关键控制措施：委派的董事应当定期向母企业报告子企业经营管理有关事项；对于重大风险事项或重大决策信息，委派董事应当及时上报母企业董事会；委派的财务负责人应当定期向母企业报告子企业的资产运行和财务状况。

控制痕迹：委派董事工作报告、委派财务负责人工作报告。

风险点5

风险描述：未对委派人员进行考核，可能造成委派人员未尽勤勉义务，影响对子企业的管控。

关键控制措施：母企业应当建立健全对子企业委派董事、选任经理、委派财务负责人等人员的绩效考核与薪酬激励制度，充分发挥其积极性，维护整个母企业的利益。

控制痕迹：委派人员薪酬与考核制度。

风险点6

风险描述：未建立子企业业务授权审批体系，导致子企业业务管理随意，影响企业整体经营目标的实现。

关键控制措施：①母企业应当建立子企业业务授权审批制度，明确约定子企业的业务范围和审批权限，子企业不得从事业务范围或审批权限之外的交易或事项；②对于超越业务范围或审批权限的交易或事项，子企业应当提交母企业董事会或股东（大）会审议批准后方可实施；③对于子企业发生的可能对母企业利益产生重大影响的重大交易或事项，母企业应当在子企业章程中严格限制其业务开展范围和权限体系，并可以通过类似项目合并审查、总额控制等措施来防范子企业采用分拆项目的方式绕过授权。

控制痕迹：子企业授权审批制度。

风险点 7

风险描述：未对子企业重大交易披露流程进行规范，导致未及时披露重大事项，影响企业合法合规目标。

关键控制措施：①母企业应当规范子企业重大交易或事项的内部报告和对外披露流程；②重大交易或事项经子企业董事会审议通过后，须提交母企业董事会或股东（大）会审核，对符合条件的重大交易或事项应予以对外披露。

控制痕迹：子企业重大事项披露程序。

风险点 8

风险描述：未从母企业层面协调各子企业经营策略，导致各子企业经营策略相互冲突，影响企业战略目标的实现。

关键控制措施：母企业应当根据整体的战略规划，协调子企业经营策略，督促子企业据以制订相关的业务经营计划和年度预算方案，以确保母企业整体目标和子企业责任目标的实现。

控制痕迹：子企业经营计划。

2.6　企业职务授权及代理人制度合规管理

2.6.1　概述

企业职务授权及代理人制度合规管理规定了企业授权和代理人申请、审批确认、授权代理的监督流程，旨在规范企业授权管理，明确企业各职务权限，降低由于职务权限混乱导致的经营效率风险。

2.6.2　相关制度

相关制度：职务授权及代理程序。

2.6.3 职责分工

法律事务部：负责制订权限体系，为企业法定代表人与职能部门负责人签署委托授权书。

授权人：在权限范围内履行相关职责，当需要授权给其他人时与被授权人签订委托授权书。

被授权人：在被授权范围和期限内代理授权人执行相关事务。

2.6.4 控制目标

企业职务授权及代理人制度合规管理的控制目标如表 2-6 所示。

表2-6 企业职务授权及代理人制度合规管理的控制目标

序 号	控制目标	目标类别
1	有明确合理的权限体系	经营效率目标
2	保证只有被授权人才能代理有关事务	合法合规目标
3	保证被授权人只有在授权期限内代理对外事务	合法合规目标

2.6.5 风险控制点

风险点 1

风险描述：授权没有规划。

关键控制措施：①企业应当建立职务授权及代理程序，规范授权行为，明确经营管理权限；②企业法律事务部负责权限证书管理工作，负责起草、发布、推广权限证书示范文本；办理法定代表人、企业各部门负责人的委托授权书。

控制痕迹：职务授权及代理程序。

风险点 2

风险描述：授权没有和职务挂钩。

关键控制措施：权限证书应当规定每个具体职务的具体权限，涉及审批权限的应当明确规定业务类型和具体金额。

控制痕迹：①权限体系文本；②委托授权书。

风险点 3

风险描述：授权没有考虑不相容职责。

关键控制措施：授权人在进行临时授权时，应当考虑不相容职务分离，不得授权给与其他职务存在不相容关系的人员。

控制痕迹：授权委托书。

风险点 4

风险描述：授权没有考虑关联方。

关键控制措施：在编制一般授权指引及临时授权时应当考虑关联方。

控制痕迹：授权体系文件、授权委托书。

风险点 5

风险描述：授权没有正式的文件。

关键控制措施：授权人对被授权人的授权必须签署授权委托书，未经授权的人员都不得以企业或授权人的名义从事对外经济活动。

控制痕迹：授权委托书。

风险点 6

风险描述：授权没有时效期。

关键控制措施：授权委托书必须明确六个条款，分别为授权人姓名、职位及授权单位名称；被授权人姓名、性别、居民身份证号码及所在单位、部门、职务；授权事项及权限范围、有效期限；被授权人印鉴预留；注意事项；法律法规规定的其他内容。

控制痕迹：授权委托书。

风险点 7

风险描述：授权没有定期告知相关人。

关键控制措施：授权人应当及时通知相关人授权事项，并规定被授权人必须向相关人出示提供授权委托书原件，经相关人核实无误后方可执行代理事务。

控制痕迹：授权事项通知书。

风险点 8

风险描述：授权没有检查。

关键控制措施：审计监察部应当定期对企业授权的执行情况进行检查，发现异常情况应及时查清原因并对相关违规人员进行处理。

控制痕迹：授权情况检查报告。

第 3 章　企业人力资源合规管理

3.1　员工招聘与配置合规管理

3.1.1　概述

员工招聘与配置合规管理规定了企业的员工招聘与配置过程，旨在根据计划目标，优化使用企业生产所需的人力资源，按发展需求配置企业所需人才，使企业及其子企业能够有序、高效地完成全面目标。

3.1.2　相关制度

相关制度：战略人力资源管理程序；战略人力资源短缺专项应急预案。

3.1.3　职责分工

用人需求部门：根据岗位需求编制人力资源规划，提出用人申请。

战略人力资源部：对用人部门的人力资源规划进行审核，对用人部门提出的用人申请进行审核分析，进而发布招聘信息，对收到的简历进行筛选并对符合条件的应聘者进行初试，对通过复试者进行背景调查，帮录用者办理入职手续和资料归档及入职后续工作。

主管领导：对用人部门的用人申请进行审批，对通过复试和背景调查的合格者进行审批。

3.1.4　控制目标

员工招聘与配置合规管理的控制目标如表 3-1 所示。

表3-1　员工招聘与配置合规管理的控制目标

序　号	控制目标	目标类别
1	确保企业人力资源计划满足发展战略的要求	战略目标
2	确保招聘信息有效传播	经营效率目标
3	确保面试过程公正合理	经营效率目标
4	确保新入职员工符合企业要求	经营效率目标
5	确保企业的商业秘密的安全	经营效率目标

3.1.5　风险控制点

风险点1

风险描述：未能制订与企业发展战略相一致的人力资源需求计划，导致企业人力资源无法满足发展战略的要求，影响企业战略目标的实现。

关键控制措施：企业各级部门人力资源专员根据本部门生产任务、业务发展情况，对本部门人力资源需求进行分析，制订年度需求计划，提出岗位任职资格，报企业战略人力资源部；人力资源部复核统计报企业领导审批。

控制痕迹：①年度人力资源需求计划；②招聘计划。

风险点2

风险描述：人力资源需求计划编制人员对岗位和人员配置不熟悉，导致人力资源需求计划不合理，影响企业日常经营的效率。

关键控制措施：企业分管领导审核部门招聘计划；从企业整体情况出发对所有岗位的招聘进行把关。

控制痕迹：①年度人力资源需求计划；②招聘计划。

风险点3

风险描述：人力资源需求计划的编制过程中未充分与其他部门沟通，导致编制的计划的准确性不高和可用性不强，影响计划的实施。

关键控制措施：各部门编制的人力资源需求计划应当经过部门经理和分管副总审批，并且企业各级部门人力资源专员根据各部门生产任务、业务发展情况，对生产业务部门提出的招聘需求进行分析，制订年度需求计划；提出岗位任职资格，由 HR 系统确认，并提醒相关部门确认。

控制痕迹：①年度人力资源需求计划；②招聘计划。

风险点 4

风险描述：人力资源需求计划的编制过程中未考虑企业人员的人员分布、总体年龄和知识结构，导致企业在招聘后的人员结构失衡，影响企业长久发展。

关键控制措施：企业的战略人力资源部应该根据企业人员的人员分布、总体年龄和知识结构来编制人力资源需求计划。

控制痕迹：①年度人力资源需求计划；②招聘计划。

风险点 5

风险描述：宏观经济形势变化、经济产业转型、用工招聘群体发生变化等原因造成企业招工困难，从而导致企业"用工荒"。

关键控制措施：战略人力资源部应当负责编制人力资源战略规划，综合考虑未来几年的宏观经济形式、企业战略转型、用工整体结构等因素，制订出人力资源战略，防止可能产生的"用工荒"。

控制痕迹：人力资源战略规划。

风险点 6

风险描述：企业其他部门未通过人力资源部门统一向外发出招聘信息，导致信息未得到有效管理，求职者难以识别信息，影响企业人力资源规划的实施。

关键控制措施：企业战略人力资源部统一在人才网站、相关媒体、企业网站发布招聘信息；企业参加的人才交流大会必须有企业人力资源管理部门负责人及工作人员参加。

控制痕迹：①招聘程序；②招聘信息。

风险点 7

风险描述：发布招聘信息前未对预招聘岗位要求的学历、专业知识、经验、年龄等条件有充分的认识和了解，导致招聘到的人不符合岗位要求，影响企业的招聘效率和正常的业务开展。

关键控制措施：企业的战略人力资源部在发布员工招聘信息时对招聘岗位进行职位分析，对岗位要求的学历、专业知识、经验、年龄等条件在招聘信息中予以明确。

控制痕迹：招聘信息。

风险点8

风险描述：未能根据预招聘岗位选择合理途径发布招聘信息，导致信息发布的范围受限，求职者无法成功接收信息，影响人力资源规划的实施。

关键控制措施：①企业战略人力资源部确定招聘方式，组织招聘录用，如通过媒体刊登招聘广告，网络招聘，参加各类大中专毕业生人才交流会，人才市场人才库查询，各类普通高校、技校毕业分配部门推荐等；②由企业战略人力资源部统一在人才网站、相关媒体、企业网站发布招聘信息。

控制痕迹：招聘信息。

风险点9

风险描述：招聘信息发布过程中对应聘人员提交的应聘材料要求不全或说明不准确，导致招聘人员无法有效地进行第一次简历筛选，影响招聘质量。

关键控制措施：企业战略人力资源部在招聘信息的发布时对应聘所需材料给予明确、具体的说明。

控制痕迹：招聘信息。

风险点10

风险描述：招聘过程中对招聘信息发布后收回的简历和应聘材料处理不及时，导致招聘周期加长，影响招聘质量。

关键控制措施：严格规定招聘过程中收到的简历和应聘材料的处理与提交时间，及时由职能招聘部门提交报告到招聘归口部门。

控制痕迹：招聘分析报告。

风险点11

风险描述：简历筛选过程不规范、不合理，可能导致企业不能准确为求职者定位，从而影响个人才能发挥，造成人才浪费。

关键控制措施：确定规范合理的简历筛选规定，从而更好地定位企业所需人才。

控制痕迹：简历筛选标准。

风险点12

风险描述：招聘过程中没有建立面试官和招聘决策人回避制度，导致过程不公平，影响人力资源规划的实施。

关键控制措施：公司的战略人力资源部建立起员工招聘回避制度，保证公司能招聘到人力资源规划所需的人员。

控制痕迹：招聘回避的规定。

风险点 13

风险描述：面试过程不够合理，无法选择合格的应聘者入职，影响企业日常经营的效率。

关键控制措施：录用大中专、技校毕业生，人力资源管理干事根据应聘材料收集情况，通知"基本符合要求的"或"勉强合格的"应聘者携带相关材料（毕业证书原件、身份证原件等相关证件）参加面试，由人力资源管理部门负责人及相关人员对应聘者进行面试，并对面试安排及面试过程进行控制和详细记录，填写面试人员评估表，最后根据面试结果确定面试合格者。

控制痕迹：①面试人员评估表；②笔试考核资料。

风险点 14

风险描述：没有将员工的职业道德素养列入面试考核指标，导致录用职业素养不合格员工，影响企业资产和信息安全。

关键控制措施：将员工的职业道德素养作为招聘的一个指标列入面试考核之中，并且明确职业道德素养在面试考核成绩中所占的比例。

控制痕迹：面试考核指标中列入职业道德素养这一指标。

风险点 15

风险控制：对通过面试小组测试的应聘人员，人力资源部未将其个人资料归档保存一定期限，导致后备人力资源流失。

关键控制措施：通过 EHR 系统进行人才资料的储备；对面试中表现出入职意向的人员，但因其他原因未到企业的，将人员档案资料保存 1 年，作为后备人力资源进行管理。

控制痕迹：归档的应聘人员资料。

风险点 16

风险控制：人力资源部未能对初步面试合格的应聘人资料进行背景调查，导致对应聘人资料的真实性了解不够充分，影响招聘质量。

关键控制措施：战略人力资源部对初步面试合格的人员，通过各类渠道验证身份信息和背景信息，保证身份诚实可信、合法合规，调查内容包括面试人员与应聘人之间存在的利益、企业的利益冲突。

控制痕迹：①应聘材料；②应聘者背景调查材料。

风险点 17

风险控制：未能对录用人员进行体检和职业健康检查，导致在职员工的职业健康安全受到威胁，影响企业的员工健康安全。

关键控制措施：对新录用的人员进行岗前体检和职业健康检查，保证体检合格者才能上岗，避免给企业带来隐藏的职业病等风险。

控制痕迹：体检报告。

风险点 18

风险控制：录用外部人员时，未获得对方单位开具的离职证明材料，录用后导致法律风险。

关键控制措施：战略人力资源部在进行人员录取时，需通知录取人员出具离职单位开具的离职材料，证实此人员已经离职。

控制痕迹：离职证明材料（解除劳动合同证明书）。

风险点 19

风险控制：最终录用结果未经过预招聘岗位直接上级领导审批确认，导致录用人员不符合其直接上级的需求和期望，影响企业日常经营效率。

关键控制措施：人力资源管理部在确认最终录用结果后，应联同聘用人员资料上报相关企业领导进行最终审批，审批通过后，才可发送录用通知。

控制痕迹：人员面试汇报审批材料。

风险点 20

风险控制：岗位设置和员工配置中没有充分考虑企业的实际需求，因人设岗，导致岗位工作效率低，影响企业日常经营效率。

关键控制措施：企业战略人力资源部根据人力资源规划和企业的实际需求进行员工配置与岗位配置。

控制痕迹：岗位配置书。

3.2　员工培训合规管理

3.2.1　概述

员工培训合规管理规定了企业的员工培训过程，旨在根据计划目标有序地开展各类教育培训工作，提高各级员工的技能素质及思想认识。

3.2.2 相关制度

相关制度：培训程序；培训实施及效果评估管理办法；招聘管理手册；培训实施程序；办公室员工上岗培训管理办法；员工外部培训管理办法／规定；操作员工上岗培训管理办法；特殊岗位人员资格审查及管理办法。

3.2.3 职责分工

各部门：负责本部门的培训需求调查。

战略人力资源部：负责进行培训需求分析，制订培训计划，下发通过审批的培训计划并组织实施培训，以及对培训效果进行评估和对培训资料归档。

各部门负责人：负责对人力资源部制订的培训计划进行审批。

总经理：对各部门负责人审批通过的培训计划进行审批。

3.2.4 控制目标

员工培训合规管理的控制目标如表3-2所示。

表3-2　员工培训合规管理的控制目标

序　号	控制目标	目标类别
1	确保制订科学合理的培训管理制度	经营效率目标
2	确保培训费用的合理使用	经营效率目标
3	确保培训过程的合理	经营效率目标
4	确保培训达到预期的效果	经营效率目标

3.2.5 风险控制点

风险点1

风险描述：未结合企业实际情况制订企业员工培训管理程序，未规定归口管理部门，导致企业教育培训无序混乱，无法提高员工的素质与操作技能。

关键控制措施：企业战略人力资源部负责全企业的员工教育培训管理工作，其管理职责包括编制企业人才培养战略、中长期教育培训规划和年度培训计划；企业层次的员工教育培训组织实施和企业机关员工的教育培训；环安部做好特殊工种的教育培训；负责单位员工培训工作的指导、督促和检查；建立企业机关员工教育培训台账，健全企业员工教育培训台账汇总表和特殊工种培训台账汇总表。

控制痕迹：①培训程序；②员工培训制度文件；③员工教育培训台账汇总表；④特殊工种培训台账汇总表。

风险点 2

风险描述：企业培训计划不全面，对企业发展战略、企业文化、健康安全等事项的培训等未纳入其中，导致员工的整体素质和凝聚力不强，影响企业日常的运营效率。

关键控制措施：各子企业员工教育培训管理工作由本单位的人力资源部门负责，其管理职责包括编制本单位的员工教育培训中长期规划和年度计划；负责部门层次的员工教育培训，指导各部门做好培训工作，配合安全质检部做好安全和特殊工种培训；建立健全本部门员工教育培训台账、员工教育培训台账汇总表和特殊工种培训台账汇总表；按期向企业战略人力资源部报送员工教育培训计划、报表和总结。

控制痕迹：年度员工教育培训计划表。

风险点 3

风险描述：未根据岗位和部门制订有针对性、合理的员工培训计划，导致无法提高员工的素质与操作技能，影响企业日常运营效率。

关键控制措施：①企业各部门依据企业生产经营计划，根据年底的培训需求调查完成当年度员工教育培训计划，报企业战略人力资源部；②企业战略人力资源部将各部门计划进行综合汇总，统筹平衡，制订岗位和部门培训计划；③企业年度员工教育培训计划报经企业战略人力资源部总监审批后，下发各部门贯彻执行和组织实施；④企业环安部负责全企业的特殊工种教育培训的计划、组织和实施管理工作，建立健全企业特殊工种台账、特殊工种培训台账汇总表。

控制痕迹：①年度员工教育培训计划；②年度员工教育培训计划表；③员工培训制度文件和特殊工种培训台账汇总表。

风险点 4

风险描述：培训费用无预算或预算编制不合理，导致培训经费难以控制、企业资金使用不合理，影响企业资金使用效率。

关键控制措施：年度培训计划制订完成后，应将费用计划纳入年度经营管理费用计划，对于不可预见的培训，可以单独列出费用项目。

控制痕迹：年度员工教育培训计划。

风险点 5

风险描述：大额培训费用的支出无审批，导致培训资金使用无法控制，影响企业资金保全目标。

关键控制措施：①各部门严格按照上述工作流程开展员工教育培训工作，未经申报批准的培训一律不予支付培训费用，员工参加外部培训需经战略人力资源部签字方可报销有关培训费用；②重大培训事项，包括外地学习培训、邀请专家来企业培训等花费较大的项目，应当根据估计开支规模，按照费用开支授权审批流程报相关领导批准，并在战略人力资源部进行备案。

控制痕迹：培训费用审批表（培训申请表）。

风险点 6

风险描述：培训未按照审批后的计划和预算开展，导致培训费用使用不合理或培训资金使用舞弊风险，影响企业资金使用效率。

关键控制措施：预算内培训费用按照年度培训计划执行，预算外费用由战略人力资源部及相关部门负责人按权限范围进行审批。

控制痕迹：①培训申请表；②培训审批表。

风险点 7

风险描述：未规范培训单位选择的程序，难以保证培训单位质量，影响培训效果的实现。

关键控制措施：战略人力资源部负责选择培训单位，培训单位的选择应当符合采购管理程序，条件许可的情况下，力争择优录取；战略人力资源部应当对来企业进行培训的导师进行资格检查，确保企业受训人员获得高水平或权威性的专业培训。

控制痕迹：①外培单位报价单；②外培单位咨询原始记录。

风险点 8

风险描述：外培合作时，培训协议未经审批、审核即签订，导致培训资金无法支付，造成法律纠纷。

关键控制措施：外培合作时，战略人力资源部负责与外培机构签订相关合作协议，根据培训需求形成培训方案，经战略人力资源部领导和企业分管领导审批同意后，联系培训机构拟定培训协议，根据合同送审要求进行合同送审。

控制痕迹：①培训方案；②培训合同；③培训申请表。

风险点 9

风险描述：开展培训时，未要求参与人员签到，导致员工不出席培训，影响培训效果的实现。

关键控制措施：企业及各子企业人力资源部门组织各部门开展培训，并针对培训做好培训签到表、培训记录表、培训总结表的填写工作。

控制痕迹：①培训申请表；②培训签到表；③培训总结表；④员工教育培训台账汇总表；⑤员工教育培训统计报表。

风险点 10

风险描述：对新进员工未能组织三级教育培训学习，导致新进员工对企业的规章制度、岗位的安全意识等缺乏认识，影响企业的日常生产和经营。

关键控制措施：新员工录用报到后，接收单位要对其进行入厂前的厂规、劳动纪律和安全培训，培训由人力资源和安全部门组织。

控制痕迹：①培训汇总台账；②培训统计报表。

风险点 11

风险描述：未能针对岗位进行教育培训，培训内容与培训人员日常工作情况脱节，造成培训无效化，影响企业日常经营效率。

关键控制措施：培训类别按培训实施阶段划分为上岗培训和在岗培训；按组织层次划分为企业级培训和部门级培训；按讲师来源划分为内部培训和外部培训；按培训对象划分为企业员工培训和外来厂商培训；按培训内容划分为素质培训和专业培训；按组织方式划分为日常培训和专项培训。

控制痕迹：培训类别。

风险点 12

风险描述：培训未成功实施时，事后未能进行再次培训，导致培训不能提高员工素质和工作技能，影响企业日常经营效率。

关键控制措施：对重要培训，因客观因素未能按计划开展培训的，应根据培训计划选择合理日期进行再次培训。

控制痕迹：①培训申请表；②培训记录表。

风险点 13

风险描述：培训后未进行考核，导致培训不能达到预期效果，使培训流于形式，影响企业日常经营效率。

关键控制措施：企业内部培训考核：①各单位培训组织部门负责培训考

核；②培训考核可以包括考试、工作绩效改进等方式；③员工参加外部培训考核，参加外部培训的考核方式主要是检查培训证书或证明等。

控制痕迹：培训考核材料。

风险点 14

风险描述：未对每次培训的开展和经费使用情况进行记录，导致实际培训缺乏监督，影响经费的使用和反映培训的实际情况。

关键控制措施：①按照培训计划或上级部门、企业外相关单位培训通知，组织各科室或车间填报培训申请表；②战略人力资源部审批后报单位领导审批；③组织相关部门将批准的培训申请表报财务部核拨培训费用。

控制痕迹：①培训申请表；②培训审批表；③培训进度表。

风险点 15

风险描述：未能妥善保存教育培训材料，如电子版文档、PPT 及各项纸质资料，无法有效形成历史文档，影响员工对培训材料的再学习。

关键控制措施：员工教育培训资料按企业体制结构实行分级管理，由企业和各子企业的人力资源管理部门负责管理工作。

控制痕迹：培训材料。

风险点 16

风险描述：未对员工培训效果进行评价，导致无法及时掌握培训效果，影响培训目标的达成。

关键控制措施：①各级培训组织部门负责培训效果的评价；②培训效果的评价方式可以包括考试、工作绩效改进等；③员工参加外部培训考核，参加外部培训的考核方式主要是检查培训证书或证明等。

控制痕迹：培训效果评价报告。

风险点 17

风险描述：未能对可能会影响员工合理使用设备及安全生产作业规范的问题组织员工进行培训，导致安全生产隐患。

关键控制措施：环安部对各单位安全教育培训及其持证上岗的情况进行监督检查，主要包括安全教育培训制度、计划的制订及其实施的情况；各单位主要负责人和安全生产管理人员安全资格证持证上岗的情况；特种作业人员操作资格证持证上岗的情况；建立安全教育培训档案的情况。

控制痕迹：①安全教育培训台账；②安全培训考核资料。

风险点 18

风险描述：未有效对企业执行员工培训管理程序的情况进行监督审查，导致员工教育培训工作缺乏有效监督，影响培训目标的达成。

关键控制措施：①战略人力资源部定期或不定期牵头组织对企业执行员工培训管理程序情况进行监督审查，发现问题应立即提出整改措施并对整改结果进行跟踪检查；②战略人力资源部不定期对企业及各子企业的员工教育培训情况进行监督检查，发现问题应立即提出整改措施。

控制痕迹：①培训申请表；②培训签到表；③培训记录表；④培训总结表；⑤培训台账；⑥培训统计表。

风险点 19

风险描述：对于外训的员工没有规定相关的服务期，导致企业的投入没有回报，影响企业的资金使用效率。

关键控制措施：明确参与企业特定外训员工的一定的服务期限并写入劳动合同或者签订服务期协议，为日后劳动者未满服务期限辞职提供证据。

控制痕迹：培训协议。

风险点 20

风险描述：对外训后的员工没有规定相关的汇报总结机制，导致外训的效果无法得到保证，影响企业资金的使用效率。

关键控制措施：要求企业每位参加外训的员工在训后提交报告，企业人力资源部门进行汇总并总结。

控制痕迹：汇报总结书。

风险点 21

风险描述：未建立岗前培训制度，导致新招聘员工无法快速有效地开展本职工作，影响日常的经营效率。

关键控制措施：建立有关岗前培训的制度规定，保证新招聘录用员工能及时开展本职工作。

控制痕迹：岗前培训制度。

3.3 薪酬合规管理

3.3.1 概述

薪酬合规管理规定了企业的薪酬管理过程，旨在根据企业发展现状，确保员工薪酬符合国家法律、法规和相关监管机构的要求，并完善科学合理的员工薪酬规划，充分调动员工工作的积极性。

3.3.2 相关制度

相关制度：薪酬管理规定。

3.3.3 职责分工

各板块／企业薪酬福利负责人：负责设定薪酬标准，建立薪酬体系，编制人力成本预算计划，对人力资源部核算的薪资进行复核，对人力资源部的工资汇总表进行审批。

用人部门：负责收集整理结薪相关资料，负责薪资条的打印及发放。

战略人力资源部：负责核算薪资结算数据并进行薪资与社保缴纳的核算，制作工资汇总表及薪资的发放。

财务部：负责对战略人力资源部主管审批通过的工资汇总表进行审批。

总经理或其授权人：负责对财务部通过的工资汇总表进行审批。

3.3.4 控制目标

薪酬合规管理的控制目标如表 3-3 所示。

表3-3　薪酬合规管理的控制目标

序　号	控制目标	目标类别
1	确保企业制订科学规范薪酬体系	经营效率目标
2	确保制订合理的薪酬福利标准	经营效率目标
3	确保薪资发放过程的合法与规范	经营效率目标

3.3.5　风险控制点

风险点1

风险描述：企业未建立规范的薪酬规划体系，没有对员工工资薪酬体系进行明确规定，导致员工薪酬体系混乱，影响企业经营成本。

关键控制措施：集团及其下属单位应建立健全员工工资分配办法，要明确内部岗位职责和技能要求，实行以岗位定薪，薪酬与职级匹配。

控制痕迹：薪酬制度文件。

风险点2

风险描述：无部门对员工薪资的发放进行归口管理，薪资发放失去控制，影响企业资金安全。

关键控制措施：人力资源及行政部负责工资总额支出、工资性费用、职工教育经费等的管理。

控制痕迹：薪酬管理规定。

风险点3

风险描述：员工薪酬标准的制订不符合国家相关政策法规，且未能按国家相关要求进行及时调整和更新，造成员工纠纷，可能引起法律风险。

关键控制措施：根据薪酬管理规定，企业的工资总额和工资水平由企业根据当地社会平均工资水平、省政府颁布的工资指导线及劳动力市场工资指导价位确定。

控制痕迹：①薪酬管理规定；②劳动合同。

风险点4

风险描述：不同岗位和职位的员工薪酬标准没有进行规划，导致薪酬不公，影响薪酬应该具有的激励效果。

关键控制措施：对企业的不同岗位和职位的员工薪酬标准进行规划。

控制痕迹：薪酬管理规定。

风险点 5

风险描述：薪酬福利标准的编制、审核和批准为同一人，导致薪酬分配不够客观、公正，影响企业日常经营效率。

关键控制措施：应明确薪酬福利标准的编制、审批与审核的职责分工及岗位责任。

控制痕迹：人力资源处岗位说明书。

风险点 6

风险描述：企业高级管理层人员薪酬福利标准未经董事会决议批准，导致薪酬分配不合理，影响企业资金安全。

关键控制措施：对于企业和下属单位高管及以上管理人员，因职务任免（不含正常退线），从高岗调到低岗，需经过董事会审核批准，并如实详细地填写职工工资变动审批表，连同相关材料装入个人档案。

控制痕迹：职工工资变动审批表。

风险点 7

风险描述：企业高级管理层人员的工薪福利调整未报董事会批准，导致薪酬调整不够客观，影响企业资金安全。

关键控制措施：将企业的高级管理层人员的工资福利调整计划报董事会讨论，讨论通过后再进行薪资调整。

控制痕迹：职工工资变动审批表。

风险点 8

风险描述：未能按上级主管部门核定的工资总额预算编制工资总额计划，导致资金使用出现偏差，影响企业经营计划和财务预算。

关键控制措施：①企业的工资总额计划，实行工资总额备案制。《普工薪酬管理办法》规定"在省国资委工资总额调控下，将企业工资总额与企业经营业绩挂钩，通过考核企业经营业绩，调控企业工资总额预算编制和预算执行结果的办法。主要内容包括预算管理指标确定，预算管理程序和预算执行结果管理机制"。企业的工资总额和工资水平由企业根据当地社会平均工资水平、省政府颁布的工资指导线及劳动力市场工资指导价位确定。②每年初由企业以上年度在职员工平均人数，按基础工资、年功工资、岗位绩效工资标准和加班工资、夜班费及企业对各单位资产经营责任制考核结果，初步核定各企业的工资总额预算。

控制痕迹：工资总额预算。

风险点 9

风险描述：突破工资总额计划的资金未经审批即发放，导致资金使用未受到控制，影响企业资金安全。

关键控制措施：各下属单位必须严格执行企业下达的工资总额预算，不得随意突破。如因特殊情况需要增加工资，要预先提出追加工资资金计划，说明追加的理由和依据，报企业审批。

控制痕迹：①工资总额预算；②工资总额预算变动审批；③工资报表。

风险点 10

风险描述：薪资的计算未能进行复核，导致薪资计算错误，影响企业资金安全。

关键控制措施：增加薪资计算复核程序，避免薪资计算给企业带来损失，以及与员工造成不必要的纠纷。

控制痕迹：工资签核表。

风险点 11

风险描述：工资发放前未对发放数进行复核，导致实际工资发放数与计算核定数不一致，影响企业资金安全。

关键控制措施：在工资发放之前对数额进行复核，保证实际工资发放书面与计算核定之数一致。

控制痕迹：工资签核表。

风险点 12

风险描述：未按劳动合同及相关法规条例要求为职工缴纳各种社会保险费，导致法律风险。

关键控制措施：①在合同期间，根据国家有关规定，企业和员工应向所属社会保险部门缴纳社会保险金。企业按国家有关规定为员工缴纳养老保险金、失业保险金，以及法律、政策规定的其他保险金；员工本人按国家规定数额缴纳各项社会保险金。②在合同期内，员工享有社会养老保险、失业保险、医疗保险、工伤保险、生育保险、死亡抚恤和住房公积金等福利待遇。

控制痕迹：①劳动合同；②工资统计报表。

风险点 13

风险描述：外委劳务单位未将劳务派遣工人工资及相应福利的发放表报企业相关部门备案，引起纠纷影响企业声誉，且导致法律风险。

关键控制措施：①进行工资发放时，劳务派遣单位应将工资发放表及相应福利发放表报用工单位备案，以便于用工单位监督和检查，并进行妥善保管；②工资发放完成后，须将工资签收单在3个工作日内交由企业战略人力资源部备案。

控制痕迹：①工资发放表；②工资签收单、银行转账记录。

风险点14

风险描述：对加班工资的发放无有效依据，导致薪酬分配不公正，影响企业资金安全。

关键控制措施：①各单位要做到有计划、有组织地安排生产经营，按计划完成生产经营任务。如果在法定节假日安排员工加班生产作业，必须发给加班工资；如遇特殊情况必须加班时，可先安排补休，无法安排补休的，发给加班工资；②各下属单位要按月、按季度做好工资总额发放的综合统计工作，上报企业的统计报表应真实准确。

控制痕迹：工资统计报表。

风险点15

风险描述：员工工资变动未经充分审批，导致工资变动不够客观或引起资金舞弊风险。

关键控制措施：①企业员工工资调整升级，凡企业决定给员工晋升工资，都由企业统一制订工资调整升级方案，经总经理审批通过后下发各部门贯彻执行；②企业内部调换岗位的，须先报相关单位人力资源部和部门领导批准。

控制痕迹：①职工工资变动审批表；②职工异岗审批表。

风险点16

风险描述：员工岗位调动时，未能及时调整薪酬标准，导致发放薪酬不合理，影响员工工作效率。

关键控制措施：①员工因工作调动、退职、除名、解除劳动关系等原因离开单位时，按实际出勤天数结算和发放工资；②企业范围内、外调入的员工，由所在单位部门按岗位重新确定岗位工资；③借调到外单位工作的员工，从借调之月起停发工资和待遇，而企业内部部门间的借调，工资的支付由双方部门商定。

控制痕迹：①职工工资统计报表；②薪资审批单。

风险点17

风险描述：由于绩效考核的指标计算不准确或不完善，导致薪酬发放不合理或执行效果不佳，以及薪酬的发放脱离日常生产的实际，影响企业日常经营效率。

关键控制措施：企业根据每个员工及所在部门的业绩结果评定绩效奖金发放金额。

控制痕迹：工资统计报表。

风险点 18

风险描述：由于绩效考核不完善，薪酬发放不合理或执行效果不佳，导致薪酬的发放脱离日常生产的实际，影响企业日常经营效率。

关键控制措施：①各级企业要认真做好工资资金的日常管理工作，加强检查监督，对工资资金计划执行情况，各级企业每季度检查分析一次，企业每半年检查分析一次；②各下属单位要按月、按季度做好工资总额发放的综合统计工作，上报企业的统计报表应真实、准确。

控制痕迹：工资统计报表。

风险点 19

风险描述：员工离职后，未能及时办理注销手续，并及时通知相关部门进行停发工资，造成工资重复发放，影响企业资金安全。

关键控制措施：员工因工作调动、退职、除名、解除劳动关系等原因离开单位时，按实际出勤天数结算和发放工资；员工离职后，各单位人力资源部门及时调整工资发放情况，并更改工资发放台账，将人员姓名在下月工资发放计划内删除。

控制痕迹：职工工资发放名单。

风险点 20

风险吗，描述：发放员工的工资、奖金、加班费，以及各种津贴和补贴，未经过员工本人签字认可，造成劳动纠纷。

关键控制措施：凡企业所属各部门发放职工的工资、奖金、加班费，以及各种津贴和补贴，均须员工本人签字认可或通过银行直接汇入员工个人账户（特殊情况可由职工本人委托其他人代签）。

控制痕迹：①现金签收单；②银行转账记录；③委托书。

风险点 21

风险控制：工资信息未进行严格保密，导致员工私密信息被泄露或工资信息遭到篡改，影响企业信息安全。

关键控制措施：对员工的工资信息采取措施进行保密，确保不被外泄或者篡改。

控制痕迹：工资系统加密措施。

3.4 绩效考核合规管理

3.4.1 概述

绩效考核合规管理规定了企业的绩效考核管理，旨在规范薪酬与绩效考核相适应的管理行为，提高企业及子企业的绩效管理水平。

3.4.2 相关制度

相关制度：绩效管理规定。

3.4.3 职责分工

战略人力资源部：负责对绩效考核进行归口管理，制订绩效考核的标准和方法，对部门的绩效考核计划进行调整，运用绩效考核并进行绩效改进。

各部门：负责建立本部门的绩效考核计划。

员工：负责个人的绩效计划，实施具体的绩效计划，编制绩效改进计划和下期绩效计划。

员工直接上级：负责对员工的个人绩效计划进行审核，对员工的绩效计划进行考核和反馈，对员工的绩效改进计划进行审核。

3.4.4 控制目标

绩效考核合规管理的控制目标如表 3-4 所示。

表3-4　绩效考核合规管理的控制目标

序　号	控制目标	目标类别
1	确保考核体系及考核指标的合理	经营效率目标
2	确保绩效考核过程规范公正	经营效率目标
3	确保考核结果能反映实际工作绩效	经营效率目标

3.4.5　风险控制点

风险点 1

风险描述：无部门对绩效考核进行归口管理，导致绩效考核无序混乱，影响企业日常管理活动。

关键控制措施：战略人力资源部为绩效考核归口管理部门，统一制订绩效考核的标准和方法。

控制痕迹：绩效管理规定。

风险点 2

风险描述：董事会、企业及各子企业绩效考核部门的考核权限设置不合理，导致绩效考核结果不合理，影响企业日常管理活动。

关键控制措施：①人力资源部负责对企业负责人进行绩效评价，战略人力资源部对企业高管进行绩效评价；②各部门直接主管对本部门员工进行绩效评价。

控制痕迹：①领导层（高管）绩效评价报告；②员工目标考核表。

风险点 3

风险描述：企业及各子企业未能制订合理的绩效标准，导致绩效考核无有效依据，造成绩效考核无效。

关键控制措施：依据企业战略规划及企业下达目标，企业高层确定企业的目标与经营计划，各职责部门依照下达的企业目标确定部门目标与工作计划，并逐层分解到下属员工。

控制痕迹：①部门绩效目标；②员工绩效目标。

风险点 4

风险描述：考核指标体系的制订及绩效考核评估的工具选择未经过论证、审批，不符合企业实际，操作性不强，影响企业日常经营效率目标。

关键控制措施：考核指标体系的制订及绩效考核评估的工具的选择应由相关部门讨论确认后确定实施。

控制痕迹：考核指标体系和评估工具。

风险点5

风险描述：绩效考核标准未经领导及上级主管部门充分审核批准，导致绩效考核标准不符合上级主管部门的要求，影响企业日常经营效率。

关键控制措施：绩效考核标准经相关部门讨论确认后实施，绩效责任书（各部门考核指标）经过企业领导充分讨论后制订。

控制痕迹：部门考核指标卡。

风险点6

风险描述：未能定期进行绩效考核，导致绩效考核结果未能与经营业绩挂钩，影响企业实现业绩指标。

关键控制措施：按业绩指标考核周期定期收集职能考核资料和审批确认考核结果。

控制痕迹：考核指标与价值观。

风险点7

风险描述：外部经营环境发生变化时，未能及时调整绩效考核指标，导致绩效考核结果未能做到合理、公正，影响员工工作积极性。

关键控制措施：根据工作实际情况，及时更新绩效考核标准。

控制痕迹：工作考核表。

风险点8

风险描述：考核及等级没有复核监督，导致考核过程中的错误和舞弊没有办法被发现，影响考核的准确性。

关键控制措施：各部门提交经部门负责人审核的考核等级给人力资源部，经人力资源部内部讨论及高层领导审批后确认。

控制痕迹：考核指标及价值观。

风险点9

风险描述：被考核单位提交的绩效完成情况的资料不完整准确，导致考核人员无法掌握被考核单位实际绩效，影响考核结果准确性。

关键控制措施：被考核部门提交的考核报告应由系统HR和部门领导审核确认。

控制痕迹：考核报告。

风险点 10

风险描述：未设置合理奖惩措施，导致绩效考核不能发挥激励作用，影响企业日常经营效率。

关键控制措施：应根据绩效结果运用在奖金分配、晋级晋升、职称评审等方面。

控制痕迹：绩效评定结果。

风险点 11

风险描述：当被考核人员对考核结果提出异议时，主管领导未能及时获知，影响考核结果公平性。

关键控制措施：建立绩效反馈机制，在考核结果正式生效前，应当允许各被考核人员对考核结果发表看法。如果有异议，被考核人员可以提交书面复核申请，部门经理应当和系统人力资源经理一起对异议进行处理。

控制痕迹：申诉报告。

风险点 12

风险描述：上级领导未根据考核结果与相关下属进行绩效改进建议的交谈，导致被考核人无绩效改进计划，影响员工绩效改进。

关键控制措施：对绩效末位的员工进行绩效改进，并建立绩效面谈改进机制，上级领导根据考核结果，与各下属员工进行绩效改进建议的沟通，形成书面绩效改进方案。

控制痕迹：绩效改进计划及整套资料。

风险点 13

风险描述：未能对绩效考核指标进行定期或不定期评估工作，导致未能调整、更新不适用于实际工作的考核标准，影响考核体系合理性。

关键控制措施：对考核指标定期或不定期进行评估，及时调整和更新考核指标。

控制痕迹：考核指标卡。

风险点 14

风险描述：对高级管理人员的考核指标设计不合理，导致无法对高级管理人员进行有效考核，影响企业的日常经营效率。

关键控制措施：应当制订对企业高级管理人员的考核体系，合理确定其考核指标，必要时可聘请外部咨询机构对高管考核指标进行设计。

控制痕迹：高管考核指标。

3.5 员工合规管理

3.5.1 概述

员工合规管理规定了企业员工的日常管理、休假、轮岗、保密等的管理流程。

3.5.2 相关制度

相关制度：劳动合同管理办法；休假管理制度；员工轮岗管理规定；商业秘密管理规定；人力资源短缺专项预案；人力资源管理程序；员工档案管理办法；职务晋升与职称晋级管理规定；绩效管理程序；员工手册；危机处理机制；应急预案；招聘程序；试用期转正管理规定。

3.5.3 职责分工

战略人力资源部：负责员工的招聘及签订劳动合同，员工档案和职称管理，以及员工关系终止的管理。

各部门：负责本部门的新入职员工的岗前培训，负责员工上岗及日常管理、员工考勤和请假管理、员工轮岗及保密管理。

3.5.4 控制目标

员工合规管理的控制目标如表3-5所示。

表3-5 员工合规管理的控制目标

序　号	控制目标	目标类别
1	保证劳动合同及劳动关系的合法	合法合规目标
2	保证员工档案管理的规范	经营效率目标

序 号	控制目标	目标类别
3	保证企业的商业秘密和信息安全	经营效率目标
4	确立规范的员工日常行为规范	经营效率目标
5	确保新入职员工符合企业要求	经营效率目标

3.5.5 风险控制点

风险点 1

风险描述：未能及时与职工签订书面劳动合同，导致用工合规风险，影响企业合法合规目标。

关键控制措施：企业员工签订劳动合同应以书面形式订立，自用工之日起 1 个月内订立书面劳动合同。

控制痕迹：①录用登记表；②劳动合同书。

风险点 2

风险描述：劳动合同的各项条款未能满足国家相关法律条例规定，导致法律风险，影响企业合法合规目标。

关键控制措施：①劳动合同期限 3 个月以上不满 1 年的，试用期不得超过 1 个月；劳动合同期限 1 年以上不满 3 年的，试用期不得超过 2 个月；3 年以上固定期限和无固定期限的劳动合同，试用期不得超过 6 个月。②使用法律部审核通过的合同版本签订劳动合同。

控制痕迹：劳动合同书。

风险点 3

风险描述：未能合理、合法解决劳动争议，导致法律风险，影响企业合法合规目标。

关键控制措施：用人单位与员工发生劳动争议，当事人可以依法申请调解、仲裁、提起诉讼，也可协商解决。①企业在解除劳动合同前，需经过工会的审核确认，审核通过的方可接触；②发生劳动争议后，当事人可首先以口头或书面形式向工会提出争议内容，工会在 4 个工作日内和相关部门协调沟通给出处理意见；③当工会就劳动争议调解不成时，员工可以向劳动争议仲裁委员会申请仲裁，当事人提出仲裁要求的时效自劳动争议发生之日起 1 年内有效。

控制痕迹：劳动争议调解书。

风险点 4

风险描述：员工违反劳动合同时，未能进行相应处罚，造成劳动合同条款不严格执行，影响企业对员工约束。

关键控制措施：员工违反规定或劳动合同的约定解除合同，对单位造成损失的，应赔偿用人单位损失。①用人单位招收录用其所支付的费用；②用人单位为其支付的培训费用，双方另有约定的按约定办理；③对生产、经营和工作造成直接经济损失，需进行相应赔偿；④劳动合同约定的其他赔偿费用。

控制痕迹：①处罚通知；②解除劳动合同协议书。

风险点 5

风险描述：对关键岗位人员缺乏有效激励与约束，造成企业无法留住人才，甚至使其有机会利用权力谋求私利危害企业。

关键控制措施：在制订员工绩效考核制度时，应当充分考虑对关键岗位员工的激励，将其工作绩效与奖惩额充分挂钩，以达到留住人才的目的。

控制痕迹：绩效管理程序。

风险点 6

风险描述：新进员工及调入人员档案不齐全，导致未来管理难度加大，影响企业日常经营效率。

关键控制措施：企业人力资源及行政部在新员工入职时，对移交档案进行审查，合理保证档案的完整性与正确性。

控制痕迹：人事档案管理台账。

风险点 7

风险描述：员工档案记载参加工作时间存在多个版本，数据不一致，认定有困难，导致退休时间难以确认，影响员工利益。

关键控制措施：①各单位在接受员工提交的档案时，进行事先审查；②公司人力资源及行政部定期对员工档案关键部分（如年龄、参加工作时间）进行梳理，查找数据不一致的现象，及时纠正。

控制痕迹：人事档案管理台账。

风险点 8

风险描述：没有重要岗位员工轮岗制度，导致员工发生徇私舞弊风险增加，影响企业资产安全。

关键控制措施：对关键岗位进行识别，并对必要的关键岗位实行定期轮换。

控制痕迹：轮岗规定。

风险点9

风险描述：员工休假未能经过上级主管审批，导致员工缺席正常生产活，影响企业日常经营效率。

关键控制措施：制订具体办法明确员工休假手续，员工休假前必须向上级领导说明并且通过审批才能开始休假。

控制痕迹：休假审批单。

风险点10

风险描述：没有建立关键岗位员工保密制度，导致员工随意泄露企业机密，影响企业信息安全。

关键控制措施：对高级管理人员、高级技术人员等关键岗位上负有保密义务的员工签订保密协议。

控制痕迹：保密协议。

风险点11

风险描述：个人提交的职称评定材料存在抄袭或造假，给企业造成名誉损失。

关键控制措施：①各部门对本部门人员申报材料进行审查；②对已查处的申报材料造假行为的相关责任人进行惩处。

控制痕迹：职称申报材料真实性审查表。

风险点12

风险描述：企业员工职称资质外借，给企业造成法律纠纷或赔偿责任。

关键控制措施：①各部门加强对员工职称证书统一管理，对出借职称证书行为，加强对员工的批评教育；②对因出借证书给企业造成损失的行为，对相关责任人进行检查和惩处。

控制痕迹：无。

风险点13

风险描述：员工具备的专业技术职称与所从事的岗位不相符，给企业造成安全隐患。

关键控制措施：①根据企业专业技术人员职称评聘管理制度，尽量安排专业技术人员从事与专业对口的岗位；②对调整工作岗位的专业技术人员进行相关岗位的业务知识培训及安全培训。

控制痕迹：无。

风险点 14

风险描述：未建立明确的员工日常行为规范，导致员工随意行为，影响企业资产安全。

关键控制措施：在员工日常管理规定中规定企业员工在日常工作、生产、生活、学习和交往中应该遵守的道德规范（传统美德、社会公德、职业道德）、行为规范（工作规范、操作规范）和语言礼仪规范等的统称，以及如何按照标准规范员工行为所采取的一系列方法、措施和步骤。

控制痕迹：员工日常行为规范。

风险点 15

风险描述：员工的日常行为规范与国家法规相违背，导致法律风险，给企业造成法律隐患。

关键控制措施：根据国家相关的法律法规对企业的员工日常行为规范进行梳理，清除其中与法律法规相冲突的地方。

控制痕迹：员工日常行为规范。

风险点 16

风险描述：出现大规模社会罢工，导致工作人员消极怠工、企业停产，甚至企业财产遭受严重破坏和损失。

关键控制措施：对罢工的原因和特点进行分析，从企业本身、职工及政府三方面出发，更新观念，改进管理方式，构建和谐稳定的劳动关系，建立零距离沟通制度。

控制痕迹：员工日常行为规范。

风险点 17

风险描述：企业发生员工大范围集体食物中毒事件，严重影响员工身体健康，影响企业正常生产，并导致企业形象受损。

关键控制措施：应该加强职工食堂的监督管理，建立、健全中毒事故应急机制，有效预防、及时控制和最大限度消除中毒事故的危害，保障员工身体健康和生命安全。

控制痕迹：员工日常行为规范。

风险点 18

风险描述：企业发生重大交通事故，使企业遭受严重人员损失，影响企业正常生产秩序及声誉。

关键控制措施：制订交通事故应急预案，最大限度降低人员伤亡，保障企业的正常生产经营。

控制痕迹：员工日常行为规范。

风险点 19

风险描述：员工未能按照相关程序解除劳动关系，导致法律风险，影响企业合法合规目标。

关键控制措施：应明确解除合同的两种情形及工作程序。①协议解除劳动合同，用人单位与劳动者协商一致，可以解除劳动合同。②单方面解除劳动合同：员工解除劳动合同，应当提前 30 日以书面形式通知用人单位；员工在试用期内提前 3 日通知用人单位；单位提出解除劳动合同，应当事先将理由通知工会，如果工会提出异议，用人单位应研究工会意见并将结果书面告知工会。

控制痕迹：①辞职申请单；②解除劳动合同协议书。

风险点 20

风险描述：没有建立试用期制度，导致企业可能无法了解拟录取员工真实水平，影响日常经营效率。

关键控制措施：在企业的招聘程序中加入试用期和岗前培训方面的制度规定。

控制痕迹：试用期转正管理规定。

风险点 21

风险描述：关键技术岗位聘用人员未签订保密协议，影响企业的信息技术安全。

关键控制措施：与企业的高级管理人员、高级技术人员及涉及企业商业秘密的人员签订保密协议，对负有保密义务人员签订竞业限制协议。

控制痕迹：①保密协议；②竞业限制协议。

风险点 22

风险描述：试用期合格员工在岗位配置时未充分和综合考虑企业的岗位需求和员工的个人能力、意愿，导致岗位要求和岗位人员不匹配，影响企业日常经营效率。

关键控制措施：企业战略人力资源部根据企业的岗位需求和员工的个人能力及意愿对试用期合格的员工进行岗位配置。

控制痕迹：岗位配置书。

3.6 岗位调动与离职合规管理

3.6.1 概述

岗位调动与离职合规管理规定了企业员工岗位调动和离职的申请、审批的流程，旨在规范企业处理员工岗位调动和辞退过程中的各项具体工作，合理保护员工和企业双方的利益，防范企业在处理员工岗位调动和辞职过程中的各种风险。

3.6.2 相关制度

相关制度：员工离职管理规定；员工手册；劳动合同管理办法；员工离职管理规定；职务晋升与职称晋级管理规定。

3.6.3 职责分工

申请员工：提出岗位调动申请。

异动前部门：负责对申请员工的申请进行审批。

战略人力资源部：负责判断是否是跨部门岗位异动，对同一部门的异动进行审批，判断是否是经理级别以下，负责对异动进行备案；负责判断员工的离职是否是过失性解除，负责审议执行竞业限制并执行，负责发放离职证明和处理经济补偿金事宜。

异动后部门：负责进行本部门的岗位异动申请审批。

总经理：负责对经理级别的岗位异动进行审批。

离职员工：提出离职申请，非过失性解除时在部门主管面谈后判断是否离职。

离职部门负责人：负责对非过失性解除的离职员工进行面谈，负责本部门的离职审批签核。

各相关部门：负责离职交接单的会签，关闭离职员工的系统账户。

3.6.4　控制目标

岗位调动与离职合规管理的控制目标如表 3-6 所示。

表3-6　岗位调动与离职合规管理的控制目标

序　号	控制目标	目标类别
1	确保解除劳动关系符合相关法律规定	合法合规目标
2	确保员工离职手续符合相关法律规定	合法合规目标
3	确保员工离职前归还企业所有财物	资产保全目标
4	确保各岗位员工的胜任能力	经营效率目标

3.6.5　风险控制点

风险点 1

风险描述：未按照相关程序与员工解除劳动关系，导致法律风险，影响企业合法合规目标。

关键控制措施：应明确解除合同的两种情形及工作程序。①员工解除劳动合同，应当提前 30 日以书面形式通知用人单位；②企业提出解除劳动合同，应当征求同级工会的意见，如工会提出异议，企业应复议后再作出决定。

控制痕迹：①辞职申请单；②解除劳动合同证明书。

风险点 2

风险描述：解除劳动合同的经济补偿不合国家相关规定，导致法律风险，影响企业合法合规性目标。

关键控制措施：①根据劳动合同实施细则相关规定解除劳动合同的人员，应按规定给予经济补偿金，如按员工在本单位工作的年限，每满 1 年支付 1 个月工资的标准向劳动者支付；6 个月以上不满 1 年的，按 1 年计算；不满 6 个月的，向劳动者支付半个月工资的经济补偿；员工月工资高于单位所在直辖市、社区的市级人民政府公布的本地区上年度职工月平均工资 3 倍的，向其支付经济补偿金的标准按职工月平均工资 3 倍的数额支付，向其支付经济补偿的年限最高不超过 12 年；员工患病或非因公负伤，医疗期满劳动鉴定委员会确认不能从事原来工作，也不能从事单位另行安排的工作而解除劳动合同的，用人单位应按其在本单位的工作年限，每满 1 年发给相当于 1 个月工资的经济补偿金，同时应发给不低于 6 个月工资的医疗补助费，患重病和绝症的还应增加医疗补助费，患重病的增加部分不低于医疗补助费的 50%，患绝症的增加部分不低于医疗补助费的 100%；由劳动者本人提出解除劳动合同的，用人单位可以不支付经济补偿金。②经济补偿金的月工资计算标准是指企业正常生产情况下员工解除或终止合同前本人 12 个月的平均工资，单位依照相关规定项解除劳动合同时，员工的月平均工资低于单位平均工资的，按单位平均工资支付。

控制痕迹：解除劳动合同证明书。

风险点 3

风险描述：员工未提出辞职申请即擅自离职，影响企业正常生产经营活动。

关键控制措施：无故旷工，连续旷工超过 15 天（不含节假日）或全年累计旷工超过 30 天者；企业予以开除（待确认）。

控制痕迹：①出勤单；②解除劳动合同证明书。

风险点 4

风险描述：因违纪被辞退的员工，对企业的辞退决定提出异议时，企业未能做出有效应对，影响企业对员工管理的公正性。

关键控制措施：①企业及子企业工会及战略人力资源部配合进行复查，及时完成复查，并出具违纪事件复查报告；②复查结果证明员工违纪事件属严重违反劳动合同规定的，做辞退决定，报主管领导做最后批准，并通知员工本人；③战略人力资源部参照员工离职手续对违纪员工进行离职交接手续，并要求违纪员工在事件复查报告中签字确认。

控制痕迹：①违纪事件复查报告；②解除劳动合同证明书。

风险点 5

风险描述：对企业总经理、副总经理等高级管理人员和关键岗位人员提出辞职申请，企业未能进行审计，导致无法发现可能存在的违规行为，影响企业日常经营管理。

关键控制措施：企业法人、委托法人及行政主要负责人的辞职，审批前，审计监察部应对任期内的财务账目和各重大经营事项进行审计。

控制痕迹：离职审计报告。

风险点 6

风险描述：离职时未能仔细填写离职交接清单，导致有未归还企业的财物，影响企业资产保全目标。

关键控制措施：员工在离职前填好离职交接清单，并由战略人力资源部相关人员进行审核。

控制痕迹：①离职交接清单；②离职申请／审批单。

风险点 7

风险描述：离职时未及时通知其他相关部门和关键人员，导致离职员工仍假借企业名义，影响企业的资产安全和产生法律风险。

关键控制措施：人力资源部门在员工离职时把离职人员名单等相关事宜通知企业的其他相关部门和关键人员。

控制痕迹：离职人员名单。

风险点 8

风险描述：离职后未及时关闭离职员工的系统账户和权限，导致离职后仍可登录企业账户，影响企业的信息和资产安全。

关键控制措施：在员工离职办理好交接手续之后通过注销其使用账号等方式关闭其系统账户或通过修改密码等方式限制其使用权限。

控制痕迹：离职员工账户的清除。

风险点 9

风险描述：由于人才储备不足、关键岗位人员配置缺乏、招聘不及时等原因，造成关键岗位人员离职后岗位长时间空缺，影响部门甚至企业的正常运转，并导致人力空位成本的增加。

关键控制措施：企业应该优化招聘流程，在招聘时注意关键岗位人员的配置要求并做好人才储备，运用特殊政策吸引激励员工，以合约的形式约定在一定期限内提供关键员工个性化的福利解决方案，对关键岗位进行轮岗。

控制痕迹：①劳动合同书；②内退人员基本情况表。

风险点 10

风险描述：员工违反劳动合同时，未能进行相应处罚，造成劳动合同条款未能起到效果，影响企业对员工约束。

关键控制措施：员工违反规定或劳动合同的约定解除合同，对用人单位造成损失的，应赔偿用人单位损失，包括用人单位招收录用其所支付的费用；用人单位为其支付的培训费用和培训期间的工资，双方另有约定的按约定办理；对生产、经营和工作造成直接经济损失，按损失额的 25% 赔偿；劳动合同约定的其他赔偿费用。

控制痕迹：①处罚通知；②解除劳动合同证明书。

风险点 11

风险描述：没有建立内部晋升和竞聘制度，导致员工晋升通道不明确，影响员工工作积极性。

关键控制措施：建立起每年一次的内部晋升机制。

控制痕迹：内部晋升、竞聘制度。

风险点 12

风险描述：内部晋升没有经过人力资源部门考核，导致晋升后员工无法满足新岗位要求，影响企业日常经营效率。

关键控制措施：由员工原部门申请，招聘职位所在部门、战略人力资源部集体审核，并根据企业授权审批体系进行审批。

控制痕迹：内部晋升审批表。

风险点 13

风险描述：内部岗位调动没有经过相关领导审批，导致员工配置不合理，影响企业日常经营效率。

关键控制措施：由员工原部门申请，招聘职位所在部门、战略人力资源部集体审核，并根据企业授权审批体系进行审批。

控制痕迹：内部晋升审批表。

第 4 章　企业计划财务合规管理

4.1　全面预算合规管理

4.1.1　概述

全面预算合规管理规定了企业全面预算的流程，旨在建立、健全内部约束机制，规范财务管理行为，加强预算管理，确保预算编制符合企业发展战略和目标的要求。

4.1.2　相关制度

相关制度：全面预算管理制度。

4.1.3　职责分工

预算管理委员会：拟定总预算目标，审议总预算目标分解方案、预算编制方法和程序；审议预算草案；协调解决预算编制和执行中的重大问题；审议预算调整方案。

预算管理工作机构：拟订年度预算总目标分解方案及有关预算编制程序、方法的草案；组织和指导各级预算单位开展预算编制工作；预审各预算单位的预算初稿，进行综合平衡，并提出修改意见和建议；汇总编制全面预算草案，提交预算管理委员会审议；跟踪、监控各项预算执行情况；接受各预算单位的预算调整申请，根据企业预算管理制度进行审查，集中制订预算调整方案，报预算管理委员会审议。

业务部门：编制各部门预算，执行审批后的预算。

战略与人力资源部：将各部门预算指标达成情况纳入考核体系。

4.1.4 控制目标

全面预算合规管理的控制目标如表 4-1 所示。

表4-1 全面预算合规管理的控制目标

序 号	控制目标	目标类别
1	确保预算的合理性	经营效率目标
2	确保预算执行有效	经营效率目标
3	确保超预算费用得到审批	经营效率目标
4	确保预算调整合理性	合法合规目标
5	确保对预算执行情况进行分析与考核	经营效率目标
6	确保对预算差异进行调查和改进	经营效率目标

4.1.5 风险控制点

风险点 1

风险描述：预算内容未充分涵盖经营、投资等方面，导致全面预算制订不合理。

关键控制措施：对全面预算进行分类管理，包括经营预算（如研发预算、采购预算、生产预算、销售预算、费用预算等）、投资预算、筹资预算和财务预算等。

控制痕迹：企业财务预算管理规定文件。

风险点 2

风险描述：全面预算编制的整体过程不合理，导致预算的编制过程出现问题，全面预算编制结果达不到预定目标。

关键控制措施：①预算管理委员会确定年度预算指导思想和关键指标，审议年度预算方案和预算调整方案，协调和解决预算编制和执行中出现的重大问题；②预算管理工作机构根据企业发展战略和经营计划，测算下一年度的全面预算目标，经预算管理委员会审议后予以下达，同时拟定年度预算总目标分解方案及预算编制细则与要求（含编制方法、统一的预算编制前提、时间、格式要求等），层层下达至各预算责任中心；③各预算责任中心按照下达的预算目标和预算政策，结合自身特点以及预测的执行条件，认真测算并提出本责任中心的预算草案，经本责任中心负责人批准后，逐级汇总上报预算管理工作机构；④预算管理工作机构对各责任中心上报的预算草案进行审查、汇总，提出综合平衡建议，并根据各责任中心修正调整后的预算草案，汇总编制形成整个企业的全面预算草案，报预算管理委员会审议，经总经理办公会审议后，提交董事会审批；⑤全面预算经审议批准后，及时下达执行，并由预算管理工作机构将经责任单位签字确认的预算方案存档保管。

控制痕迹：①年度预算方案；②年度预算具体编制细则与要求；③各专业预算；④各专业预算、董事会会议记录、董事会会议决议。

风险点 3

风险描述：预算目标不合理、不完整或标准不科学，可能造成企业预算管理体系缺乏科学性和准确性。

关键控制措施：①预算管理工作机构根据企业发展战略和经营计划，测算下一年度的全面预算目标，经预算管理委员会审议后予以下达；同时拟订年度预算总目标分解方案及预算编制细则与要求（含编制方法、统一的预算编制前提、时间、格式要求等），层层下达至各预算责任中心；②企业全面预算经过预算管理委员会 / 总经理办公会审议并经过董事会审批后方可执行。

控制痕迹：①年度预算具体编制细则与要求；②年度预算审批表。

风险点 4

风险描述：全面预算草案的编写分工分解不到位，导致全面预算编制结果达不到预定目标。

关键控制措施：①各级预算责任部门将全面预算管理方案细分到季度或月；②各级预算责任部门将全面预算管理方案细分到末级部门。

控制痕迹：①季度预算月度预算；②末级部门预算。

风险点 5

风险描述：全面预算方案的编写分工责任主体不明确，造成全面预算编制结果达不到预定目标，预算结果不准确。

关键控制措施：各预算责任部门按业务流程严格划分责任主体，明确预算管理责任。

控制痕迹：预算管理责任对标文件。

风险点 6

风险描述：预算编制的责任主体与预算的执行主体不一致，造成全面预算编制的准确性降低，使得预算结果不准确。

关键控制措施：预算的编制部门和责任部门原则上为同一部门。

控制痕迹：各专业预算。

风险点 7

风险描述：全面预算方案的时间和项目分解不到位，导致全面预算达不到预期目标。

关键控制措施：①各级预算责任部门将全面预算管理方案细分到季度或月；②各级预算责任部门将全面预算管理方案细分到末级部门。

控制痕迹：①季度预算；②月度预算；③末级部门预算。

风险点 8

风险描述：企业编写预算方案时与企业经营计划脱钩，导致全面预算编制内容制订不合理，全面预算工作达不到预期目标。

关键控制措施：全面预算的制订须以企业经营计划为基础，根据实际情况进行编制。

控制痕迹：无。

风险点 9

风险描述：预算编制前的业务梳理、财务分析不全面，预算关键指标设定不合理，导致预算的编制内容不合理，全面预算达不到预期目标。

关键控制措施：制订全面预算管理制度，明确预算的编制依据、编制程序和编制方法等规定。

控制痕迹：全面预算管理制度。

风险点 10

风险描述：如果编制依据、编制程序、编制方法等未明确规定，可能造成预算草案不符合企业要求。

关键控制措施：制定全面预算管理制度，明确预算的编制依据、编制程序和编制方法等规定。

控制痕迹：全面预算管理制度。

风险点 11

风险描述：企业未能就企业经营计划与各所属单位进行协商，导致各所属单位的预算分解和预算编制不符合实际情况。

关键控制措施：预算管理工作机构根据企业发展战略和经营计划测算下一年度的全面预算目标，经预算管理委员会审议后予以下达，同时拟定年度预算总目标分解方案及预算编制细则与要求（含编制方法、统一的预算编制前提、时间、格式要求等），层层下达至各预算责任中心。

控制痕迹：年度预算具体编制细则与要求。

风险点 12

风险描述：企业各部门及各所属单位未能获得企业全面预算的相关培训，导致编制人员缺乏相应的预算编制能力，造成预算编制不合理。

关键控制措施：集团财务管理部、人力资源部门定期组织各部门及下属单位负责人、预算编制人员进行全面预算管理培训并进行相关考核测试。

控制痕迹：预算管理培训记录。

风险点 13

风险描述：全面预算未经预算管理委员会审核，导致全面预算审批不符合外部监管要求，造成违规风险。

关键控制措施：企业全面预算经过预算管理委员会 / 总经理办公会审议并经过董事会审批后方可执行。

控制痕迹：年度预算审批表。

风险点 14

风险描述：预算的下达和执行不力，可能造成预算失去其应有的权威性和严肃性。

关键控制措施：预算须及时下达给各部门，将预算指标与部门绩效考核指标挂钩。

控制痕迹：预算指标 PPT。

风险点 15

风险描述：预算业务授权程序不规范或权限模糊，可能产生重大差错或舞弊、欺诈行为，从而使企业遭受损失。

关键控制措施：企业严格按预算进行资金支付活动，对预算内事项及预算外事项建立规范的授权批准制度和程序，避免越权审批、违规审批、重复审批现象发生。在确定授权批准层次时，须根据业务或事项的重要性或金额大小划分权限。

控制痕迹：全面预算管理制度。

风险点 16

风险描述：预算业务授权体系不健全或岗位职责分工不合理，可能造成企业资源浪费和管理效率低下。

关键控制措施：企业严格按预算进行资金支付活动，对预算内事项及预算外事项建立规范的授权批准制度和程序，避免越权审批、违规审批、重复审批现象发生。在确定授权批准层次时，须根据业务或事项的重要性或金额大小划分权限。

控制痕迹：全面预算管理制度。

风险点 17

风险描述：各部门及各所属单位的预算外支出未经相关部门及预算相关委员会充分审批，导致预算控制不严，造成资金管理风险。

关键控制措施：对于超预算或预算外事项，须实行严格、特殊的审批程序，报经总经理审批；金额重大的，根据企业章程及相关要求报经董事会或股东大会批准。

控制痕迹：费用报销审批单。

风险点 18

风险描述：未能就预算情况进行定期评估，无法及时获知年度经营计划和预算执行中出现的偏差并进行调整，导致全面预算不符合企业实际经营情况。

关键控制措施：企业须定期检查、追踪年度预算的执行情况，并形成预算执行分析报告上报预算管理委员会进行评估。

控制痕迹：预算执行分析报告。

风险点 19

风险描述：企业未能定期对实际完成情况与预算目标进行对比分析，导致全面预算失效，影响企业有效、经济地实现战略目标。

关键控制措施：企业实行预算报告制度，定期召开例会对全面预算的执行进度、执行差异进行全面分析，并拟订改善措施或建议，形成预算执行分析报告，逐级上报。

控制痕迹：预算分析会会议纪要。

风险点 20

风险描述：相关部门对全面预算异常情况未及时查明原因，未提出有效的解决办法，导致全面预算管理失效。

关键控制措施：相关责任部门对异常指标即时查找原因，提出有效的解决方案。

控制痕迹：异常指标分析报告。

风险点 21

风险描述：未明确规定预算调整的时间和条件，导致全面预算与实际相差过大，全面预算控制失效，影响预算目标的实现。

关键控制措施：明确规定预算调整的条件，调整条件为外部环境或内部经营情况发生重大变化。

控制痕迹：企业财务预算管理规定。

风险点 22

风险描述：预算调整没有制订专门的审批程序，导致对预算的整体控制不严，造成资金管理风险。

关键控制措施：预算的调整须经过审批，审批流程与预算编制流程一致。

控制痕迹：预算调整审批单。

风险点 23

风险描述：预算调整未经相关部门及预算管理委员会审批，导致全面预算失效，影响预算目标的实现。

关键控制措施：预算的调整须经过审批，审批流程与预算编制流程一致。

控制痕迹：预算调整审批单。

风险点 24

风险描述：全面预算考核结果不公平、不合理，影响部门及相关人员的积极性。

关键控制措施：人力资源部门根据预算完成情况对相关责任部门进行考核。

控制痕迹：绩效指标卡。

4.2　银行账户及存款合规管理

4.2.1　概述

银行账户及存款合规管理规定了企业银行账户开设、变更和撤销及银行存款支付等的管理要求，旨在规范企业银行账户操作过程中的各项具体工作，努力降低和避免银行账户管理中存在的风险，保证企业的资金安全和使用效率。

4.2.2 相关制度

相关制度：资金管理与控制制度；财务印章管理制度；财务人员管理制度。

4.2.3 职责分工

下属单位资金岗位：负责银行账户设立、变更或撤销的申请，银行账户台账管理，编制银行存款余额调节表，复核银行存款支付或调拨申请。

下属单位出纳：负责经办银行账户设立、变更或撤销，负责经办银行账户存款支付或调拨，以及相关的日记账处理。

下属单位财务经理：负责审核银行账户设立、变更或撤销申请，负责审核银行存款余额调节表，负责审核银行存款支付或调拨申请，负责汇总编制企业资金收支计划表，负责审核及备案月度资金活动报告。

集团财务负责人：负责审批银行账户设立、变更或撤销申请，负责审批银行存款支付或调拨申请。

4.2.4 控制目标

银行账户及存款合规管理的控制目标如表 4-2 所示。

表4-2 银行账户及存款合规管理的控制目标

序　号	控制目标	目标类别
1	确保银行账户的类型、用途和限额符合国家有关规定	合法合规目标
2	确保银行账户及资金相关信息的完整性和真实性	财务信息真实性目标
3	确保银行账户资金的安全性	资产保全目标
4	确保银行账户资金使用的效率	经营效率目标

4.2.5 风险控制点

风险点 1

风险描述：银行账户设立及分类管理不符合相关规定，遭受外部处罚，造成经济损失及法律风险。

关键控制措施：账户设立时须明确账户的类型、用途和限额。

控制痕迹：资金管理与控制制度。

风险点 2

风险描述：银行账户的设立没有建立明确的设立条件和审批程序，导致银行账户开立过多，银行账户无法有效地管理，造成资金截留风险。

关键控制措施：①制订资金管理与控制制度，明确银行账户的设立条件，无正当理由不得随意开设银行账户；②明确银行账户开设审批流程，银行账户的开设须按授权审批体系进行审批；③建立银行账户台账管理制度并明确银行账户台账的日常管理职责。

控制痕迹：①资金管理与控制制度；②银行账户开设审批单；③银行账户台账。

风险点 3

风险描述：违反企业规定出租出借银行账户，导致账户管理混乱，造成资金截留风险。

关键控制措施：严禁出借企业的银行账户，一经发现，严厉追究相关人员责任。

控制痕迹：①银行对账单；②银行明细账。

风险点 4

风险描述：银行存款收支业务的不相容职责没有分离，导致业务办理过程没有监督和复核，造成资金截留风险。

关键控制措施：办理银行收支业务人员、银行记账人员与资金审核人员等由不同人员担任。

控制痕迹：财务部岗位职责。

风险点 5

风险描述：未经相关人员审批或审批不全而办理银行账户资金支出业务，导致企业资金管理风险。

关键控制措施：银行支付时，有关部门或个人向授权人员提交资金支付申请，并附有效经济合同协议、原始单据或相关证明，相关申请还须经财务部门非出纳人员审核。

控制痕迹：支付申请书。

风险点 6

风险描述：相关人员越权操作或审批业务，造成资金管理风险。

关键控制措施：各业务人员严格按照权限办理业务，超过权限申请的付款业务不予受理。

控制痕迹：付款申请单。

风险点 7

风险描述：银行存款原始凭证丢失，影响会计凭证的真实性、准确性。

关键控制措施：银行存款的原始凭证须附在记账凭证后妥善保管。

控制痕迹：会计凭证及其附件。

风险点 8

风险描述：银行出纳领取银行对账单并编制银行存款余额调节表，导致出纳违规调账，造成银行存款账实不符。

关键控制措施：由非出纳人员领取银行对账单。

控制痕迹：银行对账单。

风险点 9

风险描述：未及时核对银行存款日记账及银行对账单余额并及时调整银行存款未达账项，导致银行存款账实不符。

关键控制措施：企业指定专人（非银行出纳人员）在每月底对所有银行账户编制银行存款余额调节表，编制完后由审核人员进行审核。

控制痕迹：银行存款余额调节表。

风险点 10

风险描述：银行余额调节表编制完成后没有复核，导致银行存款账实不符，无法及时发现，影响企业的资金安全。

关键控制措施：企业指定专人（非银行出纳人员）在每月底对所有银行账户编制银行存款余额调节表，编制完后由审核人员进行审核。

控制痕迹：银行存款余额调节表。

风险点 11

风险描述：经办人员与审批人员相互串通、监守自盗、挪用银行存款，造成资金损失。

关键控制措施：制订关键岗位轮岗制度，对于出纳等关键岗位进行定期轮岗，防止可能出现的串通舞弊行为。

控制痕迹：轮岗规定。

风险点 12

风险描述：网上银行密钥未分级保管，未按指定的网上银行交易范围进行交易，导致企业资金管理风险。

关键控制措施：企业网银密钥进行分级管理，不应将密钥集中在一人手中保管。

控制痕迹：网银密钥保管情况。

风险点 13

风险描述：网上银行密钥和密码的保管不够安全有效，导致网上银行被盗用，造成企业的资金损失。

关键控制措施：网银密钥由授权人员分别保管，相关人员须妥善保管好密钥，一旦丢失，须及时联系银行。

控制痕迹：网银密钥保管情况。

风险点 14

风险描述：网上银行业务交易的制单及审核由同一人员操作，导致资金截留风险。

关键控制措施：网上银行的银行业务至少设操作员、复核员两级。

控制痕迹：资金管理与控制制度。

风险点 15

风险描述：网银密码、银行账户等信息被盗取或修改，造成资金被盗风险。

关键控制措施：定期更换网银密码，电子银行卡与密码的保管人员不得将卡交予其他人员。

控制痕迹：无。

风险点 16

风险描述：各银行账户预留印鉴未及时更换，企业章和人员名章由一人同时保管，造成企业资金被非法挪用、资产流失。

关键控制措施：①银行的预留印鉴如果有更新，须及时告知相关人员，并及时将原有印鉴进行销毁；②企业的银行预留印鉴与法人章由不同人员保管。

控制痕迹：①印章更新申请单；②相关印章保管情况。

风险点 17

风险描述：违规使用账户，违反国家有关规定，造成损失。

关键控制措施：银行账户使用须严格遵守国家相关法律法规，财务部定期对银行账户使用情况的合法合规性进行检查。

控制痕迹：检查记录。

风险点 18

风险描述：无用或失效的银行账户未及时办理销户，导致账户管理混乱。

关键控制措施：企业定期清查银行账户，对长期闲置的银行账户须及时办理销户手续。

控制痕迹：银行销户申请审批表。

4.3　现金合规管理

4.3.1　概述

现金合规管理规定了企业现金管理流程，旨在完善企业现金管理工作，规范现金结算行为，提高资金管理水平，加强财务监督，防范潜在风险。

4.3.2　相关制度

相关制度：资金管理与控制制度；会计档案管理制度；财务人员管理制度。

4.3.3　职责分工

下属单位出纳：负责库存现金余额的控制；负责登记现金日记账；负责收取客户交来的现金，及时清点并开具收据，清点后的现金及时入库保管；负责办理现金的银行存、取手续；负责审核现金支取业务的凭证，保证支取现金与账务内容一致；协助资金岗位月度的现金盘点，提供相关资料。

下属单位资金会计：负责现金支取、收入的账务处理和审核；负责现金的月度盘点。

下属单位财务负责人：现金日常收支业务的审批。

4.3.4　控制目标

序　号	控制目标	目标类别
1	确保现金业务不相容职务分离	资产安全目标
2	确保现金业务得到授权审批	资产安全目标
3	确保库存现金余额满足正常支付需求	经营效率目标
4	确保现金得到妥善保存	资产安全目标
5	确保所有现金收支都已准确入账	财务信息真实性目标

4.3.5　风险控制点

风险点 1

风险描述：现金收支业务全程由一人负责办理，无他人监督检查，导致现金截留风险。

关键控制措施：现金的收支业务过程中经办、审批、记账及审核人员职责相分离。

控制痕迹：岗位职责。

风险点 2

风险描述：职责分工不明确、机构设置和人员配备不合理，会导致资产损失风险。

关键控制措施：①建立货币资金业务的岗位责任制，明确相关部门和岗位的职责权限，确保以下办理货币资金业务的不相容岗位相互分离、制约和监督，如货币资金支付的审批与执行；货币资金的保管与盘点清查；货币资金的会计记录与审计监督；出纳人员不得兼任稽核、会计档案保管和收入、支出、费用、债权、债务账目的登记工作。②结合单位实际情况，对办理货币资金业务的人员定期进行岗位轮换。

控制痕迹：①出纳及现金收支业务相关人员职能分工及岗位说明书；②高风险岗位轮换制度。

风险点 3

风险描述：未经审批或审批不全而办理现金支出业务，可能会产生重大差错或舞弊、欺诈行为，从而使企业遭受损失和企业资金管理风险。

关键控制措施：现金支付申请须由授权审批人员审批，出纳在确认支付前须审核审批痕迹。

控制痕迹：资金支付审批单。

风险点 4

风险描述：现金遗失或被盗，造成资金损失。

关键控制措施：将现金存放在保险箱中，保险箱钥匙由出纳妥善保管。

控制痕迹：无。

风险点 5

风险描述：未设置保险柜的最高库存现金额，导致库存现金过多，增加资金被盗风险。

关键控制措施：根据企业日常现金使用情况合理设置保险柜库存现金最高额度。

控制痕迹：最高库存现金额的分析报告。

风险点 6

风险描述：出纳人员未及时将收到的超过保险柜最高存款额以上部分的现金于当日存入企业开户银行，导致现金丢失或截留风险。

关键控制措施：①库存现金按银行核定的限额执行，超限额的现金由出纳员及时送存银行；②限额内的库存现金（包括票据、有价证券）必须于下班时存入指定的保险柜并妥善保存。

控制痕迹：现金日记账和银行存单。

风险点 7

风险描述：现金提取或缴纳大额现金中被盗抢，导致企业资金损失。

关键控制措施：明确大额资金的标准，对大额资金的存取至少由 2 人以上去银行办理。

控制痕迹：资金管理与控制制度。

风险点 8

风险描述：私设部门或个人小金库，未将现金及时存入保险箱内，造成现金损失及舞弊风险。

关键控制措施：①企业取得的各项收入要纳入账内核算，任何部门或个人均不得私设小金库，不得公款私存；②企业任何员工或个人发现伪造、变造、故意毁灭会计凭证或会计账簿、账外设账、私设"小金库"、提供虚假财务报表的行为应及时予以制止和纠正，制止和纠正无效的，报企业有关部门处理。

控制痕迹：①现金日记账和银行存单；②会计凭证。

风险点 9

风险描述：出纳人员未仔细核对费用报销单内容及相应的发票，导致报销费用管理混乱，造成资金损失。

关键控制措施：出纳对相关费用报销单及发票进行审核，指定专人定期对费用报销单和原始单据进行抽查。

控制痕迹：费用报销单和审批单。

风险点 10

风险描述：白条抵库，导致企业资金损失。

关键控制措施：取得的无税务印制章的各类收据或白条（手工填写收据），原则上不予支付款项或费用报销。

控制痕迹：费用报销单。

风险点 11

风险描述：现金保管不善，导致丢失或损坏，造成资金损失。

关键控制措施：①出纳收到的现金收入于当日存入开户银行，其他日常使用小额现金，包括剩余备用金及零星收支等，存放在财务处保险柜内；②保险柜密码定期更新，不得向他人泄露，每日下班前由出纳清点保险柜内存放金额的数量并做好清点记录。

控制痕迹：资金管理与控制制度。

风险点 12

风险描述：出纳人员与审批人员相互串通、监守自盗、挪用现金存款，造成资金损失。

关键控制措施：实行现金管理关键岗位员工进行职业道德及相关法律法规培训，并定期轮岗。

控制痕迹：相关培训记录。

风险点 13

风险描述：出纳人员领取备用金未经财务经理审批，造成资金截留风险。

关键控制措施：①业务人员领用备用金时，需填写借款单并按权限审批后方可办理；②出纳核对备用金领用人员领借款单上授权人员，确认后进行款项拨付。

控制痕迹：借款审批单。

风险点 14

风险描述：出纳人员未定期检查并核对备用金支出，导致资金管理风险。

关键控制措施：财务部定期检查、核对备用金支出和借用情况，视业务需要规定还款期限及措施。

控制痕迹：备用金使用汇总记录表。

风险点 15

风险描述：现金日记账记录要素不完整、记录不及时，导致库存现金情况无法跟踪、把握，存在盗用、挪用无法及时发现的风险。

关键控制措施：由非出纳人员定期对现金日记账进行检查。

控制痕迹：现金日记账。

风险点 16

风险描述：现金日记账与收据和发票等无法一一对应，导致库存现金情况无法跟踪、把握，存在盗用、挪用无法及时发现的风险。

关键控制措施：由非出纳人员定期对现金日记账进行检查。

控制痕迹：现金日记账。

风险点 17

风险描述：现金库存盘点不及时，导致现金被盗用、挪用无法及时发现的风险。

关键控制措施：①出纳人员每日对现金余额进行清点；②企业指定专人定期与不定期对现金进行突击盘点。

控制痕迹：①现金清点表；②现金盘点表。

风险点 18

风险描述：无现金盘点记录及现金短缺情况分析，导致库存现金情况无法跟踪、把握，存在盗用、挪用无法及时发现的风险。

关键控制措施：①明确现金盘点表的格式主要包括盘点日期、盘点人、监盘人、账面数、实盘数、盘点差异数等，盘点完毕后由财务负责人审核签字；②盘点后发现现金实存数与库存数不一致的，及时查明原因并做出处理。

控制痕迹：①现金盘点表；②盘点差异分析报告。

风险点 19

风险描述：现金盘点后出现账实不符的，没有明确的处理和责任追究制度，导致现金保管人员责任心不强，存在资金管理风险。

关键控制措施：建立现金保管责任追究机制。

控制痕迹：现金保管追究机制。

风险点 20

风险描述：资金记录不准确、不完整，可能会造成账实不符或导致财务报表信息失真。

关键控制措施：会计人员在入账前须核对相关的原始单据，编制的记账凭证须经过授权人员审核。

控制痕迹：记账凭证。

风险点 21

风险描述：相关原始凭证丢失，影响会计凭证的真实性、准确性。

关键控制措施：明确原始单据和会计凭证的保管规则。

控制痕迹：现金支付款凭证附件。

风险点 22

风险描述：有关单据遗失、变造、伪造、非法使用等，导致资产损失、法律诉讼或信用损失。

关键控制措施：财务部相关人员要对日常现金收付的相关单据进行仔细审核，并报授权人员审核批准。

控制痕迹：现金支付款凭证附件。

风险点 23

风险描述：保险柜未定期更新密码，容易泄密，造成资金被盗风险。

关键控制措施：存放现金的保险柜须定期更新密码，密码不能随意对他人泄露。

控制痕迹：无。

4.4　票据合规管理

4.4.1　概述

票据合规管理规定了企业票据管理方面的具体要求，旨在完善企业票据管理工作，提高资金管理水平，加强财务监督，防范潜在风险。

4.4.2 相关制度

相关制度：资金管理与控制制度；资金管理操作规范。

4.4.3 职责分工

下属单位出纳：根据需要提出票据购买申请，票据购买，并对票据进行登记保管；使用票据，设立票据使用台账。

下属单位资金主管：对票据购买申请进行审核，进行票据盘点。

下属单位财务负责人：审批票据购买申请。

下属单位资金会计：进行票据业务账务处理。

4.4.4 控制目标

票据合规管理的控制目标如表 4-4 所示。

表4-4　票据合规管理的控制目标

序　号	控制目标	目标类别
1	确保票据管理环节中不相容职务分离	资产保全目标
2	确保对票据采取安全保管措施	资产保全目标
3	确保票据账实相符	资产保全目标
4	确保票据开立经过审批	资产保全目标
5	确保作废票据得到适当处理	资产保全目标
6	确保票据转让得到审批	资产保全目标
7	确保票据转让程序合法合规	合法合规目标
8	确保票据接收过程中不发生遗失	资产保全目标
9	确保票据贴现得到审批	资产保全目标
10	确保票据到期前得到及时处置	经营效率目标

4.4.5　风险控制点

风险点 1

风险描述：票据的购买申请、审批、检查等不相容职责没有分离，导致票据被盗用和丢失，造成企业资产损失，影响企业资产保全目标。

关键控制措施：合理设置各岗位职责，对票据管理环节中的购买申请、审批、检查等不相容职务进行分离。

控制痕迹：资金管理与控制制度。

风险点 2

风险描述：票据保管不善，没有视同现金专门保管，导致票据丢失或被盗用，造成企业资金损失，影响企业资产保全目标。

关键控制措施：①出纳将未使用的票据存放在保险柜内；②票据管理人员建立票据专用登记簿，在每天下班前对保险柜内存放的票据进行清点并详细记录。

控制痕迹：①票据保管情况；②票据清点记录。

风险点 3

风险描述：票据管理台账设立不合理，导致票据使用记录不全，造成票据管理混乱，影响企业经营目标。

关键控制措施：出纳人员负责建立《票据专用登记簿》，登记、领用、保管与使用相关的票据，内容包括购买日期、领用日期、核销日期、票号、金额、用途、领用人、经办人等。

控制痕迹：票据专用登记簿。

风险点 4

风险描述：未定期进行票据盘点会导致票据数量与账实不符，开票记录存在问题未能及时发现，影响企业财务信息真实性目标。

关键控制措施：资金主管不定期（不少于 1 次／季）抽查票据保管使用情况，如有短缺，必须第一时间报告总会计师和财务负责人，并立即进行挂失，预防损失，同时查明原因，追究保管人的责任。

控制痕迹：①票据盘点表；②盘点差异分析报告。

风险点 5

风险描述：开票时没有按票号顺序使用，导致票据存在被盗用和遗失的风险，造成企业资金损失。

关键控制措施：出纳人员必须按照票据的序号签发票据，不得换本或跳号签发，否则后果由出纳人员承担。

控制痕迹：无。

风险点 6

风险描述：开票人员开票后没有复核和检查，导致开票金额出现错误，造成企业资金损失，影响企业资产保全目标。

关键控制措施：出纳人员签发票据时要逐项审核票据上的内容与相关支付凭据的内容是否一致，审核无误后盖章签发。

控制痕迹：无。

风险点 7

风险描述：违规办理空白票据业务或开具空头票据，造成企业资金损失，影响企业合法合规性目标。

关键控制措施：空白票据不得加盖财务印鉴章，出纳人员凭审核无误的记账凭证开具票据，必须逐栏填写票据内容，不能留有空白栏。

控制痕迹：资金管理与控制制度。

风险点 8

风险描述：票据领用人在领取票据时未进行信息登记，发生资金损失时无法及时查找相关责任人，影响企业资产保全目标。

关键控制措施：票据领用人必须在票据专用登记簿中的领用人栏中签字；企业外人员必须出示委托书和本人身份证，在票据专用登记簿上签字后留下委托书和本人身份证复印件，方可领取票据，防止冒领、滥用票据现象发生。

控制痕迹：票据专用登记簿。

风险点 9

风险描述：票据开具时，开票人员未仔细核对领用用途及金额数量，导致企业资金损失，影响企业资产保全目标。

关键控制措施：出纳人员签发票据时要逐项审核票据上的内容与相关支付凭据的内容是否一致，审核无误后盖章签发。

控制痕迹：票据专用登记簿。

风险点 10

风险描述：作废票据处理不当，导致票据被修改盗用，造成企业资金损失，影响企业资产保全目标。

关键控制措施：①票据领用登记簿中要明确作废票据的票据号码、作废日期及作废原因并由财务负责人签字确认；②出纳人员对填写错误的票据要加盖"作废"戳记并与存根一起保存。

控制痕迹：①票据专用登记簿；②作废票据。

风险点 11

风险描述：背书转让未按权限审批，导致票据被盗用或非法挪用，影响企业资产保全目标。

关键控制措施：票据管理人员只有在获得财务负责人授权批准后才能办理票据背书转让手续。

控制痕迹：财务负责人授权审批单据。

风险点 12

风险描述：未按国家票据规定办理对外背书转让手续，导致企业资金损失，影响企业合法合规目标。

关键控制措施：票据背书必须遵守国家相关法律规定。

控制痕迹：背书票据。

风险点 13

风险描述：收取票据时，交接手续不齐全，导致误收和错收假票据、票据遗失、被盗或非法挪用，影响企业资产保全目标。

关键控制措施：业务中使用票据结算时，经手人必须审核票据的内容，确认其为有效票据，具体的审核内容包括票据填写是否清楚；票面要素是否齐全、背书是否连续；是否在签发单位处加盖单位印鉴；票据上的金额及收款人是否有涂改迹象；票据是否在有效期内；有背书的票据其背书是否正确。

控制痕迹：票据交接记录。

风险点 14

风险描述：票据收取后，对票据的传递和处理程序规定不清，增加票据遗失、被盗和非法挪用的风险，影响企业的资产保全目标。

关键控制措施：①收取票据时，必须检查无误后方可收取；②托收、转让票据时，必须准确填写被背书人的名称，财务审核岗位审核无误后盖章方可办理；③若银行退票，票据业务经手人须立即到签发单位进行更换，同时企业将对经手人或出纳的工作过失进行严肃处理。

控制痕迹：票据交接记录。

风险点 15

风险描述：会计人员办理承兑汇票贴现业务未经审批，导致资金截留风险，影响企业资产保全目标。

关键控制措施：办理承兑汇票贴现时，经过授权人员审批后方可办理。

控制痕迹：承兑汇票贴现申请。

风险点 16

风险描述：未定期核对票据到期期限，导致超过承兑期限无法进行承兑，造成企业资金损失，影响企业的资产保全目标。

关键控制措施：财务部定期核对票据到期期限，并及时去银行办理承兑手续。

控制痕迹：无。

4.5　会计核算合规管理

4.5.1　概述

会计核算合规管理规定了企业会计核算的及时性、准确性、完整性的工作流程，旨在规范会计核算过程，确保会计核算结果真实反映企业资产负债状况、经营结果和现金流量。

4.5.2　相关制度

相关制度：会计核算管理制度；会计档案管理制度；财务信息系统管理制度；会计档案管理制度；财务人员管理制度。

4.5.3　职责分工

财务部：制订会计政策，编写会计分录，同意会计科目及其变更流程，规定企业及子企业的会计权限，保管原始凭证，定期核对账目与实物。

4.5.4　控制目标

会计核算合规管理的控制目标如表 4-5 所示。

表4-5　会计核算合规管理的控制目标

序　号	控制目标	目标类别
1	确保会计科目设置和会计核算的合规性、合理性	合法合规目标
2	确保会计政策 / 会计估计合法合规，并满足业务核算要求	合法合规目标
3	确保财务核算及时、完整、准确	财务信息真实性目标
4	确保相关会计凭证真实、保存完整	财务信息真实性目标

4.5.5　风险控制点

风险点 1

风险描述：企业发生经济活动业务时未及时进行会计记账，编写会计分录，导致会计核算不准确、不完整。

关键控制措施：①企业按照《会计法》《企业会计准则》制订企业的会计核算管理制度，并要求财务人员严格按照规定进行日常会计核算；②明确日常会计核算的岗位分工与职责，并明确会计核算过程中的授权审批制度。

控制痕迹：①会计核算管理制度；②财务信息系统管理制度。

风险点 2

风险描述：会计科目设置和会计核算不够合规、合理，导致不能满足业务要求，影响企业合法合规目标。

关键控制措施：①企业执行统一的一级会计科目及核算内容，各企业根据业务需要，在不影响会计核算要求及企业合并报表的原则下，可以对二级以下会计科目进行适当调整；②会计科目的变更需由相关会计人员提出书面申请，经财务经理审核批准后，方可由报表岗位设置使用；③财务部定期评价和审阅会计科目表，与下属单位进行适当沟通，检查会计科目是否按照企业统一的标准设置、更新，是否存在冗余、错误的会计科目，以确保财务制度和会计科目设置符合法律法规和业务核算的要求。

控制痕迹：①会计科目表；②会计科目变更申请表；③会计科目定期审阅文档。

风险点 3

风险描述：会计政策制订不合理及会计估计不合法不合规，不能满足业务核算要求，影响企业经营效率目标。

关键控制措施：①企业制订正式的主要会计政策并对会计估计进行明确规定，会计政策按照企业授权审批体系审批通过后以企业文件的形式下发至下属单位；②财务经理定期（或会计准则修改时）审阅会计政策和会计估计，检查会计政策或会计估计是否需要变更，各下属单位没有权限对会计政策／会计估计进行变更，如需变更，需按权限审批后，以企业文件的形式下发，以确保会计政策／会计估计符合法律法规和业务核算的要求。

控制痕迹：①企业会计政策／会计估计制度文件；②会计政策／会计估计、会计政策／会计估计变更申请表。

风险点 4

风险描述：会计人员未持证上岗，会计工作质量无法得到保证，导致企业会计核算不准确及遭受国家有关部门处罚。

关键控制措施：①会计人员必须持证上岗；②财务经理以上的人员必须拥有中级以上职称或具备相应的专业胜任能力和管理能力。

控制痕迹：无。

风险点 5

风险描述：未完好保管原始凭证，导致原始凭证丢失，造成会计凭证附件不齐全，影响会计核算的准确性。

关键控制措施：①财务人员必须严格遵守国家有关会计法规及企业财务制度规定管理会计档案；②财务人员必须严格按照企业的会计档案管理规定完整保管会计凭证及原始凭证，将会计凭证编号、装订成册并装柜存放。所有凭证须登记在会计档案登记簿；③指派专人定期对会计凭证进行整理，检查是否缺失；④会计档案在会计年度终了后 1 年内，在财务部保存，次年 6 月底之前移交档案室归档。

控制痕迹：①会计档案登记簿；②会计档案管理制度；③会计档案移交清单。

风险点 6

风险描述：会计凭证后无原始凭证附件或所附附件内容与会计凭证内容不一致，导致会计核算不准确。

关键控制措施：①会计人员必须根据完整且审核无误的原始凭证编制记账凭证；②由专人对原始凭证与会计凭证的一致性进行复核。

控制痕迹：①会计凭证会计核算管理制度；②会计凭证原始凭证。

风险点7

风险描述：会计凭证填写不规范，包括会计凭证编号、录入日期、凭证摘要、数量金额等内容，导致会计核算不准确、不完整。

关键控制措施：①明确会计凭证填写规范；②记账凭证所附原始凭证必须齐全，并与原始凭证的内容保持一致，凭证摘要、金额等信息必须规范填写；③常规性记账凭证由审核人员审核或岗位互审，非常规性记账凭证如对外投资、审计调整等重大事项，审核人员审核后，由财务经理加审。

控制痕迹：会计凭证原始凭证。

风险点8

风险描述：伪造、修改、变更原始凭证及会计凭证，导致会计核算不准确，影响企业财务报表的真实性、准确性。

关键控制措施：①数据录入人制作凭证后、交付审核前发现凭证录入错误的，可以自行修改，将原凭证冲销或取消，重新录入；数据录入人已将凭证交付审核人审核后发现凭证录入错误的，按系统修改规则（如调整等）进行修改，留下修改痕迹。②生成当期会计报表并关账后，不允许再录入凭证，以确保账表一致。

控制痕迹：①会计凭证原始凭证；②会计凭证。

风险点9

风险描述：会计凭证审核不全或未经财务主管审核，导致会计分录填写错误，金额大小不准确，影响会计核算的准确性。

关键控制措施：操作员输入的会计凭证必须经过复核。

控制痕迹：会计凭证。

风险点10

风险描述：会计核算人员未定期将会计账簿记录与库存实物、货币资金、有价证券、往来单位等相互核对，导致账证不符、账账不符、账实不符。

关键控制措施：①企业建立财产清查机制，定期或不定期对财产物资进行清查盘点，确保账实相符；②财务部发现会计账簿记录与实物、款项及有关资料不相符的，按照企业财务制度规定，属账务调整事项，报财务经理批准后，及时进行处理；③涉及资产处置的，按相应权限处理。

控制痕迹：无。

4.6　财务报告与分析合规管理

4.6.1　概述

财务报告说分析合规管理规定了企业财务报告分析过程，旨在明确财务报表的内容、填报方式、报送时间，规范企业财务报表的编制与管理，保证财务报告的编制符合国家法律、法规及企业内部相关规章制度的要求。

4.6.2　相关制度

相关制度：财务报告管理制度；会计核算管理制度；财务信息系统管理制度；会计档案管理制度。

4.6.3　职责分工

财务部：负责制订会计政策及财务报告编制方案；在编制年度财务报告前，进行资产清查、减值测试和核实债务，负责财务报表的编制工作；负责财务报表的分析工作。

财务负责人：负责对企业会计政策的审批及财务报告的审核。

审核委员会：安排并督促外部审计师开展审计工作，与审计师沟通调整财务报表。

董事会：负责对财务报表的最后审批，负责财务报表的对外披露工作。

4.6.4　控制目标

财务报告与分析合规管理的控制目标如表 4-6 所示。

表4-6　财务报告与分析合规管理的控制目标

序　号	控制目标	目标类别
1	确保制订合理财务报表编制方案与流程	财务信息真实性目标
2	确保按照财务报表编制方案进行财务报表编制工作	财务信息真实性目标
3	确保财务报表信息真实可靠	财务信息真实性目标
4	确保财务报表妥善保管	经营效率目标
5	确保对财务信息进行有效分析	经营效率目标

4.6.5　风险控制点

风险点 1

风险描述：未明确财务报表编制方案，包括财务报告编制方法、会计政策调整与原则、财务报告编制流程、责任与分工、编报时间安排等，导致财务报表编制不合理，影响财务报告的完整性，影响企业财务信息真实性目标。

关键控制措施：①财务报表根据企业会计准则及企业财务会计报告条例规定的编制基础、编制依据、编制原则和方法进行编制；②财务部事前部署报告编制工作，明确各部门的职责、责任人等；③明确企业及下属单位各类财务报告报送的时间及要求。

控制痕迹：①财务报告部署通知；②与事务所沟通记录。

风险点 2

风险描述：结账程序不明确，操作不规范，导致财务报表不符合实际情况，影响企业财务报告准确性。

关键控制措施：①明确财务报告编制前的结账流程；②财会人员严格按照结账流程进行财务报表编制前的各项工作；③对于需要调整的项目，需取得和保留审批文件，以保证调整有据可依；④企业须在当期所有交易或事项处理完毕并经财务经理审核签字确认后，实施关账和结账操作。

控制痕迹：①会计核算管理制度；②调账申请表；③月结检查表。

风险点 3

风险描述：账务处理不规范，难以确保财务报告的完整性和准确性，导致财务报表不能符合规范要求，影响企业财务信息真实性目标。

关键控制措施：企业使用统一的财务信息系统，并通过信息系统对账务处理的控制措施进行自动控制。其表现如下：①每月的全部会计记录均输入财务系统生成电子凭证，凭证全部由系统自动连续编号保证完整性；②系统自动校验凭证的借贷平衡，且如不平衡凭证无法保存，以确保凭证录入正确；③自动控制系统要限制凭证的编制人与审核人不能为同一人，以确保职责分离，已过账的凭证不可删除和修改，避免未经授权的凭证更改、删除；④财务信息系统限制若结账时存在尚未完成的期末事项，无法结账，以确保所有凭证均转入当期报告；⑤财务信息系统自动限制期末结账后不能再进行该期间的账务处理工作，且已结账月份的数据不可随意更改调整，以确保经济业务记录在恰当的会计期间；⑥关键的系统权限被适当赋予指定人员，对财务信息系统的控制措施设计有效性及执行有效性进行定期检查或审计。

控制痕迹：①财务系统设置；②定期审计报告。

风险点 4

风险描述：未对以前年度财务报告中所指出的影响企业财务状况及正常生产经营的问题进行原因分析并制定合理的解决方案，导致以前年度发生的问题重复出现，影响企业经营效率目标。

关键控制措施：企业财务部需对以前年度财务报告中所指出的影响企业财务状况及正常生产经营的问题及时进行分析调查，查找问题的原因，提出解决方案并报财务经理及分管领导审批。

控制痕迹：①财务分析报告；②领导审核意见。

风险点 5

风险描述：未及时上报会计事项变化情况，包括以前年度审计调整及相关事项对当期情况的影响、会计准则的变化及对会计报表的影响、新增业务及对会计报表的影响、对会计报表有重大影响的其他新发生的事项，影响财务报告的真实性、准确性，从而影响企业财务信息真实性目标。

关键控制措施：①各企业会计核算按照企业统一的会计政策的要求进行，如境外企业遇到确实无法保持一致的情况，要按照企业的会计政策和会计期间对其财务报表进行必要的调整；②对于没有规定统一核算方法的交易、事项，按照企业会计准则会计核算的一般原则进行确认、计量和报告；③对于新增需要专业判断的重大会计事项，企业统一的会计政策尚未做出相关规定的，各企业不得自行处理，需将业务情况和处理方案的说明上报集团财务部审核，集团财务部结合咨询外部中介机构的专业意见，制订统一的会计处理方法，履行审批程序后下达各企业执行。

控制痕迹：领导审核意见。

风险点 6

风险描述：财务部对需要专业判断的重大会计事项未制订合理合法的会计核算办法并经财务主管及相关领导审核，导致会计核算不准确，影响财务报告的真实性、准确性，从而影响企业财务信息真实性目标。

关键控制措施：对于新增需要专业判断的重大会计事项，企业统一的会计政策尚未做出相关规定的，各企业不得自行处理，需将业务情况和处理方案的说明上报集团财务部审核，企业财务部结合咨询外部中介机构的专业意见，制订统一的会计处理方法，履行审批程序后下达各企业执行。

控制痕迹：领导审批意见。

风险点 7

风险描述：重大影响交易披露不规范、不合理，可能因虚假记载、误导性陈述、重大遗漏和未按规定及时披露而导致损失，影响企业财务信息真实性目标。

关键控制措施：建立企业信息披露管理制度，并严格按照监管部门重大事项披露要求进行信息披露。

控制痕迹：信息披露管理制度。

风险点 8

风险描述：财务报告编制前期准备工作不充分，可能导致结账前未能及时发现会计差错，影响企业财务信息真实性目标。

关键控制措施：①明确财务报告编制的计划和职责；②财务部在编制年度财务报告前，必须全面清查核实账目，并报相应人员审核。

控制痕迹：审批单。

风险点 9

风险描述：在未确认企业各项经济业务（包括对账、调账、差错更正等业务）是否已经处理完毕的情况下编制财务报告，导致编报信息不完整，影响财务报告的完整性，从而影响企业财务信息真实性目标。

关键控制措施：在编制财务报告前，除全面清查资产、核实债务外，还需完成以下几项工作：①依照规定的结账日进行结账，结出有关会计账簿的余额和发生额，并核对各会计账簿之间的余额；②检查相关的会计核算是否按照企业会计制度的规定进行；③检查各项交易、事项是否按照会计核算的一般原则进行确认、计量，以及相关账务处理是否合理；④检查是否存在因会计差错、会计政策变更等原因需要调整前期或本期相关项目。

控制痕迹：无。

风险点 10

风险描述：财务报告中未披露影响企业重大财务状况及生产经营情况的事项，影响财务报告的真实性、完整性，从而影响企业财务信息真实性目标。

关键控制措施：财务部对所有在会计年度内发生的影响企业财务状况的重大事项，包括企业重大投融资事项、资产重组、并购事项及可能影响企业正常经营生产的事项等，必须在财务报表中披露。

控制痕迹：企业年度财务报告。

风险点 11

风险描述：财务报告编制未经适当审核或超越授权审批，可能会产生重大差错或舞弊行为而使企业遭受损失，从而影响企业财务信息真实性目标。

关键控制措施：①月度财务报告，经财务负责人审核、法定代表人或授权人审批后，报送相关人员；②季度、半年度、年度财务报告经财务负责人审核、法定代表人审批，提交董事会审议后方可对外提供。

控制痕迹：企业财务报告。

风险点 12

风险描述：财务报表编制完成后未经财务主管及相关领导审核，导致财务报表数据不准确，影响财务报告的真实性、准确性，从而影响企业财务信息真实性目标。

关键控制措施：①月度财务报告，经财务负责人审核、法定代表人或授权人审批后，报送相关人员；②季度、半年度、年度财务报告经财务负责人审核、法定代表人审批，提交董事会审议后方可对外提供。

控制痕迹：企业财务报告。

风险点 13

风险描述：企业财务管理部未对各下属单位上报的财务报告进行合理复核，不能确保各下属单位财务报告的准确性、完整性、合理性，从而影响企业财务信息真实性目标。

关键控制措施：①财务部指定人员对各下属单位按期上报的财务报告进行汇总和合并层面的分析性复核，以确保各下属单位的总体合理性；②对各下属单位的报告有异议的，要求提供分析及说明。

控制痕迹：报告分析性复核记录。

风险点 14

风险描述：公司合并财务报表所编制未关注准确性、合理性，导致财务报表不够准确，影响公司财务信息真实性。

关键控制措施：①明确企业合并报表的范围，企业收集全部被投资企业名单，根据控制条件进行专业判断，筛选满足合并范围条件的子企业，将所有纳入合并范围的子企业最新名单和子企业增减变动的原因说明经财务负责人审批后，纳入合并范围；②明确合并报表编制过程中的岗位职责及编制流程。

控制痕迹：①财务报告管理制度。

风险点 15

风险描述：合并报表编制范围更改的审议工作不规范，可能导致会计处理不当，使企业受到重大影响，影响企业财务信息真实性目标。

关键控制措施：企业收集全部被投资企业名单，根据控制条件进行专业判断，筛选满足合并范围条件的子企业，将所有纳入合并范围的子企业最新名单和子企业增减变动的原因说明经财务负责人审批后，纳入合并范围。

控制痕迹：合并报表编制范围，更改申请报告。

风险点 16

风险描述：合并报表编制披露不规范、不合理，可能因虚假记载、误导性陈述、重大遗漏或未按规定及时披露而导致损失，影响企业财务信息真实性目标。

关键控制措施：①明确合并报表范围及合并报表的内容；②建立合并报表编制流程并严格执行；③企业指定专人对合并报表编制进行复核。

控制痕迹：①领导审批记录；②企业年度财务报告。

风险点 17

风险描述：未以经过核对确认的各下属单位财务报表为基础编制企业合并财务报表，导致合并财务报表基数不准确，影响财务报告的真实性、准确性，从而影响企业财务信息真实性目标。

关键控制措施：各企业上报的财务报表须经本企业财务负责人及集团财务部审核通过后，纳入合并财务报表编制。

控制痕迹：上报的财务报告。

风险点 18

风险描述：未对经授权批准的合并抵销分录与实际录入的合并抵销分录进行核对并生成合并工作底稿，且核对与录入工作由同一会计人员完成，影响合并财务报表的真实性、准确性，从而影响企业财务信息真实性目标。

关键控制措施：①企业合并财务报表编制人员核对企业与合并报表单位的内部交易事项和金额，编制内部交易及内部交易往来表，发现差异应及时查明原因并进行调整；②企业财务经理审核内部交易表及内部往来表；③企业合并财务报表编制人员根据企业会计准则、企业会计准则—应用指南、企业财务制度及编制财务报告的有关规定编制合并抵销分录，报企业财务经理审核确认；④企业财务报表编制人员按核准的合并抵销分录编制合并工作底稿，并形成合并财务报表初稿；⑤合并财务报表初稿经企业财务经理审核后，方可出具正式报表。

控制痕迹：①内部交易往来表；②财务经理审核意见；③抵销分录确认；④合并财务报表初稿；⑤财务报告管理制度。

风险点 19

风险描述：财务报表附注编制不规范，影响财务报表的真实性、准确性，从而影响企业财务信息真实性目标。

关键控制措施：财务部人员负责编制合并财务报表附注，对在资产负债表、利润表、现金流量表和所有者权益变动表等报表中列示项目的文字描述或明细资料，以及对未能在这些报表中列示项目进行说明。

控制痕迹：财务报告。

风险点 20

风险描述：年度财务报告审计调整未经过充分讨论及确认，影响财务报表的真实性、准确性，从而影响企业财务信息真实性目标。

关键控制措施：①对于涉及计算的调整事项，应加以准确核实，保证计算依据客观，计算过程准确，计算结果真实；②对于各项调整涉及的有关事实（特别是各项减值准备、预计负债等）要逐一核实；③对于因事实不清而产生的判断差异，需提供进一步的信息，并与外部审计师进行充分沟通；④审计调整事项必须报财务负责人审批。

控制痕迹：审计调整事项确认函。

风险点 21

风险描述：年度财务报表未及时交付档案室保管，造成重要财务资料遗失，影响财务分析及财务审计工作，影响企业经营效率目标。

关键控制措施：明确财务报表归档时间、归档类别等级及保管期限。

控制痕迹：会计档案管理制度。

风险点 22

风险描述：财务报告未有效利用，导致企业无法及时分析经营管理的状况和存在的问题，影响企业管理水平的提升。

关键控制措施：企业定期编制财务分析报告，财务分析报告可以使用各项财务指标来反映企业目前的盈利水平、偿债能力和资产规模等现状。

财务分析报告结果要及时传递给企业内部有关管理层级，充分发挥财务报告在企业生产经营管理中的重要作用。

控制痕迹：财务分析报告。

第5章 企业投资融资合规管理

5.1 重大投资合规管理

5.1.1 概述

企业投资融资合规管理规定了企业重大投资管理流程，旨在保证重大投资项目符合国家产业政策、符合企业发展战略、布局合理、实现企业效益最大化；保证投资项目的质量、进度、造价满足政府法律、法规和企业的要求及投资项目的信息畅通。

5.1.2 相关制度

相关制度：对外投资管理制度；全面预算管理制度。

5.1.3 职责分工

战略与证券管理部：负责编制投资项目预算、项目建议书和可行性研究报告等有关文件；负责投资项目合同的起草；负责对投资情况进行监督和评价。

总经理办公会：负责对项目可行性研究报告进行讨论。

董事会/股东会：负责对项目建议书、可行性研究报告、投资具体方案及投资项目合同的审核和批准。

法务部：负责对投资项目合同的合法合规性进行审核。

相关部门：负责对投资项目的账务处理；负责投资项目过程的具体实施；负责投资项目的处置和后续工作。

5.1.4　控制目标

重大投资合规管理的控制目标如表 5-1 所示。

表5-1　重大投资合规管理的控制目标

序　号	控制目标	目标类别
1	确保重大投资决策符合企业发展战略	发展战略目标
2	确保重大投资项目经过适当授权审批	经营效率目标
3	确保投资项目经过合理的决策	经营效率目标
4	确保项目投入产出达到合理水平	经营效率目标
5	确保投资项目执行过程符合国家法律法规	合法合规目标
6	确保投资项目双方按照合同开展投资过程	经营效率目标
7	确保项目款支付安全可控	资产安全目标
8	确保投资项目进行了正确财务核算	财务信息真实性目标
9	确保投资相关资料及时归档	资产安全目标
10	确保投资项目处置经过合理决策	经营效率目标

5.1.5　风险控制点

风险点1

风险描述：重大投资项目不符合企业的发展规划，导致企业投资决策失误，造成资金风险。

关键控制措施：①每年底，战略与证券管理部应当根据企业的发展规划并与各职能部门及下属单位进行充分沟通，拟定投资预算，且投资预算须纳入企业的全面预算中进行管理，尤其对于已确定的投资项目，应当严格按照确定的投资金额纳入投资预算，并合理划分预算实施阶段；②战略与证券管理部负责结合企业的发展规划，对适时投资项目进行初步评估，提出项目建议报董事会战略委员会初审，初审通过后才可进入后续决策过程。

控制痕迹：①投资预算；②项目投资建议书。

风险点 2

风险描述：集团企业下属各直属单位越权进行重大项目投资，导致股份企业无法对投资决策进行统筹管理，造成资金风险。

关键控制措施：对外重大投资的审批权限为集团企业的股东大会、董事会和总经理办公会，各下属单位和其他部门或个人无权做出对外投资的决定。

控制痕迹：投资项目申请表。

风险点 3

风险描述：无归口部门负责对重大投资项目进行管理，人员能力不足，导致投资项目管理混乱。

关键控制措施：①企业战略与证券管理部负责提出投资项目建议，编制可行性研究报告及项目投资的筹备，投资资料归档；②企业股东大会、董事会、总经理办公会议为对外投资的决策机构，在各自权限范围内，对企业的对外投资做出决策；③财务管理部为对外投资的后续管理部门，负责办理对外投资的相关手续及进行相应账务处理，投资台账建立。

控制痕迹：对外投资管理制度。

风险点 4

风险描述：投资项目未经相关领导授权审批或超越权限审批，导致违规投资，造成资金管理风险。

关键控制措施：①投资建议初审通过后，战略与证券管理部按项目投资建议书，负责对其进行调研、论证，编制可行性研究报告及有关合作意向书；②可行性项目书应当提交给企业总经理办公会议讨论通过后，上报董事会战略委员会，董事会战略委员会对可行性研究报告评审通过后提交董事会审议，而董事会根据相关权限履行审批程序，超出董事会权限的，提交股东大会。

控制痕迹：①可行性研究报告、合作意向书；②总经理办公会会议纪要、董事会会议决议、股东大会会议决议。

风险点 5

风险描述：重大项目投资的投资决策未经过集体决策和讨论，影响投资决策的正确性，影响企业的资产安全。

关键控制措施：可行性项目书应当提交给企业总经理办公会议讨论通过后，上报董事会战略委员会，董事会战略委员会对可行性研究报告评审通过后提交董事会审议，而董事会根据相关权限履行审批程序，超出董事会权限的，提交股东大会。

控制痕迹：总经理办公会会议纪要、董事会会议决议、股东大会会议决议。

风险点 6

风险描述：无重大投资项目建议书，影响投资决策，造成企业资金损失及投资风险。

关键控制措施：战略与证券管理部负责根据企业发展规划，对适时投资项目进行初步评估，编制项目投资建议书报相关领导审批。

控制痕迹：项目建议书。

风险点 7

风险描述：市场调研不及时、不准确或不全面，可能导致项目建议、决策错误。

关键控制措施：在编制项目建议书时应当进行市场调研，全面调查投资项目所在市场的竞争情况、市场回报、相关行业法规等情况。

控制痕迹：可行性研究报告。

风险点 8

风险描述：投资前期未进行投资项目可行性研究，导致投资方向失误、投资风险过大、经济效益较低。

关键控制措施：投资建议初审通过后，战略与证券管理部按项目建议书对项目进行调研、论证，进而编制可行性研究报告及有关合作意向书。

控制痕迹：可行性研究报告、合作意向书。

风险点 9

风险描述：投资项目可行性研究报告不完全、信息不完备，可能给企业造成经济损失和信誉损失。

关键控制措施：项目可行性研究报告需要从拟投资项目的行业概况、市场前景、政策法规、投资风险、成本收益、技术现状等多方面进行全面分析，以确保项目信息完备。

控制痕迹：可行性研究报告。

风险点 10

风险描述：投资项目方案、计划及项目投资预算的制订不合理，造成投资项目实施过程不稳定，成本费用过高。

关键控制措施：①项目管理办公室根据企业所确定的投资项目，相应编制实施项目开发计划；②制订可行性研究报告，明确投资项目方案、投资计划和投资预算，主要包括项目责任主体、组织及管控体系、人力资源计划，以及明确项目投资支出计划、建设方案、实施进度、各阶段投资金额的控制和相关的财务测算表格等内容。

控制痕迹：可行性研究报告。

风险点 11

风险描述：投资项目方案、计划及预算未经企业管理层领导审批，导致项目资金分配不合理，造成资金管理风险。

关键控制措施：企业战略与证券管理部将涵盖投资项目方案、投资计划和投资预算的可行性研究报告修订稿提交总经理办公会讨论。

控制痕迹：可行性研究报告。

风险点 12

风险描述：未签订重大投资项目合同，导致违约风险，造成企业经济利益损失。

关键控制措施：重大投资项目必须与被投资方签订投资合同或协议，所有重大投资合同或协议须经企业法律顾问进行审核，并按相应授权审批权限进行审批后方可对外正式签署。

控制痕迹：投资项目合同。

风险点 13

风险描述：投资项目合同未经相关部门及领导会审，导致合同条款存在风险漏洞，造成法律风险。

关键控制措施：重大投资项目合同应当由相应的专业管理部门进行评审，其中，法务部应参与合同评审，战略与证券管理部根据评审意见对合同进行相应修改。

控制痕迹：投资项目合同。

风险点 14

风险描述：投资项目资金的筹措不及时，造成投资资金无法及时到位，导致投资项目失败。

关键控制措施：①由财务管理部协同项目管理办公室编制项目资金计划并保证相关资金及时到位，经授权人员审批后发放到实施项目中；②项目在投资建设执行过程中，可根据实施情况的变化合理调整投资预算，投资预算的调整需经原投资审批机构批准。

控制痕迹：①资金申请单、领导审批单；②预算调整申请单、领导审批单。

风险点 15

风险描述：未对投资项目过程进行持续、及时的检查和监控，未做好详细的记录，导致投资方向的偏离和资金风险。

关键控制措施：①投资项目实行季报制，项目管理办公室对投资项目的进度、投资预算的执行和使用、合作各方情况、经营状况、存在问题和建议等每季度汇制报表，战略与证券管理部组织项目管理办公室将季度报告及时向企业领导报告；②企业监事会、审计监察部、财务管理部应依据其职责对投资项目进行监督，对违规行为及时提出纠正意见，对重大问题提出专项报告，提请项目投资审批机构讨论处理。

控制痕迹：①投资项目季度汇报；②监督检查记录、专项报告。

风险点 16

风险描述：未从财务的角度对投资的成本、回报进行分析，影响对投资的把握，不利于企业投资的资产安全。

关键控制措施：企业应当定期对投资项目进行财务分析，维护企业的权益，确保企业利益不受损害。

控制痕迹：项目投入产出分析报告。

风险点 17

风险描述：进行及时、准确地整理保存，可能导致资料遗失进而给企业带来损失或因投资项目会计处理和相关信息不合法、不真实、不完整，可能导致企业资产账实不符与资产损失。

关键控制措施：企业应当建立健全投资项目档案管理制度，自项目预选到项目竣工移交（含项目中止）的决策资料，由战略与证券管理部整理归档。

控制痕迹：项目归档台账。

风险点 18

风险描述：未定期向企业董事会及领导汇报投资项目的质量、投资项目进度及相关经济收益情况，影响企业管理层对投资项目决策的制订及实施。

关键控制措施：投资项目实行季报制，项目管理办公室对投资项目的进度、投资预算的执行和使用、合作各方情况、经营状况、存在问题和建议等每季度汇制报表，战略与证券管理部组织项目管理办公室将季度报告及时向企业领导报告。

控制痕迹：投资项目季度汇报。

风险点 19

风险描述：投资项目进度款的支付未经过适当的审核和批准，造成经济损失。

关键控制措施：企业应当明确项目付款的授权审批权限，项目的付款应当经过相关授权人员审批通过后，由财务管理部根据"付款审批单"进行付款。

控制痕迹：付款审批单。

风险点 20

风险描述：投资项目资金拨付后财务未及时进行账务处理，导致会计处理不准确、不完整。

关键控制措施：财务管理部根据发票收据及时录入财务系统账并生成会计凭证。

控制痕迹：发票收据、会计凭证。

风险点 21

风险描述：重大投资和后续补充投资没有进行相关分析和论证，影响投资的资金安全。

关键控制措施：对重大的投资和后续补充投资应进行相关的分析和论证，分析论证程序按照初始的程序执行。

控制痕迹：投资项目分析报告。

风险点 22

风险描述：未对投资项目进行项目后评估，不利于提高投资项目管理能力。

关键控制措施：企业组织相关部门进行项目后评估，评价投资项目预期目标的实现情况和项目投资效益等，并根据评估结果编制项目后评估汇报，提交企业管理层审阅。

控制痕迹：项目后评估报告。

风险点 23

风险描述：投资项目处置未经过合理决策与审批，导致投资项目不适当处置，影响企业经营效率。

关键控制措施：企业应当明确投资项目的收回与转让情形及审批权限，投资项目的转让或收回应当严格按照审批权限进行审批并按照国家相关法律法规的规定执行，财务管理部负责做好投资收回和转让的资产评估工作，防止企业资产的流失。

控制痕迹：投资项目处置申请单。

风险点 24

风险描述：未对失败或成功的投资项目进行评价和适当的奖惩，不利于企业对项目责任人的尽职程度进行监控和督促。

关键控制措施：企业应建立项目的考核机制，对成功或失败的项目负责人进行相应奖惩。

控制痕迹：考核记录表。

5.2 工程项目投资合规管理

5.2.1 概述

工程项目投资合规管理规定了企业在工程项目上的立项、招投标、投资、项目变更、建设和验收的管理制度，旨在加强工程项目管理，保证项目投标、建设及施工管理过程符合国家政策法规的要求，提高工程质量，保证工程进度，控制工程成本，保证工程安全施工，加强外部协作单位的管理。

5.2.2 相关制度

相关制度：工程项目管理手册。

5.2.3 职责分工

战略发展部／项目组：负责编制项目预算、项目建议书和可行性研究报告等有关文件；负责编制项目概预算、招标文件及负责项目招投标组织工作并与中标人签订合同；负责开工准备工作、配合中标单位进行施工、组织相关部门进行项目验收、办理工程竣工决算手续等项目施工。

授权审批人员：负责项目建议书、可行性研究报告、概预算、工程合同等审批。

董事会办公室：负责保管项目有关文件。

财务部：负责汇总项目预算、辅助编制项目概预算、支付项目进度款、进行项目账务处理、在建工程转固等。

评标委员会：负责开标评标。

设备验收部门：负责设备验收。

审计监察部：负责项目过程中监督及项目完工审计。

5.2.4 控制目标

工程项目投资合规管理的控制目标如表5-2所示。

表5-2 工程项目投资合规管理的控制目标

序 号	控制目标	目标类别
1	明确工程项目管理的各部门职责	经营效率目标
2	确保工程项目经过了可行性研究评审	经营效率目标
3	确保工程项目总额不超过预算	经营效率目标
4	确保工程项目建造符合国家相关规定	合法合规目标
5	确保工程项目设计合理	经营效率目标
6	确保承包商具有相应资质	经营效率目标
7	确保项目质量符合合同要求	经营效率目标
8	确保项目按照工程进度进行	经营效率目标
9	确保项目竣工后经过严格的验收	经营效率目标
10	确保项目有关的会计处理正确	财务信息真实性目标
11	确保进度款按照实际进度进行支付	资产保全目标
12	确保项目完成后进行审计	资产保全目标

5.2.5 风险控制点

风险点1

风险描述：企业工程建设项目相关管理制度不完善，未明确工程建设各相关部门及岗位职责及权限，导致工程建设项目管理无序，信息沟通不流畅。

关键控制措施：企业完善工程建设项目相关管理制度，包括项目质量、安全、项目进度管理制度，明确项目主要责任人、各相关部门的岗位职责及权限，并制订即时信息沟通机制。

控制痕迹：工程项目管理手册。

风险点 2

风险描述：未对项目提出项目建议书并开展可行性研究，同时形成可行性研究报告报上级领导审批，导致决策不当，影响预期收益或项目失败。

关键控制措施：①工程项目归口管理部门应当组织相关部门编制项目建议书和可行性研究报告，重大的工程项目应当选用外部专业机构进行编制；②应当明确项目建议书和可行性研究报告的审批机构，工程项目的审批应当采用集体决策的方法，审批通过后的工程项目方可立项。

控制痕迹：①部门职责／项目建议书／可行性研究报告；②立项审批／决策机构的会议记录／决议。

风险点 3

风险描述：未就工程项目资金使用分配合理审批权限，导致越权审批或舞弊风险。

关键控制措施：企业应当明确项目资金支付审批权限，项目各项资金使用按照授权审批体系审批通过后，财务部方能予以下拨。

控制痕迹：资金使用授权书。

风险点 4

风险描述：未能对工程项目成本进行概算，并没有进行有效分析，导致工程成本过高，影响企业资金安全。

关键控制措施：①项目前期立项阶段，归口管理部门在可行性分析报告中，需要对项目做出初步成本概算并报企业相关部门及领导讨论决策；②项目概算书作为后期招投标参考文件。

控制痕迹：①项目可行性分析报告；②概算书。

风险点 5

风险描述：企业在工程项目立项后、正式施工前，未能依法取得用地、环保、安全和施工等方面的许可，影响后续施工过程。

关键控制措施：严格按照外部监管要求取得用地、环保、安全和施工等方面的许可，并且明确取得相关许可的时间。

控制痕迹：相关许可文件。

风险点 6

风险描述：未对项目进行设计或未对设计进行优化，造成后续招投标及建设没有依据，影响企业项目管理效率。

关键控制措施：①归口管理部门或项目组组织专业技术人员与设计单位进行必要的技术交流，组织专家对设计进行评估论证；②施工过程中，对招投标文件涉及的增加项进行管理和控制，设备管理部门或项目组和企业相关部门及设计单位、施工单位进行沟通，并对增加项交换意见。

控制痕迹：项目设计图招投标文件。

风险点 7

风险描述：设计单位未按国家和地方相关法律法规要求单独编制安全、环保、职业卫生、消防、节能专篇，造成企业法律风险和经济损失。

关键控制措施：①在设计合同中应当明确要求设计单位按照国家相关法律法规编制并及时提交安全、环保、职业卫生、消防及节能专篇，并按国家和地方相关法律法规及时进行报批备案；②企业的归口管理部门或项目组负责对设计单位的设计方案进行论证和验收。

控制痕迹：①设计资料（安全、环保、职业卫生、消防、节能专篇）；②设计验收单。

风险点 8

风险描述：企业对重大或超过一定金额的工程项目未进行公开招标，导致项目建设过程不符合国家规定，影响企业合法合规目标。

关键控制措施：工程造价超过一定金额以上以招投标方式选择承包单位、监理单位和造价单位，并将招投标文件交相关部门领导和企业管理层进行审核，送企业相关部门对招投标文件进行审议。

控制痕迹：招投标文件／招标审批记录。

风险点 9

风险描述：工程的招投标行为未按照国家招投标法规及企业建设项目管理相关制度进行，导致招投标流于形式，对承包方选择不当，影响后续项目实施和投资控制。

关键控制措施：①归口管理部或项目组按国家招投标相关法规条例进行工程招标文件的编制和报批，包括招投标文件的编制、招标方式的选择、评标议标、定标等工作；②应当明确各部门在招投标过程中的职责；如归口管

理部门或项目小组参与招投标过程，法务部对项目合同、招投标文件等进行
审核，审计监察部参与项目全过程。

控制痕迹：招投标文件。

风险点 10

风险描述：委托招标代理机构进行承包商和监理单位的招标时，缺乏对
中标单位资质的审查，影响后续项目实施和投资控制。

关键控制措施：企业委托招标代理机构进行承包商及第三方监理的招标
时，归口管理部门或项目组独立对中标单位进行资质审查，通过后确定招标。

控制痕迹：①第三方单位资质评价报告；②中标单位资质评价报告。

风险点 11

风险描述：签订的合同金额超过招投标控制金额，导致承包单位通过压
价方式获取标书，影响企业对项目资金的控制。

关键控制措施：在进行合同评审时，项目组和财务部门须严格控制合同
总金额不得超过招投标控制金额。

控制痕迹：项目合同。

风险点 12

风险描述：承包单位采购物资不当，导致物资不符合设计标准和合同要
求，影响工程质量。

关键控制措施：归口管理部或项目组对承包单位的物资采购进行过程监
督，经监理、施工单位、项目组签字验收。

控制痕迹：物资采购验收单。

风险点 13

风险描述：自行采购工程物资不当，导致舞弊风险，影响后续施工过程。

关键控制措施：企业按照采购管理规定进行物资询价、招投标、采购及
合同签订工作，按相关制度规定进行审批，保留相关采购记录，并进行采购
验收。

控制痕迹：①采购合同；②询价比价记录；③验收单。

风险点 14

风险描述：进行国际采购时，未充分调查了解国家政治经济形势、货币
汇率走势等因素对完成采购、设备价格等重要方面的影响，导致投资风险、
成本超支风险。

关键控制措施：归口管理部门或项目组进行跨国采购前充分调查和了解

目标国家宏观政治经济形势、货币汇率、贸易政策等因素，合理控制设备采购成本，降低采购风险，报企业相关部门进行会审通过后，方能进行采购。

控制痕迹：国际招投标文件。

风险点 15

风险描述：设计频繁变更，导致不能按照计划完成施工，影响施工进度。

关键控制措施：①归口管理部或项目组与设计单位进行沟通，对设计进行确认；②如发生设计变更，须提出设计变更申请由相关部门负责人和企业领导审批确认；③项目设计变更过程中，加强各单位、各部门之间及与外部单位、承包商之间沟通协调，保持信息传递及时、传递方式顺畅。

控制痕迹：①项目设计确认书；②设计变更申请。

风险点 16

风险描述：企业项目管理部门未能建立有效的工程签证报告和审批程序，导致企业无法获知工程变更信息，影响后续工程施工行为和过程中的成本控制。

关键控制措施：工程变更导致工程价款发生变动的，施工单位提交工程变更申请，监理单位、归口管理部门或项目组负责人对各项工程变更文件进行签字确认后，经企业相关部门和领导讨论审批，根据批复意见进行处理，所有文件作为结算依据由归口管理部门或项目组妥善保管发生重大工程签证时，需要与施工方签订补充协议。

控制痕迹：工程签证相关材料。

风险点 17

风险描述：未进行工程质量过程监督，导致工程质量得不到保证，影响工程进度和工程验收。

关键控制措施：①企业归口管理部门、项目部和监理督促施工单位按审查批准的施工方案进行施工，督促施工单位落实质量管理体系，对施工单位施工过程中的质量控制进行监督；②项目监理责成施工单位按照质量监督意见进行限期整改并及时反馈整改意见。

控制痕迹：工程限期整改通知单。

风险点 18

风险描述：企业监察审计部未进行项目跟踪审计，导致项目进度、项目质量和成本控制滞后。

关键控制措施：跟踪审计包括但不限于工程实施前期、建设实施等阶段，项目跟踪审计人员对招投标执行过程，合同的订立、转让、履行、终止等情况，概预算的执行情况，内控制度监理与执行情况，监理及建设单位的工作情况，主要材料与设备的采购情况等进行跟踪审计，并出具审计结果，经过审计监察部经理审阅，有重大情况的书面的审计结果须提交总经理审阅，并签字确认审阅意见。

控制痕迹：审计结果。

风险点 19

风险描述：设备安装前未能取得相关验收证明和技术资料，导致安装不合理，影响工程质量。

关键控制措施：①应当明确设备安装前验收的各部门职责，相关部门在新设备、设施安装使用前进行验收工作，各相关方进行图纸会审，并对安全装置进行检验，合格后方能予以安装；②仪表、设备应当附有安全技术规范要求的设计文件、产品质量合格证明、安装及使用维修说明、监督检验证明等相关资料，一并归档案室归档保存。

控制痕迹：①验收证明；②设备技术资料。

风险点 20

风险描述：项目建造过程中发生借款行为，没有按照会计准则规定将借款费用合理资本化和费用化，导致财务报表不准确。

关键控制措施：财务部负责维护借款清单，并每月计算借款利息，按企业会计准则规定对利息进行利息资本化或费用化处理，由授权人员审核后，将计算结果进行入账处理。

控制痕迹：无。

风险点 21

风险描述：项目／设备安装调试的验收流于形式，影响工程项目质量。

关键控制措施：验收部门必须在设备安装完毕或项目竣工后才对项目进行验收，验收须根据相关技术文件进行，验收完后须在验收报告上写明意见和签字。

控制痕迹：①验收证明；②设备技术资料。

风险点 22

风险描述：财务部门在工程验收合格后未及时将在建工程转固定资产，导致在建工程高估，影响企业财务报表准确性。

关键控制措施：在验收完工报告签署完后，财务部门应当及时将该在建工程转为固定资产，如果规定需要试运行一段时期的，在试运行结束后应当及时将在建工程转为固定资产。

控制痕迹：验收证明转固清单。

风险点 23

风险描述：企业项目管理部门未建立工程变更文件台账，导致无有效文件支持工程变更情况，影响进度款项的支付。

关键控制措施：归口管理部或项目组对各项工程变更及签证文件进行统一编号，并形成日记账记录。

控制痕迹：工程变更及签证文件台账。

风险点 24

风险描述：企业未能完整保管的变更书面文件和相关资料，导致无法办理竣工验收手续，而无法进行验收决算。

关键控制措施：设备管理部门或项目组指定专门人员或档案部门对设计变更书面文件和相关资料进行分类编号，并完整保存相关资料，在竣工阶段分类编制成册。

控制痕迹：工程资料清单。

风险点 25

风险描述：财务部未建立各项目合同台账，导致对项目合同相关付款条款不清，影响项目进度款项支付。

关键控制措施：财务部门应当建立项目合同台账，登记项目的合同号、总价款、分期付款计划等信息，还应当另行保留重要在建工程的合同复印件，以按照合同约定付款期限办理进度款付款申请。

控制痕迹：在建工程合同台账／合同复印件。

风险点 26

风险描述：进度款支付不规范，导致价款结算不合理，影响造价成本。

关键控制措施：企业应当明确进度款支付的授权审批体系。①承包单位编制进度款结算申请单据，明确完成进度及相应价款监理单位和造价单位对进度款支付申请表进行审核确认，项目组审核后提交相关领导审批后财务部进行资金支付；②支付完成后，财务部更新进度款台账。

控制痕迹：①进度款结算申请表；②进度款台账记录。

风险点 27

风险描述：进度款支付过程中未接受对方反馈信息，导致无法了解款项支付情况，影响企业资金安全。

关键控制措施：归口管理部或项目组与收款单位保持顺畅信息沟通，确认付款信息并要求对方返回书面收款证明，归口管理部或项目组及时获取反馈信息。

控制痕迹：收款证明。

风险点 28

风险描述：实际施工过程中的土地情况与详勘有出入，影响施工进度和施工成本。

关键控制措施：企业的土地勘察应当聘请有专业资质的第三方机构进行。

控制痕迹：委托合同书。

风险点 29

风险描述：施工时，各工段交叉施工，造成相互影响进度和施工安全隐患风险。

关键控制措施：施工过程中，项目组和现场监理对施工现场进行有序管理，各专业组之间随时沟通，确保安全施工并满足进度要求。

控制痕迹：工程项目管理手册。

风险点 30

风险描述：未能与工程主体同时设计、同时施工、同时投入生产使用安全和职业健康防护措施，导致施工出现意外。

关键控制措施：①严格执行项目建设中的"三同时"制度，根据报批的管理权限，对项目建设中的"三同时"提请各监督管理部门对建设项目中的环境、职业健康安全、水土保持、消防、防雷、防震进行评价及验收；②对项目建设中环境、职业健康安全、水土保持、消防、防雷、防震的设计进行审核。

控制痕迹：相关验收单。

风险点 31

风险描述：建设项目中施工单位未遵守国家安全环卫等相关法律法规，导致事故产生，影响企业合法合规目标。

关键控制措施：企业指定专人负责监督与检查施工单位是否按照设计要求和国家相关法律法规对环境、职业健康安全、水土保持、消防、防雷、防震设备设施进行施工。

控制痕迹：无。

风险点 32

风险描述：按照企业相关管理规定进行审计或委托审计，导致量价结算不准确。

关键控制措施：①企业归口管理部门或项目组妥善保管工程变更相关材料，并在最后竣工阶段编制成册；施工单位编制"工程决算书"经监理企业审核，聘请第三方造价单位进行造价核算后，企业编制"工程价款审批单"经授权人员审核批准后，财务部进行结算付款并入账。②重大项目原则上都要进行竣工决算审计，审计工作由企业审计监察部负责。

控制痕迹：①竣工材料、决算书、造价核算报告；②审计报告。

风险点 33

风险描述：项目预算控制不严，造成施工成本上升。

关键控制措施：①设备管理部或项目组对图纸进行审核并和设计单位优化设计，在施工过程中对设计变更进行控制；②工程实施过程中，工程项目组分单项工程每月编制一份工程成本偏差分析表，将该月实际发生的合同价款调整（偏差）情况按发生偏差额度、原因、影响分析填写清楚，以备纠偏和领导决策。

控制痕迹：①图纸会审记录、设计变更审批表；②工程成本偏差分析表。

风险点 34

风险描述：评估考核，导致无法获知项目过程中不规范行为，影响项目实际效果。

关键控制措施：重大项目竣工投产两年后，归口管理部门组织相关部门进行项目后评价，评价工程项目预期目标的实现情况和项目投资效益等，并根据评估结果编制后评估汇报，提交企业管理层审阅，以此作为绩效考核和责任追究的依据。

控制痕迹：评估报告。

5.3　融资合规管理

5.3.1　概述

融资合规管理规定了企业融资管理流程，旨在保障生产、经营和发展需要，规范资金筹集渠道及筹集方法，保证资金的有效使用，保持资本结构合理，降低资金成本。

5.3.2　相关制度

相关制度：融资管理制度；会计档案管理制度。

5.3.3　职责分工

财务部：负责编制企业的融资计划和融资具体方案；负责在规定权限内签订融资合同，并妥善保管相关的融资合同；负责对融资的资金入账、还款、股利支付、借款或者债券利息支付等进行账务处理；负责定期对企业融资资金使用情况、融资风险、融资资金使用效益进行跟踪分析。

财务负责人：负责对财务部提交的融资需求和融资具体方案进行审核批示；负责对融资合同以合同修订等进行审核。

董事会 / 股东大会：负责对财务部提交的融资需求和融资具体方案进行最终审核；负责对融资合同及合同修订等进行最终审批。

法务部：负责对融资合同及合同修订等进行合法性审核。

5.3.4　控制目标

融资合规管理的控制目标如表 5-3 所示。

表5-3　融资合规管理的控制目标

序　号	控制目标	目标类别
1	确保制订合理的融资计划	经营效率目标
2	确保融资行为受到授权审批	经营效率目标
3	确保融资行为符合国家相关法律法规	合法合规目标
4	确保融资后续管理符合合同条款	经营效率目标
5	确保融资相关信息被准确入账	财务信息真实性目标
6	确保融资资金分配受到授权审批	经营效率目标
7	确保资金按照预定用途使用	经营效率目标

5.3.5　风险控制点

风险点1

风险描述：未根据企业的战略发展规划、生产经营状况、投资计划及企业当前的资金状况编制融资需求计划，导致融资风险，削弱企业盈利能力。

关键控制措施：财务部负责根据企业的战略发展规划、生产经营状况、投资计划及企业当前的资金状况编制融资需求计划。

控制痕迹：融资计划资料。

风险点2

风险描述：融资计划和报告未经过适当审批或越权审批，造成企业经济负担加大和经济损失。

关键控制措施：企业应当明确融资计划授权审批权限，编制的融资计划和报告须上报给相关授权审批人员审批后方可执行。

控制痕迹：融资计划审批意见。

风险点3

风险描述：融资具体方案的选择没有考虑企业的经营需要，造成融资结构安排不合理，融资成本过高，影响企业的盈利能力。

关键控制措施：融资方案应当考虑多种可能情况，分别进行比较分析，并给出建议，报相关授权审批人员进行审批。

控制痕迹：融资方案。

风险点 4

风险描述：未按规定权限或短期授信额度融资，导致融资不足或融资成本过大。

关键控制措施：财务部在编制融资方案时，应当综合考虑融资成本及企业可用信用额度等情况，选择最合适的融资方案，并由相关授权审批人员进行审批。

控制痕迹：融资合同。

风险点 5

风险描述：未按规定权限签署融资合同（协议），导致融资不足或融资成本过大，或合同的变更未经审核，导致融资不到位。

关键控制措施：①企业应当明确融资合同签署权限，相关部门应当根据实际融资需求及授信额度情况与有关金融机构洽谈后，由授权人员签署融资合同（协议）；②因外部环境或企业实际经营情况变化导致需要变更融资合同时，应当由相关授权审批人员负责签署变更后的合同，合同变更的签署权限同原始的合同签署权限。

控制痕迹：①融资合同；②变更后的融资合同。

风险点 6

风险描述：融资合同未经相关部门及领导审核，导致合同条款存在风险漏洞，造成法律风险。

关键控制措施：①企业应当明确合同的评审部门及其职责，拟订好的融资合同或协议需由拟定合同人员的上级领导逐级审核并报法律顾问进行审核，以确保合同或协议的合法、合理及完整；②经审核后，如需要修改，由相关部门根据修改意见与银行重新组织洽谈。

控制痕迹：合同会审表。

风险点 7

风险描述：借款合同、融资租赁等合同不符合国家法律法规和股份企业内部规章制度，导致企业有损失。

关键控制措施：法务部必须对合同条款是否符合国家法律法规进行相应评审。

控制痕迹：融资合同。

风险点 8

风险描述：未对合同进行有效保管。

关键控制措施：所有融资合同及其他融资相关资料应当在财务部进行存档，并定期移交企业档案管理部门归档，同时对融资合同建立台账并统一管理。

控制痕迹：融资资料归档台账。

风险点9

风险描述：融资资金到账后财务未及时进行账务处理或会计处理错误。

关键控制措施：①财务部相关人员应当在收到融资资金后进行审核并及时进行账务处理；②资金主管每月月底核对ERP系统总账与各模块明细账，确保融资业务的会计记录真实、完整。

控制痕迹：①相关会计科目明细账；②相关会计凭证。

风险点10

风险描述：未按合同规定定期计算并支付利息、租金和股利分配等，导致融资成本过高，造成资金风险和法律纠纷并影响企业的信用评级等价。

关键控制措施：①资金主管根据融资合同或协议的条款，在偿付本金和利息的规定时间前计算出应发放或偿付的数额并提出申请；②融资偿付申请经财务负责人审批，并保留书面记录。

控制痕迹：各项融资明细账台账。

风险点11

风险描述：借款利息、租金和股利分配等资金支付未经过相关部门的适当审核和批准，造成资金截留的风险。

关键控制措施：企业应当明确融资偿付的授权审批体系。财务部相关人员负责按照融资合同的约定及时提交付款申请，经相关授权审批人员批准后办理付款手续，按时偿还融资款项。

控制痕迹：付款申请单。

风险点12

风险描述：借款利息、租金和股利分配支付等款项的划拨未进行及时的账务处理，造成账实不一致，影响财务核算的真实性。

关键控制措施：借款利息、租金和股利分配支付等款项的划拨要进行及时的账务处理。

控制痕迹：各项还款明细账。

风险点13

风险描述：未按企业相关会计政策对借款利息、租金和股利分配等事项进行会计核算，导致会计核算错误。

关键控制措施：财务部门应根据企业会计政策进行准确核算，借款费用须提供计算依据。

控制痕迹：相关会计分录。

风险点 14

风险描述：各个岗位职责分工和授权不明确，导致融资资金被非法挪用、占用、管理不当等，造成资金流失。

关键控制措施：①制订各个岗位职责分工和授权的文件规定，明确各个部门责任主体和授权权限；②对融资资金相关的不相容职务进行充分分离。

控制痕迹：部门职责。

风险点 15

风险描述：未对融资款的使用情况持续进行跟踪，导致融资款项的管理混乱。

关键控制措施：相关人员对资金的使用情况进行持续跟踪并记录，包括款项使用的时间、用途，以及贷款余额、还款情况等。

控制痕迹：资金使用情况记录表。

风险点 16

风险描述：未制订专人持续对融资风险进行跟踪分析、监控，造成融资成本过高。

关键控制措施：企业应当指定专人持续对融资风险进行跟踪分析，并编制相应报告提交给相关部门和领导参考。

控制痕迹：融资风险报告书。

风险点 17

风险描述：延期还款未签订展期合同或新的贷款合同，导致银行利息罚款，造成经济损失。

关键控制措施：根据融资合同或协议，及时偿还本金和利息。

控制痕迹：无。

风险点 18

风险描述：未对贷款等融资合同或协议资料进行有效保管，造成重要的合同或协议遗失，导致法律风险。

关键控制措施：所有融资合同及其他融资相关资料应当在财务部进行存档，并定期移交企业档案管理部门归档，同时对融资合同建立台账并统一管理。

控制痕迹：融资资料归档台账。

风险点 19

风险描述：未进行融资考核，导致资金管理效果降低。

关键控制措施：将融资考核纳入人力资源部考核体系。

控制痕迹：绩效指标卡。

5.4 募集资金使用合规管理

5.4.1 概述

募集资金使用合规管理规定了企业募集资金使用管理流程，旨在确保企业募集资金使用的合理有效，提升资金使用的监控能力。

5.4.2 相关制度

相关制度：募集资金使用管理制度。

5.4.3 职责分工

资金需求部门：负责制订各部门的资金需求计划，提出资金使用申请，提出募集资金使用用途变更申请。

财务部：负责对募集资金进行专项保管；负责制订募集资金使用的预算计划方案；负责审核批准资金需求部门的资金使用计划；负责需求资金的款项划款、账务处理及相关凭证单据的保管；配合其他部门对募集资金的使用效益进行分析和监督并对外定期披露企业的募集资金使用信息。

总经理/董事会/股东大会：负责对各部门的资金使用需求计划及募集资金使用用途调整进行审批。

审计监察部：负责对企业募集资金使用情况进行监督和审计。

5.4.4　控制目标

募集资金使用合规管理的控制目标如表5-4所示。

表5-4　募集资金使用合规管理的控制目标

序　号	控制目标	目标类别
1	确保募集资金管理有序	经营效率目标
2	确保募集资金按照预定用途使用	合法合规目标
3	确保募集资金使用经过授权审批	经营效率目标
4	确保募集资金使用账务处理准确	财务信息真实性目标
5	确保募集资金使用效率达到预计目标	经营效率目标
6	确保募集资金使用相关资料得到妥善保管	经营效率目标

5.4.5　风险控制点

风险点1

风险描述：未设立专项的账户对募集资金进行管理，造成资金管理混乱和资金风险。

关键控制措施：企业募集的资金应存放于设立的专项账户，财务部按照董事会审议通过的银行办理开立专户手续，并负责募集资金的日常管理。

控制痕迹：银行专项账户。

风险点2

风险描述：未制订企业整体募集资金的预算使用计划和方案，造成资金使用不能得到有效控制。

关键控制措施：企业应当制订募集资金使用预算，并提交给相关授权审批人员审批。

控制痕迹：企业资金预算使用计划方案。

风险点3

风险描述：企业各部门未在募集资金使用预算方案下确定资金使用计划，造成资金使用不能得到有效控制，使用不合理和缺乏效率。

关键控制措施：各个部门应在企业募集资金使用预算计划方案下制订各

自部门的资金使用计划方案。

控制痕迹：各部门资金使用计划方案。

风险点 4

风险描述：募集资金未按照招股说明书或募集说明书或非公开发行股票相关信息披露文件（以下合称"发行文件"）所列投资项目、投资金额和投入时间安排使用，造成资金使用违规和资金损失风险。

关键控制措施：募集资金应按照招股说明书或募集说明书或非公开发行股票相关信息披露文件（以下合称"发行文件"）所列投资项目、投资金额和投入时间安排使用，实行专款专用，每月末财务部负责人应当对募集资金的使用情况进行监督，确保资金没有被挪作他用。

控制痕迹：①募集资金说明书；②相关银行账户对账单。

风险点 5

风险描述：闲置募集资金直接或间接用于股票及其衍生产品、可转换企业债券等的交易，造成资金使用的风险和损失。

关键控制措施：①募集资金出现闲置时可以补充流动资金，闲置募集资金用于补充流动资金时，仅限于与主营业务相关的生产经营使用，不得直接或间接用于新股配售、申购，或用于股票及其衍生品种、可转换企业债券等的交易；②上市企业用闲置募集资金补充流动资金事项，应当经上市企业董事会审议通过。

控制痕迹：相关人员审批单。

风险点 6

风险描述：企业募集资金使用用途改变未经董事会审议及股东会审议、批准，造成募集资金使用不合理和风险，侵害股东权益。

关键控制措施：①企业如因市场发生变化，确需变更募集资金用途或变更项目投资方式的，必须经企业董事会审议，并依法提交股东大会审批；②企业决定终止原募集资金投资项目的，应尽快选择新的投资项目。

控制痕迹：股东会和董事会会议纪要。

风险点 7

风险描述：企业各相关使用资金部门未填写资金使用申请表，并未经适当审核和批准，造成资金损失风险。

关键控制措施：企业应当规定募集资金使用授权审批权限，使用资金的相关部门应填写资金使用申请表，提交部门负责人审核批准。

控制痕迹：募集资金使用授权审批权限。

风险点 8

风险描述：未对企业各个部门领用的募集资金使用款进行及时的财务账务处理，造成财务账实不一致，账务管理混乱。

关键控制措施：各个部门将领用款的相关凭证提交到财务部，财务部会计人员对相关凭证审核并及时进行账务处理。

控制痕迹：记账凭证。

风险点 9

风险描述：未持续督促企业规范运用募集资金的情况，造成企业资金使用不当、被占用的风险。

关键控制措施：①财务部应当对募集资金的使用情况设立台账，具体反映募集资金的支出情况和募集资金项目的投入情况；②审计监察部应当至少每年对募集资金的存放与使用情况检查一次，并及时向审计委员会报告检查结果。

控制痕迹：募集资金使用情况台账、资金使用情况检查记录。

风险点 10

风险描述：募集资金的使用情况未得到及时披露，造成企业资金使用存在违规风险。

关键控制措施：企业应按照监管机构和交易所及《企业章程》的相关规定，履行募集资金管理和使用的信息披露义务。

控制痕迹：信息披露情况表。

风险点 11

风险描述：企业未对募集资金使用效益情况进行及时跟踪和分析，不利于募集资金使用效益的提高。

关键控制措施：企业财务部应定期对募集资金的情况进行效益分析，包括募集资金使用情况、募投项目或变更项目运营、收益情况等。

控制痕迹：募集资金使用效益分析表。

风险点 12

风险描述：未对募集资金的使用情况进行专项审计和报告，造成企业资金使用存在风险。

关键控制措施：①企业审计监察部负责对募集资金使用的流程进行监督和监控；②企业董事会应对募集资金的存放和使用情况出具专项说明，并聘会计师事务所对募集资金存放和使用情况进行专项审计，出具审计报告。

控制痕迹：专项审计报告。

风险点 13

风险描述：企业未对募集资金使用涉及相关凭证和文件进行专门有效保管，造成企业资金使用管理混乱。

关键控制措施：企业应指派专门人员对涉及募集资金使用的相关文件和凭证进行保管。

控制痕迹：募集资金使用管理涉及的文件和凭证。

第6章 企业产品市场销售合规管理

6.1 销售预测合规管理

6.1.1 概述

销售预测合规管理规定了企业销售预测管理流程，旨在有效帮助企业改善预测工作，提高销售预测的准确性，以提高生产、销售计划的效率，通过耗费尽可能少的资源提供优质的产品和服务给客户。

6.1.2 相关制度

相关制度：销售预测管理流程；M+3+3预测流程。

6.1.3 职责分工

市场营销中心：负责制订和开发科学合理的销售预测方法；负责建立有关销售预测的内部协调合作机制；负责销售预测数据的录入及准确性。

供应链中心：负责对销售预测系统的管理，对销售预测数据进行分析、评估与反馈，对销售预测结果进行评价。

相关部门：负责按照销售预测结果落实资源及产能准备。

6.1.4 控制目标

销售预测合规管理的控制目标如表6-1所示。

表6-1　销售预测合规管理的控制目标

序　号	控制目标	目标类别
1	确保企业建立科学合理的销售预测管理工具	经营效率目标
2	确保销售预测数据准确	经营效率目标
3	确保企业的资源和产能与销售预测相匹配	经营效率目标

6.1.5　风险控制点

风险点1

风险描述：企业未对销售预测管理进行重视和进行相应人员培训，导致企业生产经营计划不合理和经营效率低下。

关键控制措施：企业将销售预测的准确性纳入对相关人员绩效考核中并对相关人员进行专业培训。

控制痕迹：绩效考核指标、培训计划和学习资料。

风险点2

风险描述：未建立一套科学有效的预测方法，导致预测结果不可靠。

关键控制措施：建立明确的销售预测原则。

控制痕迹：销售预测原则。

风险点3

风险描述：未开发科学有效的预测工具和建立一套有效预测管理系统，造成预测不准，影响企业经营效率。

关键控制措施：结合企业的系统自动化情况，选择适当的系统进行数据管理和预测。

控制痕迹：销售漏斗系统。

风险点4

风险描述：未制订合理的有关市场营销管理部层面的跨部门协调配合制度和责任机制，造成销售预测进度缓慢，影响企业经营效率。

关键控制措施：供应链中心召开中长期规划会议，以协调各相关部门利益，从而制订出符合各相关部门实际情况的销售预测。

控制痕迹：中长期规划会议纪要。

风险点 5

风险描述：未进行信息资料的系统收集填写和汇总，造成销售预测结果不科学。

关键控制措施：市场营销中心通过直接访问客户预测系统或上门拜访的方式收集销售预测数据，并对其进行汇总。

控制痕迹：客户拜访纪要、客户预测系统记录。

风险点 6

风险描述：未对汇总的预测信息进行精简和提取分析，造成销售预测不准确。

关键控制措施：供应链中心负责对销售预测信息进行提炼分析。

控制痕迹：中长期规划会会议纪要。

风险点 7

风险描述：未结合外部影响因素和内部影响因素对销售预测进行调整和汇总，造成生产经营计划不合理和浪费。

关键控制措施：①针对内部影响因素，供应链中心信息召开中长期规划会议，各相关部门协调产能与销售预测数据，并将结果反馈给市场营销中心，市场营销中心根据反馈结果作出预测调整；②针对外部因素，各销售经理根据外部的具体情况对预测进行调整。

控制痕迹：漏斗系统中的调整记录。

风险点 8

风险描述：未对销售预测情况与销售目标之间的差异进行分析和协调，造成生产经营计划不科学和经济损失。

关键控制措施：有关责任部门要对销售预测情况与销售目标之间的差异做出分析和进一步的协调。

控制痕迹：销售仪表盘。

风险点 9

风险描述：销售预测结果未报相关负责人审阅和修订，造成企业生产经营计划不合理和经济损失。

关键控制措施：供应链中心每个月制作 M+3+3 报告提供给相关人员审阅，并根据相关人员的意见进行修订。

控制痕迹：M+3+3 预测分析报告。

风险点 10

风险描述：未按照销售预测的结果进行企业产品决策和产品生产能力规划，造成生产能力不足或浪费。

关键控制措施：供应链中心召开中长期规划会议，以协调各相关部门利益，从而制订出符合各相关部门实际情况的销售预测。

控制痕迹：中长期规划会会议纪要。

风险点 11

风险描述：未进行实际销售对比和评估，不利于以后销售预测能力的提升。

关键控制措施：供应链中心每个月进行销售预测准确率的评估和分析。

控制痕迹：分析评估记录。

6.2 客户开发合规管理

6.2.1 概述

客户开发合规管理规定了企业客户的开发、评审、客户合作协议的签订及客户分类、信用管理，旨在规范客户开发和业务往来流程，降低客户信用风险。

6.2.2 相关制度

相关制度：客户开发与管理程序；客户分类管理规定。

6.2.3 职责分工

市场营销中心：选择目标客户，主导客户开发及管理全过程，作为企业与客户的接口。

供应链中心：负责主导客户注册及信用管理全过程，并对企业资源计划（ERP）中的客户数据进行管理。

6.2.4　控制目标

客户开发合规管理的控制目标如表 6-2 所示。

表6-2　客户开发合规管理的控制目标

序　号	控制目标	目标类别
1	确保目标客户成功开发	经营效率目标
2	新增客户得到领导审批	经营效率目标
3	确保客户资源得到充分利用	经营效率目标

6.2.5　风险控制点

风险点1

风险描述：没有确定目标客户群，导致客户开发目的性不强，影响市场份额的拓展和开发。

关键控制措施：企业针对所生产的产品确定目标客户群，并在目标客户群中开发新客户。

控制痕迹：目标客户拜访纪要（建议加上客户联系人）。

风险点2

风险描述：客户开发没有标准，导致客户质量不高，影响企业的销售业绩。

关键控制措施：企业针对所生产的产品确定目标客户群，并在目标客户群中开发新客户。

控制痕迹：目标客户拜访纪要。

风险点3

风险描述：新增客户没有得到相关审批，导致企业遭受客户信用风险增大，影响企业经营效率。

关键控制措施：对每个新增客户进行信用评级。

控制痕迹：客户信用申请表。

风险点4

风险描述：新增客户申请资料表有丢失，导致企业失去潜在客户，影响企业销售业绩。

关键控制措施：所有新增客户申请表经过办公自动化（OA）系统进行审批，新增客户申请表的主数据未经授权不得修改。

控制痕迹：新增客户申请表。

风险点5

风险描述：没有对客户进行分类管理，导致企业无法将资源重点分配给大客户或合作伙伴客户，影响企业经营效率。

关键控制措施：根据客户影响力、贡献度、业务稳定程度等指标建立客户分类标准，对"大客户"提供个性化营销服务，确保企业资源有效分配给优质客户。

控制痕迹：①客户分类管理规定；② OA 系统中客户的分类。

6.3　产品合规管理

6.3.1　概述

产品合规管理规定了企业整合与协调产品生命周期内的四大活动，即报价请求、新品开发、量产、产品终止，使用相关质量管理方法与流程，确保产品符合客户需求。

6.3.2　相关制度

相关制度：产品管理程序；项目管理程序；项目评估程序；变更管理程序；新产品试作程序；检验控制程序；采购程序；纠正预防措施程序；生产计划管理程序；客户投诉处理程序；产品终止程序。

6.3.3　职责分工

市场部：作为项目评估、产品终止与整体产品管理流程的主要负责部门。

项目管理部：项目开发阶段的主要负责部门。

制程整合部：量产阶段的主要负责部门。

6.3.4　控制目标

产品合规管理的控制目标如表6-3所示。

表6-3　产品合规管理的控制目标

序　号	控制目标	目标类别
1	确保产品满足客户需求	资产安全目标
2	确保供应商提供合格原材料或产品	资产安全目标
3	确保项目预算合理	经营效率目标
4	确保产品质量	资产安全目标
5	确保产品适时终止	财务信息真实性目标
6	确保相关业务操作合法合规	合法合规目标

6.3.5　风险控制点

风险点1

风险描述：对市场及客户需求不理解，影响科学合理的产品规划。

关键控制措施：①识别客户需求；②转换成内部的评估报告；③设计与品质关键点（CTQ）。

控制痕迹：①内部的评估报告；②品质关键点。

风险点2

风险描述：对客户及其需求信息搜集不完整，影响新产品开发策略的选择。

关键控制措施：①识别客户需求；②转换成内部的评估报告；③设计与品质关键点。

控制痕迹：①内部的评估报告；②品质关键点。

风险点3

风险描述：对客户需求未经客户确认，致使新产品评估错误及企业资源浪费。

关键控制措施：在厂内进行评估之前，销售和售前售后服务工程师（FAE）必须先与客户确认需求的过程，以减少资源的浪费或评估错误。

控制痕迹：客户邮件或其他形式的回复。

风险点 4

风险描述：报价请求评估周期过长，影响客户订单的获取。

关键控制措施：销售／售前售后服务工程师需明确报价请求交付时间，并由市场部进行整体监控，确保评估的高效完成。

控制痕迹：报价请求。

风险点 5

风险描述：报价请求评估结果失误，导致客户不确认和产品缺乏市场竞争力，影响营销战略达成。

关键控制措施：报价请求评估中需检视资料正确性，以确认产出资料与客户原始需求一致，评估资料内容无误，并且产品设计需始终以客户需求为导向。

控制痕迹：①产出资料；②评估资料。

风险点 6

风险描述：项目启动未经客户同意，导致企业资源浪费。

关键控制措施：项目启动前须与客户确认，明确其是否接受报价请求。

控制痕迹：客户邮件或其他形式的回复。

风险点 7

风险描述：产品设计、功能不符合客户要求，影响客户开发进度。

关键控制措施：团队领导需根据客户对产品要求，召集团队成员根据"新产品开发程序"进行品质关键点的拆解与评估的过程，产出品质关键点的目标与相关产品和与制程品质关键点表格设计文件，确保产品设计满足客户需求。

控制痕迹：品质关键点表格。

风险点 8

风险描述：产品设计未经过专利评估，导致法律诉讼。

关键控制措施：企业法律事务部在产品设计阶段进行产品专利调查并提供"产品专利调查分析及评估"。

控制痕迹：产品专利调查分析及评估。

风险点 9

风险描述：供应商选择不合理，导致企业产品缺乏竞争力。

关键控制措施：选择供应商时，项目管理部召开材评会，供应商质量管理部／后端研发部门／项目管理部门采购对供应商进行评审，包括供应商所提供的产品品质或服务的质量、价格、产能等内容，通过比较最终决定供应商，确保供应商具有良好的资质与能力。

控制痕迹：材评会报告。

风险点10

风险描述：项目预算不合理，影响项目开发进度。

关键控制措施：进行原材料市场调查，了解原材料的成本情况，对相关信息进行整理和分析，据以确定项目预算。

控制痕迹：项目开发预算。

风险点11

风险描述：产品不具备量产性。

关键控制措施：①规格上如果达不到客户要求，需进行设计变更，优化设计。②如果良率不达标，应该进行良率改善试作。

控制痕迹：①变更申请；②试作完成报告。

风险点12

风险描述：原材料品质、交期无法满足要求，影响产品量产进度。

关键控制措施：①按照检验控制程序对原材料品质进行管控；②按照采购程序对供应商交期进行监控。

控制痕迹：来料检验记录。

风险点13

风险描述：制程与良率出现异常，影响产品交期，影响企业市场竞争力。

关键控制措施：①按照纠正预防措施程序对制程与良率异常进行处理；②对异常可能导致的产品交付问题，按照生产计划管理程序申请产品补投，以避免产品交期延误。

控制痕迹：①纠正预防措施报告；②补投申请单。

风险点14

风险描述：量产过程中的变更对客户影响评估不准确，导致客户对变更不认可。

关键控制措施：变更前进行变更有效性的认证，并及时通知客户，认可后进行变更，变更后进行变更有效性的监控。

控制痕迹：变更确认单。

风险点 15

风险描述：产品未经过科学检验，导致大量不良品流向客户，降低客户满意度。

关键控制措施：①产品出厂前按检验控制程序规定进行检验；②对客户方的反馈，按照客户投诉处理程序以 8D 报告的形式进行对应，持续进行改善。

控制痕迹：①出货品质检验报告；②客户反馈。

风险点 16

风险描述：产品不当终止，导致市场商机流失和客户满意度降低。

关键控制措施：销售需及时接收来自客户产品终止的需求，并由采购进行核实，经评估并归纳正确可行的建议请高层管理者裁决，而后执行。

控制痕迹：①客户产品终止申请；②评估建议书。

风险点 17

风险描述：产品未及时终止，导致企业资源浪费。

关键控制措施：销售需及时接收来自客户产品终止的需求，并由采购进行核实，经评估并归纳正确可行的建议请高层管理者裁决，而后执行。

控制痕迹：客户产品终止申请；评估建议书。

6.4 售后合规管理

6.4.1 概述

售后合规管理规定了企业售后理赔的申请、受理、退换货实施、客诉处理、理赔点的管理和评定等售后服务管理，旨在规范售后理赔、退换货、客诉处理、维修处理流程，降低理赔和退换货过程中可能发生的各种风险，提高客户的售后满意度。

6.4.2 相关制度

相关制度：客户投诉处理程序；客户退换货处理流程；客户满意度调查

程序；纠正预防控制程序；质量问责管理规定；产品召回处理程序；企业会计准则；企业会计政策。

6.4.3　职责分工

质量与客服部：接收客户投诉意见，判断投诉意见类型，将投诉意见提交相关部门处理，实施客户投诉质量纠正预防程序，退货申请责任判定。

授权审批人员：负责客户退换货和维修的审批。

物流部：退货的接收与发送。

各职能部门：持续改善产品和服务质量。

财务部：客户理赔的具体办理，退换货的账务处理。

6.4.4　控制目标

售后合规管理的控制目标如表 6-4 所示。

表6-4　售后合规管理的控制目标

序　号	控制目标	目标类别
1	确保及时准确应对客户投诉	经营效率目标
2	客户退货经过审批	经营效率目标
3	确保接收到的退货物品型号与数量准确	资产保全目标
4	确保接收到的退货物品能够得到有效处理	经营效率目标
5	确保投诉处理过程得到及时准确的账务处理	财务信息真实性目标
6	确保客户投诉问题得到改进	经营效率目标
7	确保客户理赔经过审批	经营效率目标

6.4.5　风险控制点

风险点 1

风险描述：没有建立客户投诉处理程序，导致企业无法及时处理客户投诉，影响企业市场声誉。

关键控制措施：建立客户投诉程序，规定客户投诉的渠道、对口管理部门及处理流程。

控制痕迹：客户投诉处理程序。

风险点 2

风险描述：没有专门部门或人员处理客户投诉和退货申请，导致企业无法及时处理客户投诉，影响企业声誉。

关键控制措施：质量与客服部为客户投诉归口管理部门，负责客户反馈问题的确认、初步判断，推动客户反馈处理等职责。

控制痕迹：①客户投诉处理程序；②部门职责。

风险点 3

风险描述：没有建立客户投诉分类体系，导致客户服务人员无法根据客户投诉类型选择相应处理程序，影响企业售后服务效率。

关键控制措施：企业将客户投诉按照问题严重度、客户类型进行分类，根据不同投诉类别建立相应处理流程及规范。

控制痕迹：客户投诉问题分类。

风险点 4

风险描述：对于客户的退货申请，没有判断退货原因和退货责任，导致企业承担不必要的责任，影响企业经营效率。

关键控制措施：质量与客服部在收到客户退货申请后初步判断责任，即产品的质量问题是否在企业退货政策范围内，如果是客户责任，则需跟客户联系说明情况并给客户提供维修或者将产品返还给客户。

控制痕迹：RMA 申请单。

风险点 5

风险描述：在销售合同中没有写明客户退货条件，导致难以界定产品质量的责任，影响企业经营效率。

关键控制措施：业务员与客户签订销售合同时，需明确客户退货条件，只有在产品的质量问题满足条件规定时，才能接受客户的退货申请。

控制痕迹：销售合同有关退货条款。

风险点 6

风险描述：退货未经过领导审批，导致未经授权的退货发生，影响企业日常经营效率。

关键控制措施：企业根据不同客户和销售方法及退货金额建立相应的授权审批程序，所有退货申请须经过相关授权人书面批准后才能办理。

控制痕迹：①客户退换货处理流程；②客户反馈汇总表。

风险点 7

风险描述：对客户退货的货物没有经过检查和鉴定，导致企业承担了不必要的责任，影响企业经营效率。

关键控制措施：在收到客户退回的货物后由物流部和质量与客服部对退货的货物进行检查和鉴定，如退货产品是否全部属于本企业制造，退货产品有无人为损坏现象，退货产品是否由于客户长期积压并由于不合理存放导致损坏。如果经过鉴定不属于企业责任，须通知客户服务人员拒绝客户退货要求。

控制痕迹：客户反馈汇总表。

风险点 8

风险描述：退回货品的数量、规格与退货申请单上不符，导致企业收到的退货物品质量低下，影响企业经营效率。

关键控制措施：物流部和质量与客服部在接收客户的退回货品时严格按照退货单上数量和产品型号进行清点，通过后才能办理入库手续。

控制痕迹：①客户反馈汇总表；②入库单。

风险点 9

风险描述：对退回的货品没有建立处理流程，导致对可维修的货品进行报废处理，影响企业经营效率。

关键控制措施：企业对不良品（含退货品）应建立处理标准，明确规定可维修品和报废品的范围。对于收到的退货品，由质量与客服部根据不良分责明细判别该退货品是否可维修，对于可维修的退货品，由相关部门制订维修方案并进行维修入库处理；对于不可维修的退货品进行资产报废处理。

控制痕迹：①客户退货单；②不良分责明细。

风险点 10

风险描述：对所接受的退货没有进行正确账务处理，影响企业财务报表准确性。

关键控制措施：财务部按照企业会计准则和企业会计政策中关于退货的会计处理规范，对接收的客户退货进行正确的账务处理。

控制痕迹：会计分录。

风险点 11

风险描述：销售人员擅自接受客户退货申请并将客户退回货物擅自转让

给第三方，导致企业财产受损，影响企业资产保全。

关键控制措施：销售人员无权接收客户退回的货物。

控制痕迹：客户反馈汇总表。

风险点 12

风险描述：退货品与合格品混合摆放，导致企业误将合格品当作退货品进行处理，影响企业经营效率。

关键控制措施：仓退货品在仓库中单独摆放，严禁退货品与合格品一起摆放。

控制痕迹：退货品仓库。

风险点 13

风险描述：客户换货申请没有经过审批，导致企业错误发送货物，影响企业资产保全。

关键控制措施：对于换货请求，经过系统审批后，生成唯一受控的退料审查号。

控制痕迹：客户反馈汇总表。

风险点 14

风险描述：对于客户的换货要求，换出的货物与客户销售合同上的不一致，导致企业产品遭受损失，影响企业资产保全。

关键控制措施：对于换货请求，经过系统审批后，生成唯一受控的退料审查号。

控制痕迹：客户反馈汇总表。

风险点 15

风险描述：对于客户投诉的质量问题没有进行问责，导致企业相关责任人员没有受到处罚，不利于企业质量管理。

关键控制措施：建立质量问责管理规定，界定质量责任等级、质量问题发生后归责流程及相关责任人的惩罚办法。

控制痕迹：质量问责管理规定。

风险点 16

风险描述：对遭到客户投诉的不良品没有进行检讨和预防纠正措施，导致不良品可能再次发生，影响企业经营效率。

关键控制措施：①建立相关文件，对于客户反映的质量问题，须追究原因，纠正不良品的成因，预防不良品的再次发生；②相关部门针对客户投诉问题出台相应整改方案，并与质量与客服部一起完成对客户投诉的闭环控制。

控制痕迹：客户投诉处理程序、纠正预防控制程序。

风险点 17

风险描述：对客户的索赔款项没有及时入账，影响企业财务报表准确性。

关键控制措施：客户的索赔款须在规定时间内及时入账，计入营业外支出一般索赔科目（财务）。

控制痕迹：①相关会计分录；② 8D 报告。

风险点 18

风险描述：客户理赔要求没有经过审批，影响企业资金安全。

关键控制措施：对于客户的理赔申请，由相关部门进行审理，经过授权人员审批后才能办理。

控制痕迹：客户索赔／折让申请单。

风险点 19

风险描述：信息反馈未传达至相关部门，导致相关部门无法针对客诉问题进行改进。

关键控制措施：针对每起客户投诉事件，须及时启动客户投诉处理过程，并将信息传递给相关部门。

控制痕迹：8D 报告。

风险点 20

风险描述：未采取措施对产品的售后情况进行跟踪，未对客户意见进行记录并及时跟进。

关键控制措施：质量与客服部以售后回访或售后问卷调查等形式定期对产品售后情况进行跟踪反馈，对满意度调查的反馈意见及时进行跟踪，并形成产品售后满意度调查报告。

控制痕迹：①售后回访记录；②满意度调查表；③客户满意度调查报告。

风险点 21

风险描述：发现产品缺陷后未有相应的决策标准收回有缺陷的产品。

关键控制措施：建立产品召回处理程序，规定产品召回的范围及决策流程。

控制痕迹：产品召回申请表。

风险点 22

风险描述：产品召回后未进行妥善处理，造成召回产品再次销售。

关键控制措施：产品召回处理程序中须明确规定处理意见，同时需要经过销售部门审批，必要时对召回的产品进行隔离处理。

控制痕迹：产品召回申请表。

风险点23

风险描述：未建立产品召回信息发布机制，产品召回未及时通知各利益相关方。

关键控制措施：产品召回应通过有效途径及时通告各利益相关方，传达产品召回信息及召回原因。

控制痕迹：发布的产品召回信息。

6.5 价格合规管理

6.5.1 概述

价格合规管理规定了企业价格管理流程，旨在确定合理的产品价格，提升企业销售利润率，提高企业经营效率。

6.5.2 相关制度

相关制度：产品报价管理规定。

6.5.3 职责分工

市场部：负责接收客户的产品报价和报价申请；负责草拟对外报价。

授权审批人员：负责本事业部相关报价的审核。

计划部/商务管理部：负责跟踪产品市场行情，及时调整产品的指导价格；负责维护企业的产品价格数据库。

研发中心：负责核算产品成本。

项目经理：负责产品报价方案的落实。

6.5.4 控制目标

价格合规管理的控制目标如表6-5所示。

表6-5 价格合规管理的控制目标

序 号	控制目标	目标类别
1	确保建立规范的价格管理体系	经营效率目标
2	确保销售价格合理确定	经营效率目标
3	确保对外报价符合企业利益	经营效率目标
4	确保价格数据得到妥善维护	经营效率目标

6.5.5 风险控制点

风险点1

风险描述：未设置确立企业相关部门的协调配合制度，造成价格管理混乱。

关键控制措施：设置与产品定价、修改、审批等价格管理环节有关的各个相关部门的协调配合制度。

控制痕迹：无。

风险点2

风险描述：未确立企业相关部门各自的价格管理责任机制，造成价格管理混乱。

关键控制措施：明确各相关部门在价格管理各环节所承担的责任。

控制痕迹：无。

风险点3

风险描述：相关部门未调查研究市场需求等基本信息就确定企业标准产品市场指导价，可能导致企业所定的价格不合理或没有竞争力，影响企业的经营效率，造成经济损失。

关键控制措施：市场部先搜集关于该产品的行业信息、产品的需求、消费者的偏好、企业产品的市场竞争力等基本信息，然后进行提炼和分析，以确定企业产品的基准价。

控制痕迹：基准价格表。

风险点 4

风险描述：业务员未对接受的报价信息进行仔细审核比对，造成经济损失。

关键控制措施：市场营销中心业务员接收到客户的报价信息时，首先将客户提供的基本信息与企业确定的产品基准价格信息进行仔细核对，在信息基本一致的情况下，将报价单提交到相关部门审核批准。

控制痕迹：客户报价单。

风险点 5

风险描述：营销中心业务员未根据客户的询价需求对不同的产品采取不同的报价处理方法，造成经济损失。

关键控制措施：市场营销中心业务员根据客户不同询价需求，对不同的产品采取不同的报价处理方式。

控制痕迹：客户报价单。

风险点 6

风险描述：企业各种类产品报价未经过相关部门负责人适当审核批准或越权审批，造成经济损失。

关键控制措施：业务员报价须按照基准价格来确定，业务员报价需要经企业相关领导审批。

控制痕迹：审批单。

风险点 7

风险描述：相关部门未根据市场行情变化及时调整产品市场指导价格，影响经营效率。

关键控制措施：企业市场部指定专门人员持续跟踪产品市场行情，并及时调整产品的指导价。

控制痕迹：产品价格行情分析表。

风险点 8

风险描述：企业产品销售指导价格未得到相关部门负责人的审核批准，造成经济损失。

关键控制措施：相关部门分析预定的产品市场指导价格须提交到部门负责人及分管经理处审阅和批准。

控制痕迹：审批单。

风险点 9

风险描述：营销中心业务员未经批准调整产品销售价格，造成经济损失。

关键控制措施：销售业务员对产品销售价格的调整需要报上级部门审阅和批复。

控制痕迹：价格调整审批单。

风险点 10

风险描述：未按规定维护价格主数据，进行产品价目标维护，不能实现系统控制，影响价格管理效率。

关键控制措施：确立各个产品价格数据能够及时输入相关数据库软件系统。

控制痕迹：价格数据库软件记录。

风险点 11

风险描述：相关部门未对设计价格管理的相关凭证和文件进行专门保管，造成价格管理混乱。

关键控制措施：设置专门部门和专门人员对产品市场价格管理有关的凭证和文件进行保管。

控制痕迹：价格管理相关的文件和凭证。

6.6　仓储运输合规管理

6.6.1　概述

仓储运输合规管理规定了企业仓储部运输管理流程，旨在规范本企业仓储和运输管理工作。

6.6.2　相关制度

相关制度：成品仓储作业指导书；成品量产产品出货包装作业指导书。

6.6.3 职责分工

物流部：按照要求接收并保存好产成品，确保发出商品包装完好，内容齐全。

计划部／商务管理部：按照订单要求提出发货申请，将经过审批的发货通知单提交给仓库管理员。

6.6.4 控制目标

企业运输合规管理的控制目标如表6-6所示。

表6-6　企业运输合规管理的控制目标

序　号	控制目标	目标类别
1	确保提供产品满足客户需求	经营效率目标
2	确保产品得到妥善储存	经营效率目标

6.6.5 风险控制点

风险点1

风险描述：产品未被明确地包装。

关键控制措施：质量部对出库产品进行检验确保产品已被正确包装。

控制痕迹：检验报告。

风险点2

风险描述：产品未有专门存储，库存未定期检查。

关键控制措施：对产成品独立存放库存，并形成整套库存管理制度。

控制痕迹：存货管理制度。

第7章　企业采购合规管理

7.1　供应商合规管理

7.1.1　概述

供应商合规管理规定了供应商纳入、管理、评审和淘汰等管理要求，旨在规范企业供应商管理过程中的各项具体工作，努力降低和避免供应商管理中存在的风险，保证企业的采购成本和采购效率。

7.1.2　相关制度

相关制度：集团供应商导入流程；集团供应商资源管理程序；集团供应商绩效考核流程；集团供应商质量管理程序。

7.1.3　职责分工

资源开发专员：根据项目需求寻找供应商。

集团战略资源开发部：新增供应商的评定与管理；根据计划需求对供应商资源进行分配；维护供应商主数据和价格信息。

供应商质量工程师：负责新增供应商的评定的审核。

7.1.4　控制目标

供应商合规管理的控制目标如表 7-1 所示。

表7-1 供应商合规管理的控制目标

序 号	控制目标	目标类别
1	保证采购的质量	经营效率目标
2	保证采购的成本	经营效率目标
3	保证采购的及时性	经营效率目标
4	保证采购的合法性	合法合规目标

7.1.5 风险控制点

风险点1

风险描述：无归口部门负责供应商管理及评审工作，导致供应商管理职责及分工不明确，出现问题时无法及时得到解决。

关键控制措施：由总经理及董事会审批同意成立集团战略资源开发部或指定相关部门作为供应商管理归口部门，明确部门工作职责，包括对供应商的日常管理、供应商资料保管、年度评审、供应商名录编写和管理等。

控制痕迹：供应商管理制度。

风险点2

风险描述：未设置供应商审批权限，导致采购人员选择供应商的权限过大，产生舞弊风险。

关键控制措施：在全部满足询价文件实质性要求前提下，根据技术先进、生产适用、安全可靠、经济合理的原则，综合考虑包括价格、供货周期、质量方面的特殊要求，供应商资质证书、信誉、业绩、服务，国家政策规定等相关内容，由采购单位或部门选择适当的评审方法，按照规定的程序进行评审，确定供应商。对于数量及金额较大的采购，应当由总经理及分管领导组织相关人员对供应商的报价进行评审；数量及金额较小的采购，可以由部门负责人组织相关人员对报价进行评审或签字。

控制痕迹：①供应商管理制度；②集团资源供应商开发计划申请表。

风险点3

风险描述：未建立供应商数据资料库对供应商提供的信息资料进行完整的保管，导致供应商信息丢失，管理混乱。

关键控制措施：供应商管理部门应建立一个数据库，数据库内容应包括所有供应商的名称、地址、联系方式、经营范围、与企业合作期间等信息，同时指定专人负责定期整理供应商数据库并及时更新。

控制痕迹：集团资源 AVL 合格供应商名录系统。

风险点 4

风险描述：未对合格供应商提供的信息进行判别，导致因供应商提供的信息有误，购进的物品质次价高。

关键控制措施：由集团战略资源部商务组负责评估基本能力和商务能力，集团资源经理根据供应商资源地域性/适用地/产品定位指定地方研发或制造经理级以上进行工艺和研发能力评估审核。

控制痕迹：供应商基本资料调查表。

风险点 5

风险描述：选择重要供应商时未实地考察供应商的服务能力，包括供应商的仓储、物流、生产能力、质量管理、资信能力等情况，导致供应商提供虚假资料欺骗企业来赢得业务，从而造成货物质次价高。

关键控制措施：集团战略资源开发部、研发部、质量和供应商管理部、制造相关人员成立调查小组实地考察供应商的仓储、物流、生产能力、质量管理、资信能力等方面，填写供应商评价表，并提出是否评价为合格供应商的意见，经调查小组组长审核签字后报集团战略资源开发部负责人审批，集团战略资源开发部负责人审核签字后列入合格供应商名录。

控制痕迹：①集团资源供应商开发计划申请表；②供应商基本资料调查表。

风险点 6

风险描述：未进行供应商资质管理，未督促供应商及时更换资质资料，导致合规风险。

关键控制措施：在供应商数据库内设置供应商资质文件的有效期限的内容，每年年末对供应商数据库资料进行检查时应核对供应商资质资料的有效期限，对临近有效期限的供应商应及时提醒供应商办理更新手续并提供更新后的资质资料。

控制痕迹：供应商资质资料。

风险点 7

风险描述：未就跟生产有关的涉密物资采购与供应商签订保密合同或协

议，导致供应商将涉密资料提供给同行业的其他竞争对手，造成企业竞争能力下降。

关键控制措施：①涉密物资采购时，采购合同中的采购材料名称须以代号表示；②涉密物资采购合同签订时，须与供应商另签订一份保密合同／协议，在合同条款中明确供应商的保密责任及违约责任，经双方领导签字确认。

控制痕迹：合作合同。

风险点8

风险描述：未建立并定期更新合格供应商名录，导致无供应商评价依据或未将评审不合格的供应商淘汰，进而影响供应商评审的质量。

关键控制措施：①各级企业集团战略资源开发部供应商管理岗位人员对供应商登记表审核签字，检查供应商所提供的资料并提出审核意见，报集团战略资源开发部负责人审批；②集团战略资源开发部负责人以供货商的实力、商誉及以往服务的表现作为依据，审核并签署是否列入合格供应商名录的意见；③根据经审核合格的供应商登记表等资料，建立并登记合格供应商名录，每个年度内须编印并保存最新版供应商名录以供采购人员查阅。

控制痕迹：①供应商年度审核计划表；②领导审核意见；③供应商名录。

风险点9

风险描述：未定期进行供应商评审，包括供应商所提供的产品或服务的质量、价格、资质情况、信用等级等内容，导致供应商服务质量下降，管理混乱。

关键控制措施：①每年年末，各部门物资管理人员对供应商进行评审，包括供应商所提供的产品或服务的质量、价格、资质情况、信用等级等内容，编写供应商评价意见，经部门负责人审核签字后报企业集团战略资源开发部；②物资部门供应商管理岗位人员根据各部门对供应商的评价意见对所有供货商就过去一年的表现进行全面的评估、复审，填写供应商评价表，经集团战略资源开发部负责人审核签字确认。

控制痕迹：供应商管理体系审核清单。

风险点10

风险描述：对供应商进行评审时未采纳财务、采购、质检、仓库等相关职能部门意见，造成对供应商的评审不全面，影响评审结果的真实性和有效性。

关键控制措施：供应商评审时，应先由各相关部门（包括但不限于企管处、采购部、质检部、仓库及相关物资使用部门）对商务、技术、质量进行评估后由集团资源经理审核确认。

控制痕迹：年度质量绩效总成绩汇总表。

风险点 11

风险描述：对供应商进行评价打分由一个人完成且无他人审核，导致评分人员出现舞弊行为，影响供应商评审的公平性。

关键控制措施：①供应商评分表打分应由两名以上人员评分并且由部门负责人审核确认才能作为有效评分表；②凡是在一张评分表上同一人员名字出现两次以上的，或有涂改、修改痕迹的一律作废处理。

控制痕迹：①品质、技术、价格和交期绩效数据汇总流程图；②年度质量绩效总成绩汇总表。

风险点 12

风险描述：未定期对供应商货物进行质量评审，包括货物验收记录、验收合格率、各使用部门的反馈意见、返工／返修次数及退货发生频率等，影响供应商质量评审结果。

关键控制措施：集团战略资源开发部应定期下发通知要求集团供应商质量管理部、研发部等各物资使用部门对供应商货物进行质量评审，包括货物验收记录、验收合格率、各使用部门的反馈意见、返工／返修次数及退货发生频率等，填写集团资源供应商季度／年度质量绩效总成绩汇总表，经部门负责人审核确认后提交集团战略资源开发部复核，作为年度供应商评审审核评分指标之一。

控制痕迹：集团资源供应商季度／年度质量绩效总成绩汇总表。

风险点 13

风险描述：未执行供应商分类管理制度，如按采购的频率、数量及金额等作为划分维度进行分类管理，导致管理效率低下，未抓住主要管理风险。

关键控制措施：①根据供应商在 ×× 使用金额，对 ×× 产品竞争力的影响，×× 对供应商的依赖性和采购风险，将合格供应商分为核心供应商、重要供应商、一般供应商和瓶颈供应商四类；②确定合格供应商在 ×× 供应链和产品应用上的地位，采取不同的采购管理策略和绩效管理方法，以获得采购管理的最佳投入产出和采购竞争优势。

控制痕迹：供应商分类标准。

风险点 14

风险描述：无法与供应商保持良好稳定的合作关系，导致经常更换供应商，影响商品采购质量。

关键控制措施：对重点供应商应按合作伙伴关系进行管理，做到互惠互利。

控制痕迹：集团供应商资源管理程序。

风险点 15

风险描述：未将供应商评审纳入归口部门绩效考核范围中，导致供应商评审工作流于形式，以及供应商管理混乱。

关键控制措施：将供应商提供的产品及服务质量纳入集团战略资源开发部相关岗位人员绩效考核指标中，加强集团战略资源开发部相关岗位人员工作要求，提高供应商评价质量，将供应商的产品及服务质量与员工绩效挂钩。

控制痕迹：集团供应商资源管理程序。

风险点 16

风险描述：未要求供应商按照企业的规范建立风险管理体系，导致供应商忽略风险管理的重要性，发生采购风险。

关键控制措施：选择供应商时，必须要求供应商建立风险管理体系，并在合同条款中约定，以降低采购风险。

控制痕迹：供应商风险管理体系。

7.2　招投标合规管理

7.2.1　概述

招投标合规管理规定了企业供应商招投标的开标、招标、结标等管理要求，旨在规范企业招标管理工作，维护招标单位的权益，控制项目成本，保证项目质量。

7.2.2　相关制度

相关制度：招投标管理程序。

7.2.3　职责分工

董事会 / 总经理办公室：确定是否需要进行投标。

采购部：招标的前期准备、确定采用招标的形式、召集投标人、对投标人资信进行调研、确定招标的时间、地点等相关事宜。

总经理：招标文件审核。

评标委员会：负责开标、评标，并向中标单位发出中标通知。

7.2.4　控制目标

招投标合规管理的控制目标如表 7-2 所示。

表7-2　招投标合规管理的控制目标

序　号	控制目标	目标类别
1	确保界定招投标管理范围	经营效率目标
2	确保招投标管理符合国家相关法律规定	合法合规目标
3	确保招标文件编制科学合理	经营效率目标
4	确保中标人按照中标书要求提供相应服务	经营效率目标
5	确保招标文件能有效传递	经营效率目标
6	确保评标过程公正合理	经营效率目标

7.2.5　风险控制点

风险点 1

风险描述：企业招投标的范围不明确，影响企业采购成本和采购质量。

关键控制措施：招投标文件必须明确规定招标范围、内容和其他具体要求，满足招投标合同管理的规定。

控制痕迹：招标文件。

风险点 2

风险描述：外部监管要求必须进行招投标的没有进行招投标，存在法律风险。

关键控制措施：对外部监管要求必须进行招投标的项目，必须进行招投标，满足法规要求。

控制痕迹：无。

风险点 3

风险描述：编制招标文件的过程中未对自身需求进行调研、分析和明确，导致招标文件中的要求与实际需求不符，影响企业的采购质量。

关键控制措施：招标文件中的需求必须根据各部门提交的实际需求来制订，招标文件需经过相关部门审核。

控制痕迹：招标文件。

风险点 4

风险描述：招标文件表述不清，影响投标人的响应，导致招投标的实际达不到预期效果，影响企业采购质量。

关键控制措施：招标文件要表述清晰，如有表述不清的，投标人必须在规定时间内以书面形式提出，招标人在接到书面质疑后以书面形式回复。

控制痕迹：招标文件。

风险点 5

风险描述：招标文件对基本需求没有强制性的相应要求，导致招投标的实际达不到预期效果，影响企业采购质量。

关键控制措施：招标文件必须对项目的基本需求做出强制性的规定，保障项目结果达到预期。

控制痕迹：招标文件。

风险点 6

风险描述：招标的技术标方案未经过充分的讨论和分析，导致技术标存在瑕疵，招投标的实际达不到预期效果，影响企业采购质量。

关键控制措施：招标的技术标方案，必须组织相关技术人员组成讨论小组，对技术标方案进行讨论和分析，并提出反馈意见。

控制痕迹：技术论证方案。

风险点 7

风险描述：招标文件未满足法定要求，存在法律风险。

关键控制措施：招标必须以法律、法规、规章为依据，制订符合法规要求的招标文件。

控制痕迹：招标文件。

风险点 8

风险描述：未设置投标保证金，导致中标人临时弃标，影响企业采购效率。

关键控制措施：投标单位必须向企业支付履约保证金，保证金金额为总额的 50%，但不低于 2 万元。

控制痕迹：保证金缴纳回单。

风险点 9

风险描述：招标文件的发布渠道和发布范围不恰当，导致投标人不满足企业要求，影响采购质量。

关键控制措施：①公开招标的，需发布招标公告；②邀请招标的，向 3 个及以上具备承担招标项目能力、资信良好的潜在投标人发出投标邀请书；③依法必须进行公开招标的，在国家和地方指定的媒体上发布招标公告。

控制痕迹：招标公告。

风险点 10

风险描述：投标人人数过多，导致评标过程困难增加，导致招投标的实际达不到预期效果，影响企业采购质量。

关键控制措施：招投标小组必须根据有意向的投标人相关资料和调查对投标人进行筛选，符合企业要求的列入合格投标人名单，并对人数加以控制。

控制痕迹：无。

风险点 11

风险描述：邀标范围的确定不合理，导致招投标的实际达不到预期效果，影响企业采购质量。

关键控制措施：邀标文件的邀标范围需根据企业关于邀标的要求来划定，明确邀标范围。

控制痕迹：投标邀请书。

风险点 12

风险描述：投标人数量太少，导致开标现场实质性响应招标文件的投标人不足 3 家，导致招投标的实际达不到预期效果，影响企业采购质量。

关键控制措施：实际投标人数不能太少，必须保证不少于 3 家。

控制痕迹：无。

风险点 13

风险描述：招投标相关工作人员没有将相关保密工作做好，导致财政预算或标底泄露，以及竞标人恶意串标，影响企业采购成本。

关键控制措施：强化招投标人员的保密意识，明确招标人员的岗位职责，发现信息泄露要追究相关人员的责任。

控制痕迹：无。

风险点 14

风险描述：未考虑对投标人信息的保密，导致泄露投标人名称，存在串标风险，影响采购成本。

关键控制措施：在开标前期的各类会议中，签到信息应该相互独立，不能签在同一张纸上。

控制痕迹：签到表。

风险点 15

风险描述：对投标人的资质未进行审核和背景调查，影响企业采购质量。

关键控制措施：对潜在投标人进行资质审核和背景调查，满足要求的列入合格投标人名单。

控制痕迹：投标人背景调查表。

风险点 16

风险描述：投标过程中没有独立的监督部门，影响招投标的公正性，影响企业采购质量。

关键控制措施：招投标过程必须设立独立的监督部门或者监督人，对整个招投标过程进行监督。

控制痕迹：无。

风险点 17

风险描述：唱标的顺序考虑不当，影响招投标的公正性，影响企业采购成本。

关键控制措施：按标书送达时间逆顺序唱标。

控制痕迹：无。

风险点 18

风险描述：评标过程中未切断与外界联系，影响招投标的公正性，影响企业采购成本。

关键控制措施：评标专家和小组名单不能外泄，在评标过程中，切断评标专家与外界联系，保证投标的公正性。

控制痕迹：无。

风险点 19

风险描述：评标方法不合理，导致中标人非最佳中标人，影响企业采购质量。

关键控制措施：以相关法规为依据，结合项目的实际要求，由评标小组制订出合理的评标方案并经过审核后实行。

控制痕迹：评标方法。

风险点 20

风险描述：与中标人签订的合同与招标文件要求不一致，导致招投标的实际达不到预期效果，影响企业采购质量。

关键控制措施：中标单位确定后，须签订规范合同，合同签订前必须经法务人员审核，未经审核和审核未通过的合同不能签订。

控制痕迹：采购合同。

7.3　设备采购合规管理

7.3.1　概述

设备采购合规管理规定企业设备采购的管理要求，旨在规范设备采购管理，提高设备采购质量，降低设备采购成本，促进企业持续发展。

7.3.2　相关制度

相关制度：采购控制程序；采购作业指导书；固定资产管理制度。

7.3.3　职责分工

设备使用部门：提交设备采购申请等。

采购部：进行市场调查，编制设备采购计划，筛选合格供应商，编制采购合同等。

物流部：收货、验货、入库等。

财务部：支付货款、入账等。

7.3.4 控制目标

设备采购合规管理的控制目标如表7-3所示。

表7-3　设备采购合规管理的控制目标

序　号	控制目标	目标类别
1	确保划定明确合理的采购岗位职责	经营效率目标
2	确保采购成本效率最优化	经营效率目标
3	确保采购价格合理	经营效率目标
4	确保采购得到适当审批	经营效率目标
5	确保设备采购货款支付安全可控	资产保全目标
6	确保及时取得发票	经营效率目标
7	确保采购合同严格履行	合法合规目标
8	确保及时收到采购设备	经营效率目标
9	确保采购设备满足企业实际要求	经营效率目标
10	确保采购过程进行正确的账务处理	财务信息真实性目标
11	确保设备资料及时归档	经营效率目标

7.3.5 风险控制点

风险点1

风险描述：采购流程职责划分不明确，导致舞弊风险，采购人员收受回扣，造成设备质次价高。

关键控制措施：设备管理制度中明确设备采购计划的制订、审批、执行、验收等重要环节人员的职责分工和岗位责任人。

控制痕迹：设备管理制度。

风险点 2

风险描述：采购人员长期固定，导致采购人员与供应商暗中操纵采购成本，形成舞弊风险，给企业造成经济损失。

关键控制措施：①明确设备采购人员岗位职责，将设备采购岗位列为高风险岗位，纳入高风险岗位管理；②设备采购人员参照高风险岗位管理制度，实行定期轮岗管理；③采购相关人员实行定期轮岗，并签订诚信承诺书（或类似的行为保证书），承诺在采购过程中不接受供应商回扣或好处，避免发生与企业利益相冲突的行为，并在存在利益冲突时向企业及时报告；④要求金额超过 10 万或主要供应商签订廉政协议（或类似的承诺文件），在协议里明确禁止供应商给予企业所有相关人员现金或实物回扣、变相好处等。

控制痕迹：①采购岗位职责；②诚信承诺书；③廉政协议。

风险点 3

风险描述：各直属单位进行设备采购未上报集团企业备案、审批，导致分散采购，增加采购成本。

关键控制措施：①各直属单位生产部门采购设备时须经过部门负责人及本单位设备管理部门领导审批通过并经单位负责人审批确认后提交集团固定资产管理委员会；②各直属单位设备采购经单位设备管理部门及总经理审批确认后，在设备管理部门备案登记并由企业负责统一采购。

控制痕迹：①固定资产管理制度及审批单；②采购申请单。

风险点 4

风险描述：设备采购前未进行相关市场调查，了解设备基本情况信息，影响设备采购计划的制订。

关键控制措施：设备采购前须进行相关市场调查，了解设备基本情况信息，包括设备技术参数标准、设备型号、价格区间、使用年限、设备损耗情况、主要生产厂家等，作为后期设备采购招投标过程的参考依据。

控制痕迹：市场调查报告。

风险点 5

风险描述：未对市场价格变动进行分析，预测市场价格趋势，导致采购预算及价格制订不合理，增加采购成本。

关键控制措施：在进行市场调查后，需对设备价格信息进行整理和分析，了解设备市场价格波动情况并预测市场价格变动趋势作为设备采购成本预算及价格制订的依据。

控制痕迹：设备价格分析表。

风险点 6

风险描述：设备采购计划制订不合理，导致设备采购执行困难，增加采购成本。

关键控制措施：设备采购人员应根据实际生产需要和生产计划制订采购计划。

控制痕迹：采购计划。

风险点 7

风险描述：设备采购计划未经领导审批，导致未经过授权的设备采购，造成企业资金浪费。

关键控制措施：根据生产经营计划需要编制采购计划后，根据采购金额报集团固定资产委员会审批。

控制痕迹：采购计划审批单。

风险点 8

风险描述：设备采购之前未执行询价比价或询价比价不充分，导致设备采购价格过高，增加采购成本。

关键控制措施：①各下属子企业设备采购人员从合格供应商名录中选择合适的供应商进行询价比价；②设备管理部门采购人员从提供询价信息接近市场信息价的供应商中按照价格从低到高的顺序进行排列，选择三分之二以上家供应商；③从待选供应商中选择合适供应商，报企业分管领导审批。

控制痕迹：①采购询比价表；②招投标文件。

风险点 9

风险描述：设备采购未考虑到配品配件的供应商，导致维修成本增加，增加运营成本。

关键控制措施：设备采购时应充分考虑到与该设备配套的配品配件的情况，如果配品配件供应商稀少、价格高，或者一些外国进口管制材料的采购，则要考虑是否更换其他设备供应商。

控制痕迹：配品配件供应商评价表。

风险点 10

风险描述：未经授权签订采购合同，导致舞弊风险，造成企业经济损失。

关键控制措施：①设备采购合同应由总经理签订，总经理无法签订时，应书面授权分管领导或设备管理部门负责人签订采购合同；②对经过审批的采购申请，应按照规定授权层级，由相应负责人签订采购合同。

控制痕迹：采购合同。

风险点 11

风险描述：采购合同未签订维修或保修条款，导致所购设备在使用中出现大量维修费用，增加设备运营成本。

关键控制措施：采购合同中须有维修或保修条款。

控制痕迹：采购合同。

风险点 12

风险描述：采购合同的付款条约未考虑验收、测试，增加企业的资金风险。

关键控制措施：设备到货后，须经验收设备入场调试使用后才能支付货款，部分设备应在合同里规定质保金。

控制痕迹：采购合同。

风险点 13

风险描述：货款支付审批手续不规范，导致资金管理混乱，造成企业资金损失。

关键控制措施：①每月末采购部门根据采购合同约定，提出付款申请报部门负责人审批；②采购部门将审批后的付款申请交财务部审核，经财务经理审核签字后办理付款手续，并根据付款的实际情况进行账务处理；③明确付款审核人的责任和权力，完善付款审批程序，按规定程序对采购人员提交的付款申请单进行审批。

控制痕迹：①付款申请单；②支付申请单。

风险点 14

风险描述：未及时取得供应商开具的增值税发票，不能及时抵扣税款，造成企业税务风险。

关键控制措施：①在收到供应商开具的增值税发票之后，财务部才能办理货款支付及财务入账手续；②应妥善保管好增值税发票留存联，月末申报增值税时应与增值税存根联进一步核对确认后填写增值税申报表；③对正常履行的采购合同，采购人员应及时向供应商收取相应增值税发票，并提交财务部门保管作相应财务处理。

控制痕迹：①增值税专用发票；②增值税申报表；③增值税发票。

风险点 15

风险描述：未按合同规定及时与供应商进行货款结算，导致供应商扣留设备或引起法律纠纷，造成企业法律风险。

关键控制措施：采购部门应按合同规定在付款期限一个月前与供应商核对货款结算金额，确定已结算与未结算款项。

控制痕迹：结算金额核对记录。

风险点 16

风险描述：企业支付货款后，供应商未按合同及时交付设备，导致企业无法进行正常生产，造成企业经济损失。

关键控制措施：采购人员督促供应商按合同规定日期及时交付设备，经验收设备入场调试使用后才能支付后续货款。

控制痕迹：设备验收单。

风险点 17

风险描述：设备采购的部件不完整或缺失，造成设备无法安装、正常使用。

关键控制措施：采购人员在验收前应将所到货物与采购订单进行核对，并填写收货确认单。

控制痕迹：收货确认单。

风险点 18

风险描述：设备验收的人员未包括设备的实际使用人员，导致设备不符合实际使用不到位，增加设备运营成本。

关键控制措施：验收人员必须包括设备使用人员，以确保设备满足实际需求。

控制痕迹：设备验收单。

风险点 19

风险描述：设备入库时未记入设备台账并开具入库单，导致财务无法及时入账，造成账实不符。

关键控制措施：验收合格后，设备管理人员及时登记设备管理台账，详细登记经验收合格入库的设备的类别、编号、名称、规格、型号、计量单位、数量、单价等内容。

控制痕迹：固定资产明台账。

风险点 20

风险描述：设备安装测试完毕后未出具相关的测试报告，导致设备检测结果失真，影响设备正常使用。

关键控制措施：设备检测完毕后应根据测试记录及结果编制设备检测报告，检测报告由设备操作人员、技术检测人员及供应商安排的设备安装人员共同签字确认，检测报告提交设备管理部门负责人审核并在设备管理部门备案。

控制痕迹：设备测试报告。

风险点 21

风险描述：设备交付使用后财务未及时入账，导致财务账记录不完整，账实不符。

关键控制措施：设备验收人员将设备验收记录、设备检测报告、设备入库单等相关入库单据提交财务部入账，财务部核对送交资料后进行账务处理。

控制痕迹：固定资产明细账。

风险点 22

风险描述：设备采购相关资料归档不及时，导致设备采购后续管理混乱，发生问责事故无法查找相关资料。

关键控制措施：设备管理部门应保管与设备采购有关的招投标资料及采购合同等文件资料并于年底进行分类汇总，编写归档资料清单，转交档案室归档。

控制痕迹：归档台账。

风险点 23

风险描述：设备采购合同签订先于审批日期，可能导致采购不必要的物品。

关键控制措施：采购合同必须经过审批后才能签订。

控制痕迹：采购合同会签单。

风险点 24

风险描述：采购成本失控。

关键控制措施：定期对金额较大的采购活动进行事后采购成本分析。

控制痕迹：月度采购分析报告。

7.4 原材料采购合规管理

7.4.1 概述

原材料采购合规管理规定了企业原材料采购的过程，旨在规范企业原材料采购过程中的各项具体工作，降低原材料采购成本，控制原材料质量，降低付款风险等。

7.4.2 相关制度

相关制度：采购管理程序；资源管理程序；集团供应商资源管理程序；物流作业计划指导书；企业供应商导入认证流程（拟定稿）；采购交货跟踪作业指导书；采购应付管理规定；不良采购件处理流程；原材料资源专项预案；供应商质量管理流；质量框架协议；采购框架协议。

7.4.3 职责分工

使用部门：提出原材料使用申请，负责制度采购计划。
采购部：执行采购计划，与供应商签订采购合同等。
总经理：负责对合同进行审批等。
质量部：原材料的质量检测等。
物流部：负责原材料验收、入库等。

7.4.4 控制目标

原材料采购合规管理的控制目标如表 7-4 所示。

表7-4　原材料采购合规管理的控制目标

序　号	控制目标	目标类别
1	确保采购价格合理	经营效率目标
2	确保采购的原材料符合生产需求	经营效率目标
3	确保原材料采购成本效率最佳	经营效率目标
4	确保库存原材料符合生产需求	经营效率目标
5	确保选择合适的供应商	经营效率目标
6	确保采购经过适当授权审批	经营效率目标
7	确保合同条款严格履行	经营效率目标
8	确保采购合同妥善保管	经营效率目标
9	确保预付款得到适当审批	资产保全目标
10	确保合同纠纷得到妥善处理	经营效率目标

7.4.5　风险控制点

风险点1

风险描述：原材料采购价格不合理，导致资金使用风险。

关键控制措施：原材料采购应进行询价比价，确定合格的供应商，减少资金风险。

控制痕迹：询价比价表。

风险点2

风险描述：原材料选择不当，导致无法生产。

关键控制措施：原材料选择必须按照使用部门的实际要求和规定挑选合格的原材料。

控制痕迹：请购单。

风险点3

风险描述：无原材料采购计划即执行采购，导致资金使用风险。

关键控制措施：使用部门必须填写原材料采购申请，经过相关审批部门审核后才能进行采购计划。

控制痕迹：采购计划。

风险点 4

风险描述：集中采购和分散采购选择不合理，导致采购成本过高。

关键控制措施：按照企业实际需求和采购计划，合理分配集中采购份额，控制采购成本。

控制痕迹：采购成本。

风险点 5

风险描述：对原材料的价格关注不够，导致采购时机的选择和把握不足，采购成本上升。

关键控制措施：采购原材料时，必须做好充分的市场调查，对原材料价格的走势有一定的了解，在价格合适时进行采购。

控制痕迹：市场调查报告。

风险点 6

风险描述：原材料没有安全库存，采购申请不及时，影响持续稳定生产。

关键控制措施：计划下单前要核实原材料库存，根据实际库存和需求提出采购申请。

控制痕迹：采购申请。

风险点 7

风险描述：对原材料采购时机的选择和把握不足，导致采购成本上升。

关键控制措施：原则上根据生产预测和需求进行采购，对于价格波动趋势或市场走向明显的，经批准后统筹进行采购。

控制痕迹：价格调查表。

风险点 8

风险描述：原材料采购数量不恰当，导致库存过多或不满足生产需求，影响经营效率和增加成本。

关键控制措施：原材料采购计划必须根据库存和将来生产计划，并经相关使用部门审核通过后执行。

控制痕迹：①库存统计；②采购计划。

风险点 9

风险描述：没有进行供应商资格信用调查即进行采购，导致采购欺诈风险。

关键控制措施：采购部必须对候选供应商进行信用资格调查，并对供应商进行评级分类，筛选出合格供应商，还要对供应商进行定期复查。

控制痕迹：供应商资信调查。

风险点 10

风险描述：采购人员的授权不明确、授权不合理，无法及时做出采购决策，导致采购效率低。

关键控制措施：制订合理的采购授权体制，层层授权。

控制痕迹：采购授权制度。

风险点 11

风险描述：采购人员的授权范围和授权手续不完整规范，对被授权人的监控不够，导致对采购人员的行为无法约束，增加集团的法律风险。

关键控制措施：明确采购人员的采购范围，对超过授权范围的须进行申报审批，审核通过后进行采购。

控制痕迹：①企业资源计划授权审批权限；②采购部组织架构和岗位职责。

风险点 12

风险描述：合同文件未经充分审核即进行采购，导致采购不当，造成资金使用风险。

关键控制措施：采购合同须经过相关部门审批，通过后才能进行采购。

控制痕迹：采购合同。

风险点 13

风险描述：合同签订并完成后没有部门对合同执行情况进行监督检查，发生纠纷时，管理层无法及时获得信息进行处理，导致不必要的财产损失。

关键控制措施：采购人员在签订合同后必须督促供应商按照合同要求履行采购合同，如出现问题，应及时汇报相关负责人进行处理。

控制痕迹：采购合同履行。

风险点 14

风险描述：没有部门对原材料采购合同进行归口管理，合同遗失出现争议时，无有效依据，造成财产损失。

关键控制措施：原材料采购合同签订后应统一归口到供应商质量工程师统一管理。

控制痕迹：原材料采购合同。

风险点 15

风险描述：原材料采购合同及相关文件未保密，导致采购价格对外公开，造成采购成本上升。

关键控制措施：做好原材料采购订单合同保密措施，严禁采购合同信息泄露，并提高相关采购人员的保密意识，对造成信息泄露的要追究法律责任。

控制痕迹：①保密条款或保密协议；②企业资源计划权限设置。

风险点 16

风险描述：预付款未经过相关授权部门审批，导致未经授权的付款，影响企业资金安全。

关键控制措施：预付款必须经过相关授权部门审批，经审批后才能操作。

控制痕迹：OA 付款申请。

风险点 17

风险描述：原材料入库时未进行充分验收，导致材料不符合合同条款规定，影响生产。

关键控制措施：原材料到货后进行来料质量检验并测试后在送检单签字，才能做入库处理。

控制痕迹：送检单。

风险点 18

风险描述：采购到的原材料质量不高，影响生产的正常运营。

关键控制措施：采购到的原材料如发现有质量问题，必须填写相关质量问题报告并与供应商及时沟通，更换材料，或者做退货处理。

控制痕迹：退货申请单。

风险点 19

风险描述：出现质量纠纷时，未得到有效处理，影响结算。

关键控制措施：出现质量纠纷，首先与供应商做协商处理，如果沟通失败，应该组织相关部门进行处理。

控制痕迹：不良采购件处理通知单。

风险点 20

风险描述：原材料稀缺且没有备用或可替代原材料，产生原材料短缺，生产中断风险。

关键控制措施：①在原材料供应商选择的时候，应该考虑原材料是否是稀缺性原材料，原则上避免使用稀缺性的原材料；②对于无法避免的，应建立应急预案。

控制痕迹：原材料稀缺性评价。

风险点 21

风险描述：未在与原料供应商的采购合同中明确质量与安全要求。

关键控制措施：与供应商签订的采购合同中需明确质量与安全要求。

控制痕迹：质量协议。

风险点 22

风险描述：单独的生产阶段未建立持续性的检查。

关键控制措施：单独的生产阶段需建立持续性检查。

控制痕迹：制程质量检查记录。

风险点 23

风险描述：由于原料质量问题引起的产品责任纠纷，未有书面条款来确定供应商的责任。

关键控制措施：在合同中需有相关条款明确由于原料质量问题引起的纠纷的供应商责任。

控制痕迹：①质量框架协议；②采购框架协议。

7.5　应付款合规管理

7.5.1　概述

应付款合规管理规定了企业采购款项的申请、审批、付款、账务记录、对账、账龄分析的工作流程，旨在确保集团按时支付供应商款项，确保应付账款财务信息真实性及确保集团资金安全等。

7.5.2　相关制度

相关制度：应付账款管理制度。

7.5.3 职责分工

商务管理部（或各企业履行此职责的部门）：负责与供应商对账，接收和审核采购发票，管理和回签采购订单，编制付款计划，提交付款申请。

财务部：负责应付账款核算，发票匹配与管理，并根据商务管理部付款申请和银行结算制度办理应付账款的结算，确保应付账款、预付账款的准确性。

7.5.4 控制目标

应付款合规管理的控制目标如表 7-5 所示。

表7-5　应付款合规管理的控制目标

序　号	控制目标	目标类别
1	确保应付款管理权限明确	经营效率目标
2	确保应付款流程中不相容职务分离	资产保全目标
3	确保集团应付账款数据真实准确	财务信息真实性目标
4	确保款项支付经过适当授权审批	资产保全目标
5	确保按时支付应付账款	经营效率目标
6	确保退款得到适当审批	经营效率目标
7	确保集团预付账款经过适当审批	经营效率目标

7.5.5 风险控制点

风险点 1

风险描述：应付账款管理权责不清，导致应付账款支付管理混乱，影响集团资金支付安全。

关键控制措施：①物流部负责收料及入库事宜；②商务管理部负责与供应商对账，接收和审核采购发票，管理和回签采购订单，编制付款计划，提交付款申请；③财务部负责应付账款核算，发票匹配与管理，并根据商务管理部付账款的结算，确保应付账款、预付账款的准确性。

控制痕迹：①应付账款管理制度；②部门职责。

风险点 2

风险描述：货款支付业务全程由一人负责办理，无他人监督检查，导致资金截留风险。

关键控制措施：①所有材料付款必须按权限审批，每月 15 日前由商务管理部根据供应商的付款条件按付款方式、付款币别、付款类型拟制当月度付款计划；②急单付款由商务管理部根据采购需求或供应商请款在符合要求下提出支付申请。

控制痕迹：①付款计划；②付款申请单；③付款记账凭证。

风险点 3

风险描述：各职能部门之间无法定期有效地进行应付账款核对，造成应付款管理混乱。

关键控制措施：应付账款对账由商务管理部发起，定期反馈对账信息给财务部，并分析对账差异原因、提出解决方案和跟进差异处理情况。

控制痕迹：应付账款对账单。

风险点 4

风险描述：款项支付未经过审批，导致集团资金流失，影响资产保全目标。

关键控制措施：①所有材料付款必须按权限审批，每月 15 日前由商务管理部根据供应商的付款条件按付款方式、付款币别、付款类型拟制当下月度付款计划；②急单付款由商务管理部根据采购需求或供应商请款在符合要求下提出支付申请。

控制痕迹：①付款计划；②付款申请单；③付款记账凭证。

风险点 5

风险描述：款项支付前未核对相关表单票据，导致支付的金额与相关单据不匹配，影响集团资产保全目标。

关键控制措施：财务部对批准后的付款申请进行核对，核对付款申请的批准程序是否合规、手续及相关单证是否齐备、金额计算是否准确、支付方式是否妥当、是否填写约定的结算方式、发票是否已立账，对于信用证付款，审核发票与货物收据是否一致。

控制痕迹：①付款申请单；②原始单据。

风险点 6

风险描述：款项紧急支付无领导书面审批单据且事后未补办审批程序，导致财务人员重复支付款项，造成集团资金损失。

关键控制措施：未获得授权审批人员的审批不支付账款。

控制痕迹：应付账款管理制度。

风险点 7

风险描述：货款支付不及时，导致供货方扣押货物，影响企业正常生产经营及与供应商的合作关系。

关键控制措施：商务管理部根据供应商的付款条件按付款方式、付款币别、付款类型拟制当月度付款计划及时付款。

控制痕迹：付款计划。

风险点 8

风险描述：发生采购退货时，采购部门未及时与财务部沟通，导致财务部多支付款项，造成集团资金损失。

关键控制措施：①因所购物资产生质量问题等原因发生退货时，由使用部门通知供应商质量工程师进行复判，确定是有质量问题的直接退回仓库的不良品仓，然后仓库通知采购人员办理退货；②采购部应当及时在信息系统上更新退货信息；③财务部应当及时根据信息系统中的退货信息进行相应退货处理。

控制痕迹：①检验单、不良品出入库记录；②信息系统退货记录；③退货记账凭证。

风险点 9

风险描述：应付账款核算不准确、不及时，导致集团财务信息不真实、不完整。

关键控制措施：①采购部在收到供应商发票后应当及时提交给财务部并申请付款；②财务部须保证订单、收货单据、发票等匹配，系统中的采购订单号、采购单价、数量必须与供应商回签的对账单及供应商开出的增值税发票中单价、数量、总金额保持一致；③匹配相符的发票经过审核，形成供应商的应付账款，同时冲销暂估应付款。

控制痕迹：①采购发票；②订单、收货单据、发票；③相应会计凭证。

风险点 10

风险描述：会计人员未定期与采购人员核对应付款发生额及余额，导致应付账款账账不符，应付款管理混乱。

关键控制措施：应付账款对账由商务管理部发起，定期反馈对账信息给财务部，并分析对账差异原因、提出解决方案和跟进差异处理情况。

控制痕迹：应付账款对账单。

风险点 11

风险描述：财务部未定期与供应商核对应付款余额，导致应付账款账实不符，应付款管理混乱。

关键控制措施：①关联方对账，即财务部每月 6 日前向关联方发出对账单核对数据，要求关联方于 3 个工作日内反馈，经确认的对账单由对方财务经理以上领导签字并加盖财务章；②与供应商对账，即由商务管理部发起，定期反馈对账信息给财务部，并分析对账差异原因、提出解决方案和跟进差异处理情况。

控制痕迹：应付账款对账单。

风险点 12

风险描述：预付账款没有经过审批，导致集团资金流失，影响资产保全目标。

关键控制措施：①集团一般应当采用货到后付款方式进行支付结算，对合同和招标文件有预付款条款规定的除外；②授权人员根据审批通过的采购订单审批银行付款通知单，确保预付账款支付的合理性，降低资金风险。

控制痕迹：预付账款申请单。

风险点 13

风险描述：对于长期挂账的应付账款未进行调查，导致无法发现可能存在的问题，影响财务报表准确性。

关键控制措施：①财务部每月进行应付账款账龄分析，对于账龄较长的应付账款应当同商务管理部一起分析原因；②如果是供应商不需集团付款，则应当作核销账务处理。

控制痕迹：应付账款账龄分析。

7.6　采购定价合规管理

7.6.1　概述

采购定价合规管理规定了企业采购定价的标准价确定、询比价、申请、审批的工作流程，旨在确保集团正确选择供应商，确保应付账款财务信息真实性及集团资金安全等。

7.6.2　相关制度

相关制度：集团资源价目表管理流程；集团资源目标价格管理流程。

7.6.3　职责分工

采购部：负责确定标准价格，接收供应商报价并组织进行采购询比价。
授权审批人员：负责对采购价格进行审批。
数据维护员：负责将采购价格数据输入信息系统，对价格数据进行维护。

7.6.4　控制目标

采购定价合规管理的控制目标如表7-6所示。

表7-6　采购定价合规管理的控制目标

序　号	控制目标	目标类别
1	确保建立规范的价格管理体系	经营效率目标
2	确保采购价格合理确定	经营效率目标
3	确保对外报价符合集团利益	经营效率目标
4	确保价格数据得到妥善维护	经营效率目标

7.6.5　风险控制点

风险点 1

风险描述：没有建立询价比价管理机制，导致采购价格与市场行情不符，影响集团的经营效率目标。

关键控制措施：原材料采购需建立询价比价管理机制，严格按照询价比价的流程进行采购。

控制痕迹：询价比价单。

风险点 2

风险描述：涉及关联企业交易的采购定价没有相关审批，导致违规风险。

关键控制措施：涉及与关联企业的采购，需提交申请，商务管理部门审批通过后才能继续进行采购。

控制痕迹：关联交易审批单。

风险点 3

风险描述：集团标准采购价没有建立，导致采购询价比价标准不足，影响集团经营效率目标。

关键控制措施：集团需建立采购标准价，询价比价时以此标准价为参考价。

控制痕迹：采购标准价。

风险点 4

风险描述：采购标准价格调整的频率不合理，导致价格与市场行情不符，影响集团的经营效率目标。

关键控制措施：必须根据市场行情及时调整采购标准价格，保证采购顺利进行。

控制痕迹：采购标准价格。

风险点 5

风险描述：集团没有对市场价格进行及时的掌握和更新，导致采购价格与市场行情不符，影响集团的经营效率目标。

关键控制措施：集团必须随时跟踪市场价格走势，及时做出调整。

控制痕迹：降价率持续监控表。

风险点 6

风险描述：集团标准采购价格保密不够，采购底价泄露，影响集团的经营目标。

关键控制措施：①集团采购价格价目表由专人管理，只有该人可以查阅和修改，其他人员只有经过授权才可以查阅，但是没有修改权限；②提高员工的保密意识，对泄漏标准价格的员工要追究其责任。

控制痕迹：保密协议。

7.7　进口合规管理

7.7.1　概述

进口合规管理规定了企业进口采购的申请、审批、合同签订、结算等工作流程，旨在规范集团进口采购流程，降低进口采购中可能发生的各项风险。

7.7.2　相关制度

相关制度：进口业务操作指导书；采购控制程序；供应商管理程序；人事培训流程。

7.7.3　职责分工

物流部：负责进口业务的办理，与进口商签订合同，接收并审核信用证，跟踪进口货物的交货期。

供应商／商务管理部：负责进口供应商的管理。

财务部：负责进口业务的付款及账务处理。

7.7.4　控制目标

进口合规管理的控制目标如表 7-7 所示。

表7-7　进口合规管理的控制目标

序　号	控制目标	目标类别
1	确保进口业务办理符合国家相关法律法规	合法合规目标
2	确保采购的物料符合集团生产要求	经营效率目标
3	确保采购物料按照合同规定的交期	经营效率目标
4	确保不出现可能损害集团利益的信用证条款	经营效率目标
5	确保管理制度得到有效执行	经营效率目标

7.7.5　风险控制点

风险点 1

风险描述：未建立完整的、符合国际、国家政策标准的进口控制管理办法。

关键控制措施：应当建立完整的、符合国际、国家政策标准的进口控制管理办法。

控制痕迹：进口业务操作指导书。

风险点 2

风险描述：由于进口的原材料、设备的规格、质量与合同规定不符等原因造成外方违约的风险。

关键控制措施：在合同中需有条款规定由于进口的原材料、设备规格、质量与合同不符等造成外方违约的违约责任。

控制痕迹：进口合同。

风险点 3

风险描述：外贸代理的不规范运作造成的风险。

关键控制措施：①选择外贸代理商时，需对候选外贸代理商的资质和背景进行审查；②确定好外贸代理商后，需与外贸代理商签订代理协议，以规范外贸代理商的运作。

控制痕迹：供应商管理程序。

风险点 4

风险描述：卖方延迟交货或无货可供造成集团无法及时收到货物，影响集团生产、工程等业务的开展。

关键控制措施：①业务员应随时跟进供应商的交货情况，临近交货期时应提醒供应商及时供货；②由于卖方自身原因造成无法供货或者交货的，按照合同约定的条款追究其责任。

控制痕迹：采购订单。

风险点 5

风险描述：信用证规定的陷阱条款所造成的风险，如外方供应商假冒信用证，利用假单据行骗，骗取预付货款或抵押贷款等。

关键控制措施：业务人员对信用证的使用要提高警惕，如自己不能判断信用证的真伪，需与开具信用证的银行取得联系来辨别真伪。

控制痕迹：无。

风险点 6

风险描述：管理办法未能有效执行。

关键控制措施：相关业务人员应当严格按照进口管理制度来执行日常进口采购业务，物流部经理负责定期对制度的执行情况进行检查。

控制痕迹：制度执行情况检查报告。

风险点 7

风险描述：管理办法传达不到位，员工不熟悉不了解。

关键控制措施：部门负责组织对办理进口业务的相关人员进行培训，培训结束后应当组织考核。

控制痕迹：培训记录。

第8章　企业文案与法律纠纷合规管理

8.1　档案合规管理

8.1.1　概述

档案合规管理规定了企业的档案管理，旨在加强企业及各下属子企业档案管理工作，更好地为企业的生产、技术、经营管理提供服务。

8.1.2　相关制度

相关制度：档案管理制度；商业秘密保护规定。

8.1.3　职责分工

部门兼职档案员：负责文件材料的形成、积累、收集、整理、归档及有效利用工作；本部门档案的收集、整理，按规定向档案室归档，做好档案的登记和统计工作；负责本部门档案安全、保密工作。

档案室：负责对档案进行统一编号，分类保管；负责建立维护档案登记簿；负责执行档案借阅制度；负责履行档案销毁程序。

8.1.4　控制目标

档案合规管理的控制目标如表8-1所示。

表8-1 档案合规管理的控制目标

序　号	控制目标	目标类别
1	确保拥有明确的归档资料管理制度	经营效率目标
2	确保所有重要档案及时归档	资产保全目标
3	确保档案保管安全有序	资产保全目标
4	确保企业重要秘密资料不被泄露	资产保全目标

8.1.5 风险控制点

风险点1

风险描述：未对各部门应归档资料予以明确，导致各部门未将重要的资料归档，影响归档的重要性和完整性，从而影响企业经营效率目标。

关键控制措施：①应当明确需要归档的文件范围及归档频率；②各部门应当指派专员在归档期限前将档案归档至企业档案室。

控制痕迹：档案管理制度。

风险点2

风险描述：董事会等重要会议记录未及时保存、归档，不利于事后归档和查阅，影响企业经营效率目标。

关键控制措施："三会会议"后应当由战略与证券管理部指定专人将会议决议、会议记录及时保存，并按年度提交档案室归档保存。

控制痕迹：董事会会议资料存档清单。

风险点3

风险描述：各部门未在规定期限内将资料及时进行归档，导致重要资料无法及时得到有效管理，影响企业经营效率目标。

关键控制措施：①应当明确需要归档的文件范围及归档频率；②各部门应当指派专员在归档期限前将档案归档至企业档案室。

控制痕迹：档案管理制度。

风险点4

风险描述：没有统一的档案归口管理部门，容易造成企业信息分散，机密信息丢失或泄露，影响企业经营效率目标。

关键控制措施：①战略与证券管理部作为企业档案归口管理部门，负责建立档案管理室，统一对企业所有资料进行编号归档管理；②各部门可以保存相关资料的备份件。

控制痕迹：档案登记簿。

风险点 5

风险描述：各部门未保管好资料原件，导致归档的资料因原件遗失而归档复印件，影响资料的后期管理，从而影响企业经营效率目标。

关键控制措施：归档文件材料必须保持成套性和完整性，重要资料应复印保管，原件交档案室保管，复印件由部门自己保管。

控制痕迹：归档档案原件及复印件。

风险点 6

风险描述：未对资料归类和编码规则予以明确，导致资料归类、编码不统一，影响资料的归集和查阅，从而影响企业经营效率目标。

关键控制措施：应明确归档资料编号方法，档案管理员按照统一的资料编号方法对归档资料进行编号保存。

控制痕迹：档案编号方法。

风险点 7

风险描述：未对所有文件进行编号管理，档案管理制度中也未对档案编号规则进行规定，可能不利于资料的查询与保管，容易导致文件资料丢失，影响企业经营效率目标。

关键控制措施：应明确归档资料编号方法，档案管理员按照统一的资料编号方法对归档资料进行编号保存。

控制痕迹：档案编号方法。

风险点 8

风险描述：商业秘密分类不恰当，该保密的信息没有保密，导致企业的信息保密工作不到位。

关键控制措施：企业应当明确商业密级的划分、保密期限及知悉范围，并对不同密级的文件制订不同的保存及保密办法。

控制痕迹：商业秘密管理规定。

风险点 9

风险描述：尚未有一个牵头部门对企业现有的文件、合同、档案的密级界定进行规范和统一，不利于企业对机密文件划分管理，影响企业经营效率目标。

关键控制措施：企业层面对所有文档密级成立指导文件，各部门参照实施。

控制痕迹：各密级的文件。

风险点 10

风险描述：已归档资料部分卷内无资料明细目录，无法辨识卷内具体资料明细，影响资料的保管和后期利用，从而影响企业经营效率目标。

关键控制措施：档案管理员应根据各部门归档时提交的归档资料清单制作档案资料目录附在档案盒内，档案资料目录内容需与归档资料一一对应。

控制痕迹：档案目录。

风险点 11

风险描述：档案标识不明显，影响档案的后期管理和借阅，从而影响企业经营效率目标。

关键控制措施：资料归档人员在档案盒上应清晰明确地记录归档资料名称、档案资料编号、档案资料保密级别、归档期限等主要信息，经档案管理员核对后保存。

控制痕迹：档案标签。

风险点 12

风险描述：归档资料的资料材质和标识不符合要求，导致归档资料标识不明显，影响档案资料的完整度，从而影响企业经营效率目标。

关键控制措施：归档的文件材料必须符合文件格式及书写标准，禁用圆珠笔、铅笔起草和批改文件。

控制痕迹：档案标签。

风险点 13

风险描述：未统一使用档案盒存放归档资料，档案存放形式不规范，导致档案资料容易损坏，保管期限降低，影响企业经营效率目标。

关键控制措施：①应明确规定所有纸质归档资料应装订成册，装入档案盒内统一归档；②光盘及其他电子归档资料应按规定归档。

控制痕迹：无。

风险点 14

风险描述：未具体明确各种归档资料的保管期限，导致档案管理人员不清楚档案应该保存多久或何时应销毁哪些档案，影响企业经营效率目标。

关键控制措施：应明确各种归档资料的保存期限，对国家有相关规定的档案存档期限应当严格按照规定执行。

控制痕迹：档案管理制度。

风险点 15

风险描述：未在档案盒上注明档案保管期限，导致部分已失去价值的档案长期滞留或重要资料被提前销毁，影响企业经营效率目标。

关键控制措施：在归档时应明确在档案盒上标注归档期限并经档案管理员核对确认后归档处理。

控制痕迹：无。

风险点 16

风险描述：未定期对档案室进行清洁整理，导致档案室内环境脏乱，造成档案资料保管环境不符合要求，影响企业经营效率目标。

关键控制措施：档案管理员负责档案室的安全、保密工作，要做好防火、防盗、防潮、防光、防尘、防虫、防鼠工作，进行温湿度的测定与控制，并做好记录。

控制痕迹：档案室温度湿度记录表。

风险点 17

风险描述：未制订档案库房人员出入制度，导致无关人员随意进出档案库房，可能造成档案资料丢失或受损，影响企业经营效率目标。

关键控制措施：①应明确档案室人员进出规定，企业内部人员进入档案库房需持有部门负责人或领导的许可或批示；②外部人员进入档案室时需有相关领导审批单。

控制痕迹：出入档案室申请单。

风险点 18

风险描述：没有根据文件密级规定相关的借阅权限，不利于企业对机密文件的管理，影响企业经营效率目标。

关键控制措施：应当根据资料文件的密级程度设定不同层级的借阅权限，只有在经过授权人员审批后方可办理文件借阅。

控制痕迹：档案借阅权限。

风险点 19

风险描述：企业会计档案借阅没有明确的借阅办法或记录，不利于会计档案的保管和企业信息数据的保密，影响企业经营效率和信息保密目标。

关键控制措施：企业设置会计档案借阅登记簿，对企业员工借阅财务档案进行登记。

控制痕迹：档案借阅登记簿。

风险点 20

风险描述：档案借阅登记表信息填写不全，包括经办人等信息，导致档案管理人员无法有效跟踪被借阅的档案资料，影响企业经营效率目标。

关键控制措施：档案资料借阅时必须在档案资料登记簿上详细记录借阅信息，包括借阅人签字、归还时间、借阅原因及档案管理员签字确认，借阅信息未填写完整的不得将档案资料外借使用。

控制痕迹：档案借阅登记簿。

风险点 21

风险描述：档案管理员没有对档案资料借出拷贝、复印等进行管理，导致企业机密资料被泄露，影响企业经营效率目标。

关键控制措施：档案借阅人员对档案资料进行拷贝或复印时需向档案管理员申请并出示相关领导审批单，经档案管理员确认后才能拷贝或复印。

控制痕迹：档案借阅登记簿、档案借阅审批单。

风险点 22

风险描述：未明确电子资料保管制度，导致电子资料归档缺少有效分类和管理，查阅困难，影响企业经营效率目标。

关键控制措施：应当在档案管理制度中明确对电子档案的管理要求。

控制痕迹：电子档案保管规定。

风险点 23

风险描述：没有对电子档案的安全性进行规定，造成企业财产损失，影响企业资产保全目标。

关键控制措施：应对归档电子资料定期进行检查，确保电子资料未被损坏或无法正常使用并做好检查记录。

控制痕迹：检查记录。

风险点 24

风险描述：档案室未将已超过保管期限、已无利用价值的档案予以销毁，占用档案室空间，影响其他档案的存放管理，影响企业经营效率目标。

关键控制措施：①企业应当明确档案销毁程序；②档案管理员应当定期检查档案的保存期限，对超过存档期限的档案提出销毁申请，经过授权人员审批后按照销毁程序办理销毁。

控制痕迹：档案管理制度、档案销毁记录。

风险点 25

风险描述：档案保管不善，导致档案损毁，影响企业的经营效率目标。

关键控制措施：①档案应当妥善保管，企业应当建立专门的档案室，对档案进行分类保管；②档案管理员负责对档案进行登记、确保档案完好保存。

控制痕迹：档案登记簿。

8.2　印章合规管理

8.2.1　概述

印章合规管理规定了企业的印章管理，旨在加强和规范企业及各子企业的印章的刻制、使用、销毁等管理过程。

8.2.2　相关制度

相关制度：印章管理办法。

8.2.3　职责分工

各印章使用部门：提出印章使用申请。

授权审批人员：负责对印章的使用申请进行审批。

印章保管人：负责印章保管，提出印章停用、销毁申请。

各成员企业法定代表人或其授权代表：负责对印章刻制申请的最后审批。

总经理：负责对印章停用销毁申请的审批。

法律事务部：负责新刻印章的登记。

8.2.4　控制目标

印章合规管理的控制目标如表 8-2 所示。

表8-2　印章合规管理的控制目标

序　号	控制目标	目标类别
1	确保印章刻制得到有效审批	经营效率目标
2	确保印章得到妥善保管	合法合规目标
3	确保印章格式统一	经营效率目标
4	确保印章刻制符合国家标准	合法合规目标
5	确保印章使用经过领导审批	资产保全目标
6	确保印章使用需求得到及时满足	经营效率目标
7	确保印章销毁得到审批	资产保全目标

8.2.5　风险控制点

风险点 1

风险描述：没有统一的印章刻制审批表，且印章刻制申请表未保存，不利于规范印章刻制管理，影响企业经营效率目标。

关键控制措施：企业应当设计统一的印章刻制申请表，印制印章时应当填写申请单，经过部门领导、董办、法律事务部、企业法定代表人及其授权代表审批后才能刻制。

控制痕迹：印章刻制申请表。

风险点 2

风险描述：未经领导审批刻制企业公章、法人章、合同章、财务章等印鉴，导致假冒企业名义从事非法活动，造成法律风险或经济损失，影响企业合法合规目标。

关键控制措施：企业应当设计统一的印章刻制申请表，印制印章时应当填写申请单，经过部门领导、董办、法律事务部、企业法定代表人及其授权代表审批后才能刻制。

控制痕迹：印章刻制申请表。

风险点 3

风险描述：刻制公章、法人章及其他重要印鉴由一人负责，刻制完成后，未及时更新台账记录并登记印章样式、刻制时间、授权使用时间、刻制人、刻制部门等关键信息，导致重要印鉴被挪为私用，造成企业法律风险或经济损失，影响企业合法合规目标。

关键控制措施：企业印鉴需由董办专人负责刻制工作，印鉴刻制时应有其他人员在场监督刻制，明确记录印鉴刻制数量，将印章与记录交给法律事务部负责人审核并备案。

控制痕迹：企业印章登记表。

风险点 4

风险描述：各职能部门未经领导审批擅自刻制职能部门印鉴，导致无关印鉴数量增加，造成管理混乱，影响企业经营效率目标。

关键控制措施：原则上企业各部门不得私自刻制部门章，如因实际业务需要，确实需要刻制部门章的，须按照企业印章刻制流程申请。

控制痕迹：印章刻制申请表。

风险点 5

风险描述：未按国家有关规定到具有印鉴制作资质的企业刻制印鉴，导致刻制的印鉴不符合国家相关标准规定，容易产生质量问题，影响企业经营效率目标。

关键控制措施：印章的内容、字体、排列顺序和规格等应按照政府主管部门的规定办理，经公安机关核准后在指定单位刻制。

控制痕迹：无。

风险点 6

风险描述：公章、法人章等印鉴无归口部门管理，导致印鉴未统一保管，重要印鉴丢失或被盗，管理混乱，影响企业经营效率目标。

关键控制措施：①企业各类印鉴必须分别由董办、运营中心和各职能部门依职权专人保管，如董事会、监事会印鉴统一由董事会秘书处保管，企业印鉴由企业董事会办公室保管，各职能部门印鉴由各职能部门指定专人负责保管；②企业合同专用章由企业运营中心管理；③企业财务专用章由企业总经理指定企业财务部专人管理；④企业人事调配章由企业总经理指定企业人力资源部专人管理；⑤企业党、团、工会等组织的印章由工会决定管理人选。

控制痕迹：无。

风险点 7

风险描述：企业财务章、法人章及其他重要印鉴由一人负责保管，导致印鉴保管人员发生舞弊行为，造成法律风险或经济损失，影响企业资产保全目标。

关键控制措施：企业财务章、法人章及相关重要印鉴根据印鉴管理制度由相关部门负责保管且部门内所有印鉴不得由一人负责保管。

控制痕迹：无。

风险点8

风险描述：印鉴使用无部门领导批示记录，导致未经领导审批违规使用印鉴，造成企业法律风险或经济损失，影响企业资产保全目标。

关键控制措施：①重要文件使用企业公章必须经企业分管领导批准后方可用印；②部门章及各专用章须经部门负责人同意后方可用印，做好用印登记；③子企业需使用企业印章时，先由本单位填写用印申请单，经本单位负责人审核签字后报送企业，企业业务归口管理部门领导审核同意并签署意见后核准用印，重要事项报总经理批准。

控制痕迹：①企业印章使用登记表；②领导审批单。

风险点9

风险描述：无印鉴使用登记记录，导致发生问责事故时无法追究事故责任人，给企业造成损失。

关键控制措施：①申请使用企业公章时，必须填写企业印章使用登记簿，登记内容至少详细记录申请日期、编号、用印资料名称、申请人、发往单位等；②在使用部门印章及各专用章时，经部门领导审核批准，做好用印登记。

控制痕迹：企业印章使用登记表。

风险点10

风险描述：合同专用章的用印登记表中的签名不是用印人签字，出现合同纠纷时无法查明相关合同专用章的使用人，给企业造成损失。

关键控制措施：合同专用章用印登记表中的签字必须是使用合同章的人的签名。

控制痕迹：企业印章使用登记表。

风险点11

风险描述：印鉴保管人员不在岗时，未及时交给委托代管人员负责保管，导致重要文件无法及时盖章，造成一定影响，影响企业经营效率目标。

关键控制措施：持印人员外出办事或不在单位时应及时授权委托其他人员保管相关印鉴，代管人员在办理用印时除了按照用印审批程序办理外，还须详细记录用印登记信息，待持印人员回来后将印鉴和用印记录一同交给持印人员。

控制痕迹：离岗企业印章移交单。

风险点 12

风险描述：没有对印章外借情况进行规范和规定，导致印鉴违规使用，造成舞弊风险，影响企业资产保全目标。

关键控制措施：原则上企业印章不得携带外出，当发生需外出使用企业印鉴时，由用印人员申请，依办法规定的流程审批通过后使用，用印管理人员陪同，并做好用印登记。

控制痕迹：用印审批单中勾选"印章外带使用"的选项。

风险点 13

风险描述：未经领导审批更改、收回或销毁印鉴，导致印鉴无法使用，造成重大影响，影响企业经营效率目标。

关键控制措施：当企业相关印鉴不符合使用需要或因发生变更需要更换时，由印鉴保管人员向部门负责人提出变更或撤销申请，经相关领导审批确认后办理变更或销毁手续。

控制痕迹：印章停用销毁报告。

风险点 14

风险描述：印鉴变更或销毁时无相关人员监督执行，导致应该销毁的印鉴未得到及时处理被销毁人员回收利用，造成舞弊风险，影响企业资产保全目标。

关键控制措施：①企业印鉴变更或销毁时，董办需委派相关人员监督印鉴的变更或销毁过程并详细记录变更或销毁印鉴数量等内容；②印鉴变更或销毁处理完毕后，监督人员向法律事务部负责人汇报。

控制痕迹：印鉴变更 / 销毁记录。

8.3　合同合规管理

8.3.1　概述

合同合规管理规定了企业合同管理工作，旨在确保合同管理符合国家法律、法规和企业内部规章制度的要求，规范合同管理制度及管理模式，依据公平公正及诚实信用原则订立合同，依法有效监督、管理，保证履约顺利进行，维护企业合法权益。

8.3.2 相关制度

相关制度：合同管理制度。

8.3.3 职责分工

合同经办部门：对合同签订和全面履行负责，具体包括确定经办人、合同招投标、合同谈判、相对人资信调查、起草合同文本、推进合同评审流程、负责合同的签署和用印流程、全面履行合同并跟踪履行情况、及时保存证据以及协助法律事务部处理合同纠纷。

财务部：负责评审合同的单价、总价、付款方式、结算办法、税务、保险等条款。

法律事务部：负责制定合同管理制度，制作合同范本，评审合同的完整性、有效性、用语准确性、合法性、合规性，监督合同履行情况。

质量部：负责品质协议、环保协议、买卖合同中有关质量条款的评审。

其他相关业务部门：按照部门职责权限结合合同的实际情况进行评审。

行政部：对企业合同档案进行管理，登记签订合同情况；督促合同及时归档。

运营中心：负责合同专用章保管和按规定使用。

8.3.4 控制目标

合同合规管理的控制目标如表8-3所示。

表8-3 合同合规管理的控制目标

序　号	控制目标	目标类别
1	确保有明确的合同归口管理部门相关规章制度	经营效率目标
2	确保合同条款符合企业利益	经营效率目标
3	确保合同签订得到适当授权审批	经营效率目标

序　号	控制目标	目标类别
4	确保合同按照条款履行	合法合规目标
5	确保合同及时、完整归档	经营效率目标
6	确保合同及时被相关监管部门登记	合法合规目标
7	确保合同争议得到妥善处理	经营效率目标
8	确保与合同有关的证据得到妥善保存	经营效率目标

8.3.5　风险控制点

风险点 1

风险描述：没有重大合同和一般合同的区分，导致重大合同和一般合同审批签订流程完全相同，可能导致企业利益损失，影响企业经营效率目标。

关键控制措施：企业应当制定合同管理规定，并在合同签署授权时根据合同金额、合同类型授予审批权限，明确相关授权人审批的权限范围。

控制痕迹：无。

风险点 2

风险描述：未根据合同条款对拟签约对象进行履约能力和独立承担民事责任的能力进行评审，影响后续合同的执行，产生法律风险，影响企业合法合规目标。

关键控制措施：①合同经办人负责对指定业务进行前期调研、市场询价、对方资信调查和制作招标文件等；②合同经办人应对所签订合同的真实性、完整性和可行性负责，在签约前，合同经办人应到合同相对人现场对其主体资格、经营状况、资信情况、履约能力进行调查和审核，必要时应要求其出具资产负债表、资金证明、注册会计师签署的验资报告等相关文件，交由企业财务部审核确认。

控制痕迹：无。

风险点 3

风险描述：合同谈判的重要事项没有形成文件记录，出现争议时无据可依，影响后续合同的签订，影响企业经营效率目标。

关键控制措施：合同经办部门与对方进行合同谈判时，应形成双方认可的会议纪要（一式二份）作为合同签订依据，由双方妥善保管。

控制痕迹：会议纪要。

风险点4

风险描述：合同审批中提出的审核意见未具体落实到最终合同条款中，导致法律风险及经济损失，影响企业合法合规目标。

关键控制措施：①合同签订前，经办人须将各合同审核监督部门及领导审核意见予以落实，添加或修改合同文本后，方可提交合同审核OA流程；②要求经办人严格按照OA流程中的合同内容打印正本；③后续OA流程中合同经法务审批通过后将标注电子水印。

控制痕迹：OA审批流程。

风险点5

风险描述：合同对违约约定条款不够明确，导致出现违约，进而使企业追偿困难，造成经济损失和法律风险，影响企业合法合规目标。

关键控制措施：合同审核监督部门对合同中的违约处理条款进行严格评审，法律事务部对违约责任的明确性、完整性、合规性进行审核，合同经办部门及财务部对违约处理条款的合理性进行审批。

控制痕迹：无。

风险点6

风险描述：合同约定的处理纠纷方式不合理，导致对企业处理纠纷不利，影响企业合法合规目标。

关键控制措施：在合同会审过程中，法务管理人员需对合同条款中的争议／纠纷处理内容做出合理性评价，严格依据国家有关法律法规对争议／纠纷处理条款进行评估，确认该条款是否合规合法。

控制痕迹：无。

风险点7

风险描述：合同签订人未经授权签署合同，或授权范围、期间不明确，被授权人不符合授权条件，导致法律风险，影响企业合法合规目标。

关键控制措施：①有职权的领导因特殊原因确实不能履行其在合同上签字的职责时，可在合同管理制度规定的职权内授权本级副职领导或下属签字，并出具书面委托授权书；②受委托人不得再转授权，授权人对授权签字事项承担责任。

控制痕迹：书面委托授权书。

风险点 8

风险描述：企业部门或下属单位未经授权或委托签订超越权限的合同，导致舞弊风险和经济损失风险，影响企业合法合规目标。

关键控制措施：①企业合同实行严格的授权签署制度，合同审批 OA 流程中对常见类型的合同已设定授权签字人；法务在审批 OA 时亦会对授权签字人是否正确进行检查，不符合相关授权签署规定的合同，合同管理员不得加盖合同章；②子企业领导根据授权签订本单位生产经营、企业管理、发展建设等合同和企业授权范围内的其他合同。

控制痕迹：合同。

风险点 9

风险描述：合同签订后，合同副本及相关审核资料未交由档案管理部门进行归档，导致对合同无留档管理，影响企业经营效率目标。

关键控制措施：①如合同各方当事人均已签字盖章完毕，合同经办人应在一周内将合同原件送合同专用章管理员处存档；②合同经办人应督促合同相对人在一个月内签署完成并将正本返还企业，合同逾期未归档的，合同经办人应至合同专用章管理员处说明情况；③档案管理员每月统计合同归档率，并报各部门总监，部门总监对本部门合同经办人进行督促；④凡与合同有关的文件、函件、传真、会议纪要、招标投标资料、询价资料、合同履行和验收等资料均应附在合同卷内归档。

控制痕迹：合同台账。

风险点 10

风险描述：按照规定，合同签订处理后应当至有关部门登记而未登记，导致企业未来业务受到影响，从而影响企业合法合规目标。

关键控制措施：合同承办部门对需要登记的合同应通过查阅相关法律法规明确登记的具体要求，包括登记时间、登记需携带的资料等。

控制痕迹：无。

风险点 11

风险描述：未对合同登记资料进行及时存档备案，可能导致资料丢失、遗漏等，给企业带来损失，影响企业合法合规目标。

关键控制措施：合同经办部门根据合同登记要求准备登记材料，包括向相关部门收集相关材料，查阅相关文件的盖章用印是否规范等，并应将登记材料独立存档保管，以备登记时用。

控制痕迹：无。

风险点 12

风险描述：合同未按约定条款履行，导致法律风险和经济损失，影响企业合法合规和资产安全目标。

关键控制措施：①合同成立生效后由合同经办人员负责合同的全面履行，并监督合同实施情况，记录管理台账，发现任何违反合同条款的现象须及时上报本部门负责人、法律事务部及分管领导；②企业有违约行为的，应及时改正，并按合同管理规定对相关人员进行惩处；③合同相对人不按照合同约定履行时，合同经办人应当在法律事务部的指导下，在法定或者合同约定期限内以法定或者合同约定方式向合同相对人书面催促履行、提出索赔或行使其他权利。

控制痕迹：无。

风险点 13

风险描述：未能对合同进行持续跟踪监督，导致未能对对方合同履行情况进行有效控制，影响合同的履行，影响企业的资产安全。

关键控制措施：①法律事务部按季度对合同履行情况进行调查，并形成履行情况调查报告；②每年组织所有合同的履行自查，并上报上级单位；③对于履行调查、自查中发现的风险，要求责任部门及时整改，并监督整改结果。

控制痕迹：合同履行情况调查报告。

风险点 14

风险描述：合同争议或纠纷发生后未及时上报相关职能部门和领导，导致合同争议或纠纷无法及时解决，造成损失进一步扩大，影响企业合法合规目标。

关键控制措施：发生合同争议或纠纷时，相关人员须及时上报法律事务部及分管领导商讨争议解决方案并在法律事务部备案记录。

控制痕迹：无。

风险点 15

风险描述：出现纠纷时，未经合同归口管理部门和主管领导审核批准，合同经办部门或个人即向对方做出实质性答复、承诺，或向对方提供不利于我方的处理纠纷的资料，导致法律风险和经济损失，影响企业合法合规目标。

关键控制措施：①合同履行过程中发生争议或履行风险，合同经办人应及时通知本部门负责人及相关部门，并报法律事务部备案，同时应迅速收集有关合同签订及履行的证据；②发生争议或履行风险的合同，处理意见形成后，由分管领导签批意见后，提交总经理对拟采取的措施做出决策，同时根据实际情况，采取适当方式进行处理；③在未得到总经理批准前，任何人不得以任何形式（包括但不限于电子邮件、书信、电话）向合同相对人作出承认、同意、接受对方要求、行为的表示。

控制痕迹：无。

风险点 16

风险描述：合同信息安全措施不当，可能导致商业秘密泄露或因未对合同谈判资料进行及时存档备案而导致资料丢失、遗漏等，给企业带来损失，影响企业合法合规目标。

关键控制措施：①合同正本及其附件由档案管理员统一保存，合同经办人应将其暂存的合同档案资料及时、完整地移交给档案管理员；②合同正本不得外借，只允许在档案室阅读或复印。

控制痕迹：无。

8.4　法律纠纷合规管理

8.4.1　概述

法律纠纷合规管理规定了企业法律纠纷处理工作，旨在案件处理及时、策划充分、程序合法，避免或减少企业损失，维护企业合法利益。

8.4.2　相关制度

相关制度：法律纠纷管理制度。

8.4.3　职责分工

法律事务部：归口管理法律纠纷；负责聘请企业法律顾问的事宜；负责企业涉诉案件的庭前证据材料的收集整理；负责协助外聘诉讼律师参与企业案件，负责相关案件材料的归档工作。

总经理或总经理办公会：决定是否对相关争议提起诉讼或申请仲裁，对被起诉或被申请仲裁案件决定是否批准相关职能部门的处理意见。

8.4.4 控制目标

法律纠纷合规管理的控制目标如表8-4所示。

表8-4 法律纠纷合规管理的控制目标

序 号	控制目标	目标类别
1	确保建立法律纠纷管理规定，明确各部门职责	经营效率目标
2	确保法律纠纷得到及时有效处理	经营效率目标
3	确保法律纠纷应对措施得到适当审批	经营效率目标
4	确保法律诉讼程序符合相关法律规定	经营效率目标

8.4.5 风险控制点

风险点1

风险描述：无部门对法律纠纷进行归口管理，影响企业法律事务的处理，影响企业经营效率目标。

关键控制措施：法律事务部为企业法律事务归口管理部门，参与各类纠纷的和解、调解，负责各类纠纷的仲裁、诉讼，提出法律意见，提供法律诉讼服务业务、联系聘请律师。

控制痕迹：法律纠纷管理制度。

风险点2

风险描述：子企业和部门未能将涉及诉讼、仲裁的案件上报企业，导致企业无法及时获知诉讼事件，无法合理准备应诉和处理事件，影响企业经营效率目标。

关键控制措施：各子企业及部门需要提起诉讼、仲裁或被诉时，应及时将文件上报法律事务部。①一是经营过程中与外部发生争议或发现法律风险，相关部门应当及时会签有关部门后向法律事务部提交争议事项或法律风险的报告，以便共同商议处理方式或办法，形成处理意见；②对方已经提出诉讼或仲裁的争议，应当在知悉诉讼或仲裁之日起1个工作日内，将报告表和诉讼文书材料报法律事务部。

控制痕迹：法律纠纷报告。

风险点 3

风险描述：业务经办部门没有保留或提供诉讼相关文件，导致应诉的准备不足，给企业造成损失。

关键控制措施：业务部门应当保留重要的交易资料及诉讼相关的资料，并应法律事务部的要求及时补充相关材料，以便法律事务部进行诉讼时可以拥有足够的证据资料。

控制痕迹：法律诉讼相关材料。

风险点 4

风险描述：法律事务部未衡量上诉的成本和收益就决定上诉，影响企业的成本费用。

关键控制措施：法律事务部应综合考量案件情况提出对企业最有利的法律意见，如诉讼成本过高、收益很小的案件可以选择放弃，但是有关企业名誉权、荣誉权、名称权等相关法人人格权纠纷的案件，原则上不得放弃。

控制痕迹：无。

风险点 5

风险描述：法律事务部门未搜集完整的相关信息就开始起诉或应诉，导致诉讼的准备不足，给企业造成损失。

关键控制措施：法律事务部应当在开庭前充分准备证据资料以论证我方诉讼／仲裁请求或驳斥对方的诉讼要求。

控制痕迹：诉讼相应材料。

风险点 6

风险描述：法律事务部未与领导充分沟通并经核准即启动诉讼、仲裁程序，导致企业领导未能及时获取诉讼信息，影响法律纠纷合理有效的处理，影响企业经营效率目标。

关键控制措施：诉讼、仲裁案件，需经由总经理或总经理授权的副总经理决策。①发生争议或履行风险的合同，处理意见形成后，由分管领导签批意见后提交总经理或者总经理办公会对拟采取的措施做出决策；②纠纷发生部门应写出书面申请报告，经部门负责人、企业分管领导签署意见后提交法律事务部，法律事务部出具意见后由申请部门报总经理或总经理授权的副总经理决定后方可实施；③纠纷发生部门未及时向法律事务部提交争议事项报告，也未及时采取适宜的处理措施，而给企业造成损失的，根据实际情况进行处罚。

控制痕迹：法律纠纷处理意见。

风险点7

风险描述：企业各部门或个人未经授权批准擅自代表企业对外提出法律诉讼和仲裁活动，导致企业面临法律风险，影响企业合法合规目标。

关键控制措施：法律事务部作为企业唯一的法律纠纷归口管理部门，统一代表企业处理诉讼和仲裁事宜，其他任何部门和个人都无权代表企业开展诉讼和仲裁事宜，各子企业和企业各部门提出诉讼和仲裁或接到被诉或仲裁，必须第一时间将相关材料提交给法律事务部。

控制痕迹：无。

风险点8

风险描述：企业进行的法律诉讼或仲裁程序不合法，导致企业的诉讼行为无效，影响企业合法合规目标。

关键控制措施：法律事务部应当严格依照法定程序要求提起诉讼、应诉、收集证据材料、提交答辩材料等，如因承办法务人员过错导致企业在诉讼或仲裁中受到损失，应按照企业相关规定处理。

控制痕迹：无。

风险点9

风险描述：企业聘请律师担任诉讼代理人时，未进行询价和评估，导致对律师选择没有有效依据，影响诉讼过程，影响企业经营效率目标。

关键控制措施：企业聘请律师担任诉讼代理人时，按照采购管理程序向三家以上律师事务所进行询价并评估律师资格和水平，之后形成书面原始记录。

控制痕迹：代理律师申请单、代理律师询价比价单。

风险点10

风险描述：企业对法律顾问的考核目标、激励不恰当，导致对法律纠纷的处理不及时、不积极主动，影响企业的经营效率目标。

关键控制措施：建立企业法律顾问绩效考核制度，对不符合要求的法律顾问应当及时更换。

控制痕迹：法律顾问考评表。

风险点 11

风险描述：企业对诉讼仲裁资料未能装订成册并提交档案资料室管理，导致诉讼历史文件缺失，无法对事件缘由进行总结学习，影响企业经营效率目标。

关键控制措施：诉讼或仲裁结案后，所有文件、资料、照片等材料应由企业法律事务部进行回收并统一装订成册，交档案资料室保存。

控制痕迹：归档的诉讼资料。

第9章　企业信息系统与物流合规管理

9.1　信息开发系统合规管理

9.1.1　概述

信息开发系统合规管理规定了企业信息系统开发的相关工作，涉及企业信息系统开发的立项、可行性研究、决策的流程，已有信息系统基础上的变更和二次开发需求申请、开发及验收交付流程，报表开发的申请、开发及验收交付流程。

9.1.2　相关制度

相关制度：信息技术（IT）资源管理程序。

9.1.3　职责分工

信息中心：负责对信息系统开发项目立项申请，对信息系统的开发进行需求分析和可行性分析，在项目申请通过后负责选择系统开发商，负责在系统上线运行后建立相应的跟踪评价机制。

项目组：负责编制信息系统设计／开发说明书，负责开发项目的管控，组织系统验收和上线测试，制订上线计划和方案，提出上线申请；负责系统测试、变更、评价。

9.1.4　控制目标

信息开发系统合规管理的控制目标如表9-1所示。

表9-1　信息开发系统合规管理的控制目标

序　号	控制目标	目标类别
1	确保建立科学合理的信息系统开发管理体系	经营效率目标
2	确保信息系统开发符合企业需求	经营效率目标
3	确保信息系统开发计划切实可行	经营效率目标
4	确保信息系统开发效率达到预期水平	经营效率目标
5	确保信息系统开发项目按时完成	经营效率目标
6	确保系统运行安全有效	经营效率目标

9.1.5　风险控制点

风险点 1

风险描述：企业未针对信息系统的开发项目设定申请审批流程，没有明确的开发文件和项目计划，导致管理混乱，影响信息系统开发项目的顺利实施。

关键控制措施：①企业信息化建设的对口部门是信息中心，负责企业及所属各单位的信息化方案（包括计算机和网络设备的采购、网络建设、软件选型及二次开发等过程）的审核及审批；②企业及所属各单位的计算机和网络设备的采购及信息化项目建设严格按照先申请上报企业审批，经审批后进入商务洽谈等流程；③信息中心负责将审批确定后的项目开发文件及项目计划进行归档备案，并设立台账监督项目的实施推进，考核项目计划的履行情况，进行跟踪确认，并协调计划修改等事宜，全面把握项目的施行进程，保证项目按时完成。

控制痕迹：IT 开发需求申请、项目进度跟踪表。

风险点 2

风险描述：信息中心未进行项目的开发管理，包括已完成的内容、当前进度与项目实施计划的比较、存在的有可能影响进度的问题、人员、资金的使用情况等，导致项目进度控制不力，影响项目如期完成。

关键控制措施：信息中心负责将审批确定后的项目开发文件及项目计划进行归档备案，并设立台账监督项目的实施推进，考核项目计划的履行情况，进行跟踪确认，并协调计划修改等事宜，全面把握项目的施行进程，保证项目按时完成。

控制痕迹：项目开发文件、项目计划书、项目推进情况台账。

风险点3

风险描述：企业的信息系统开发计划与企业战略和业务目标不吻合，导致系统不能满足企业未来发展需要，影响企业发展经营目标的实现。

关键控制措施：①企业信息化建设的对口部门是信息中心，负责企业及所属各单位的信息化方案（包括计算机和网络设备的采购、网络建设、软件选型及二次开发等过程）的审核及审批；②企业及所属各单位的计算机和网络设备的采购及信息化项目建设严格按照先申请上报企业审批，经审批后进入商务洽谈等流程。

控制痕迹：项目调研分析资料。

风险点4

风险描述：企业未召集相关业务部门就信息系统的开发需求进行讨论和验证，导致需求不明确，开发成果与业务部门实际需要不符，影响信息系统开发结果的有效性，造成企业人力及资金的浪费。

关键控制措施：系统建设单位根据系统需求规格说明书编制系统设计说明书，项目负责人组织相关技术人员和系统用户部门进行审核确认，确保系统建设单位提供的系统设计说明书中涵盖实际业务需求，同时形成会议纪要。

控制痕迹：IT开发需求申请。

风险点5

风险描述：未对信息系统方案进行可行性研究，导致系统开发失败风险。

关键控制措施：①信息系统立项须先进行可行性研究，并按建设项目立项要求进行立项、审批；②信息系统申报部门进行项目可行性分析，形成可行性分析报告，报告内容包括信息系统是否与企业战略目标相一致、是否能有效提升管理效率、是否与业务流程相匹配、是否能有效防范风险、成本是否可以被接受等；③材料上报企业信息中心审批，经审批后进入商务洽谈等流程。

控制痕迹：项目调研可行性分析资料。

风险点6

风险描述：未进行市场调研及系统开发商的比选，导致开发成本上升或系统开发未达预期目标风险。

关键控制措施：系统开发应该依据开发资源需求和开发成本评估是自行开发或外包方案经审批通过后，信息中心负责进行市场调研，针对系统需求选择适当的系统开发商进行开发情况了解，并形成招标初步材料，报系统使用部门及分管领导审议。

控制痕迹：市场调研报告、招投标材料。

风险点 7

风险描述：企业未明确信息系统开发项目的责任人，导致开发项目失败时无人负责，影响项目后期评估结果的反馈及进一步改进。

关键控制措施：信息系统开发项目应指定项目负责人签署责任意向书，负责全面协调、安排项目工作小组的工作，保证项目顺利开展。

控制痕迹：项目责任书（团队契约）。

风险点 8

风险描述：系统用户及流程责任人未密切参与应用系统开发及实施工作，导致开发的应用系统不能支持业务流程，造成系统开发失败风险。

关键控制措施：①合同预审时，招标工作小组相关人员需确认合同条款明确要求系统建设单位提供最基本的系统工程文档，并对合同进行签字确认；②招投标工作完成后，项目系统建设单位和系统用户部门及信息中心共同组成项目组，负责项目的建设和管理工作；③系统建设单位与企业项目人员进行需求细化工作，进行需求分析和商讨，并形成相关系统需求规格说明书后签字确认，系统需求规格说明书一式二份由双方进行妥善保管至项目完成，作为系统开发、测试及后期工程验收的依据；④系统建设单位根据系统需求规格说明书编制系统概要设计说明书，项目负责人组织相关技术人员和系统用户部门进行审核确认，确保系统建设单位提供的系统概要设计说明书中涵盖实际业务需求，同时形成会议纪要。

控制痕迹：①合同送审表、合同文件；②项目组人员名单及职责明细表；③系统需求规格说明书；④系统概要说明书、会议纪要。

风险点 9

风险描述：企业没有进行适当的质量控制，导致开发的应用系统无法满足业务需求，影响业务流程的持续稳定及相关数据的准确完整。

关键控制措施：企业信息中心建立符合企业系统开发需要的开发管理细则，要求严格遵守该规范标准，系统开发和实施各阶段工作成果均得到适当的管理层审核并批准后，方可开始下一阶段工作，并要求用户参与应用系统的开发设计或外购软件的选择及测试等工作。

控制痕迹：系统开发细则、系统开发质量标准。

风险点 10

风险描述：未对项目成果进行有效验收，导致系统与实际需求有偏差，影响业务部门正常使用。

关键控制措施：项目初步完成之后应召集相关业务部门共同进行验收，确保项目成果符合各部门日常运营需要。

控制痕迹：项目成果验收报告。

风险点 11

风险描述：企业未对开发方为系统配备的硬件设备和系统软件进行检查验收，无法剔除不合格或多余设备、软件，导致开发成本上升风险。

关键控制措施：①在系统开发招投标阶段，在招投标文件内详细明确系统所需相应软、硬件及相应配置标准，并规定采购方式、方法；②系统实施阶段，项目组对系统开发阶段的软硬件设施进行分析评估，评估结果为此设备是系统必需且在协议范围外的，需另行商议购买。

控制痕迹：系统硬件设备清单、招投标文件。

风险点 12

风险描述：信息系统开发项目启动前及进行过程中没有进行有效的成本控制，导致开发成本过高。

关键控制措施：项目负责人应有效监督项目预算的使用情况，定期检查项目费用使用台账，合理检查是否进行成本控制。

控制痕迹：费用台账。

风险点 13

风险描述：未对项目进行有效的时间控制，影响开发项目的推进进程，导致系统无法按时上线。

关键控制措施：信息中心负责将审批确定后的项目开发文件及项目计划进行归档备案，并设立台账监督项目的实施推进，考核项目计划的履行情况，进行跟踪确认并协调计划修改等事宜，全面把握项目的施行进程，保证项目按时完成。

控制痕迹：项目进度跟踪表。

风险点 14

风险描述：系统实施上线前未进行适当测试，无法预防系统实施时可能出现的问题，导致应用系统无法支持业务流程。

关键控制措施：①系统上线前，由信息中心和系统用户部门组成专门独立于开发人员的测试小组，并需要严格遵守测试文档模板中的相关参数；②测试小组负责制订测试计划和测试方案，经过信息中心和系统使用部门负责人的签字审批，测试计划应包含具体的测试内容；③如有数据迁移需求时，项目组需制订专门的数据迁移方案，包括具体数据的转换和验证对比方法，并在上线实施前由测试小组依据数据迁移方案制订相应的测试计划，进行新旧系统的数据迁移一致性对比测试和相关的功能测试；④测试小组负责执行系统测试并形成上线测试报告，并对测试结果进行分析和评审，形成系统上线测试总结报告，并判断系统是否具备上线条件；⑤信息中心和系统使用部门负责人对上线测试报告和上线测试总结报告进行分析与审阅，签字认可测试结果和结论；⑥系统测试均在独立的测试环境中进行，对于无法建立独立测试环境的情况，上线时必须采取相关的控制措施，如选择试点实施上线，制订系统还原计划，实施前备份旧系统数据等方式。

控制痕迹：①测试小组人员名单；②测试计划、测试方案；③数据迁移方案；④上线测试报告、上线测试总结报告。

9.2　信息系统运行、维护、安全合规管理

9.2.1　概述

信息系统运行、维护、安全合规管理规定了企业信息系统管理方面的具体要求，涉及企业信息系统使用中的权限设定、物理管理、变更、灾害恢复的流程。

9.2.2　相关制度

相关制度：IT 资源管理程序；IT 信息安全管理规定。

9.2.3 职责分工

IT 安全管理员：负责企业信息化系统安全管理。

IT 系统管理员：负责企业系统的建设、管理和维护。

IT 资产管理员：负责 IT 资产的规划、申购、管理、维护、协调和优化工作。

9.2.4 控制目标

信息系统运行、维护、安全合规管理的控制目标如表 9-2 所示。

表9-2 信息系统运行、维护、安全合规管理的控制目标

序　号	控制目标	目标类别
1	确保机房设施／设备／系统得到安全防护	资产保全目标
2	确保信息系统中数据真实完整	经营效率目标
3	确保信息系统中数据不泄露	经营效率目标
4	确保企业数据不受重大灾害影响	经营效率目标

9.2.5 风险控制点

风险点 1

风险描述：信息中心的出入未严格控制，导致系统设置被篡改或安全被破坏，影响企业的数据安全。

关键控制措施：①信息中心指定专人管理机房和配线箱；②非工作需要，任何人不得进入；③机房管理员对经批准进入的人发放钥匙，并记录和保管有关文档。

控制痕迹：出入登记表。

风险点 2

风险描述：各类人员未经授权可随意进出设备存放地或触摸系统关键设备，导致设备遭遇人为损坏，影响企业日常生产经营。

关键控制措施：①信息中心指定专人管理机房和配线箱；②非工作需要，任何人不得进入；③机房管理员对经批准进入的人发放钥匙，并记录和保管

有关文档。

控制痕迹：出入登记表。

风险点 3

风险描述：企业未能对服务器等关键系统硬件设备建立良好的物理环境并指定专人日常负责，无法有效防范设备出现异常物理状况而不能运行，影响企业日常生产经营。

关键控制措施：①保持键盘、鼠标、显示器、主机干净，各种接口紧固，严禁带电插拔计算机的各种配件；②计算机避免在潮湿、粉尘、阳光直射、高温等条件下使用；③计算机或附属设备发生故障，使用者应及时通知系统管理人员进行修复处理，不得随便拆卸计算机及其附属设备的硬件和各种配件；④任何个人不得损坏、拆卸、移动安置在各办公室的网络设备、设施和线路，因工作原因需要移动的，及时通知系统管理人员，由系统管理人员报财务负责人；⑤电信网及处室网络相连的机房建设，在电源防护、防盗、防火、防水、防尘、防雷等方面采取规范的技术保护措施。

控制痕迹：机房环境情况记录表。

风险点 4

风险描述：机房管理员未检查机房的环境和状态，导致机房设备受损，造成企业的资产和数据安全受影响。

关键控制措施：机房管理员每天检查机房温度、湿度及防火、防水、清洁情况，并记录上述工作情况，保管有关的文档。

控制痕迹：机房环境情况记录表。

风险点 5

风险描述：机房管理员未定期检查机房主要设备的运行使用情况，导致设备的持续正常运转无法保证，影响企业业务正常运营。

关键控制措施：机房管理员每天检查 UPS 的工作状态，每季度对 UPS 电池放电一次，并记录上述工作情况，保管有关的文档。

控制痕迹：机房设备定期维护登记表。

风险点 6

风险描述：系统未建立适当的职责分离制度，导致系统人员职责存在冲突、数据发生篡改，影响企业日常生产经营。

关键控制措施：企业在分配系统各人员职责时应当考虑不相容职务分离的要求，具体为系统管理员、数据库管理员、系统操作人员、系统维护与检查人员等。

控制痕迹：系统人员职责分配表。

风险点7

风险描述：操作软件被操作人员随意变更、更新、删除、修改等，导致系统环境配置被改变，影响系统正常稳定运行。

关键控制措施：①操作人员离开系统时应退出系统或进行系统封锁，操作人员对自己口令下的所有操作及安全负完全责任；②系统管理员应每月检查一次工作日志，核实操作人员的上机时间、操作内容等；③相关部门应会同信息部门，严格保护所有在用正版软件的版权，包括网络、数据库、操作系统、财务软件等。

控制痕迹：系统工作日志。

风险点8

风险描述：未取得合作软件企业的源代码程序。

关键控制措施：在与软件开发企业签订的开发合同中应当明确约定，在开发完成后，所有的源代码程序尽可能争取归企业所有，避免代码陷阱风险。

控制痕迹：软件开发合同要求。

风险点9

风险描述：系统中未安装有效安全软件或采取有效措施防范系统受到病毒等恶意软件的感染和破坏，导致系统无法持续稳定运行，影响企业日常经营生产。

关键控制措施：①信息系统使用部门会同信息部门进行正版杀毒软件的采购并定期杀毒，对所有在用计算机必须定期进行病毒检测，使用广域网的计算机要严防病毒通过网络传播；②微机维护人员应定期或不定期对杀毒软件进行升级。

控制痕迹：系统病毒查杀情况记录表。

风险点10

风险描述：企业未建立系统安全保密与泄密追究制度，导致系统接触人员未能对数据保密，企业机密数据外泄，影响企业日常生产经营。

关键控制措施：①企业网站的系统软件、应用软件及信息数据要实施保密措施；②涉密信息不得在上网设备上操作或存储，所有接入网络的处室用户必须遵守国家有关法律、法规，严格执行安全保密制度，并对所提供的信息负责。

控制痕迹：信息安全保密制度。

风险点 11

风险描述：缺乏有效的系统故障处理平台及处理程序，导致业务中断，影响企业的日常生产经营。

关键控制措施：①系统运行时，应获得充分的维护保障；②系统发生故障时，系统管理员应及时给予处理，月末、年末时更应立即解决；③属于系统优化或不影响正常业务流程的问题，系统管理员可视工作需要决定解决的时间；④对于系统运行环境变化、单位核算方式变化、管理需求变化等问题，系统管理员应进行合理的预计，提前规划，制订实施方案，确保系统的平稳运行。

控制痕迹：故障应急处理机制。

风险点 12

风险描述：服务器中安装软件无授权批准，导致数据安全环境受损，影响业务的持续稳定和数据的准确完整。

关键控制措施：①服务器中安装软件须经过信息中心负责人的批准，由操作系统管理员在测试环境中安装测试后，再在此服务器中安装；②软件安装的全过程由操作系统管理员记录和保管相关文档。

控制痕迹：软件安装审批表。

风险点 13

风险描述：未采取必要的措施监控直接读写数据库数据的操作，导致数据发生未经授权的篡改或丢失，影响业务的持续稳定或财务数据的准确完整。

关键控制措施：数据库管理员每季度对直接访问数据库的情况进行检查，禁止未经授权的直接访问数据库的情况存在。

控制痕迹：数据库访问记录。

风险点 14

风险描述：更改数据库安全设定或参数时（如口令设定）未进行相关授权，导致数据安全环境受损，发生未经授权的篡改或丢失，影响业务的持续稳定或财务数据的准确完整。

关键控制措施：数据库管理员需更改数据库安全设定或参数时（如口令设定），必须提出申请并经信息中心负责人签字确认。

控制痕迹：修改参数审批表。

风险点 15

风险描述：对于未经许可进入系统、数据及网络设备的行为没有控制和监督，导致业务或财务数据出现未经授权的变更。

关键控制措施：信息中心建立相关系统防护体系，包括防火墙、路由器、入侵检测系统、交换机及其他相关 IT 设备的适当配置以阻止未经授权的侵入。

控制痕迹：系统访问记录。

风险点 16

风险描述：不能有效防范和及时排查出未经许可进入系统、数据及网络设备的行为，导致业务或财务数据出现未经授权的变更。

关键控制措施：系统管理员每天检查防火墙和入侵检测系统设备日志，在必要时对路由器及交换机的日志也进行检查，确认无违规行为后将检查结果向上级主管报告，如发生安全事故，应遵循应急安全管理流程处理。

控制痕迹：防火墙和入侵检测系统设备日志。

风险点 17

风险描述：企业委托专业机构进行系统维护管理时，未签订任何保密协议或签订的协议未涉及保密，导致企业机密数据外泄，影响企业日常生产经营。

关键控制措施：企业定期委托专业信息系统审计机构或组织检查小组对重要信息系统进行专项审计检查，并形成检查报告，内容包括系统各层级的运行和对接、数据库管理员权限、数据信息的及时有效完整等，对检查出的内容进行评估，根据评估内容对系统进行调整。

控制痕迹：①委外合同中的保密协议；②专业审计机构的评估报告。

风险点 18

风险描述：用户权限设置不恰当，权限过大或过小，导致企业机密数据外泄，影响企业正常经营运作。

关键控制措施：系统管理员按照经业务部门负责人批准的用户权限申请表赋予操作权限，并保证一人仅有一个账户。

控制痕迹：用户权限申请表。

风险点 19

风险描述：系统管理员是根据业务部门的申请来开立或调整用户权限，但没有用户权限申请表，导致 IT 部门没有各个用户的权限记录文档，造成权限管理混乱，影响企业数据安全。

关键控制措施：系统管理员对每个用户的权限进行记录归档，并在权限修改时及时修改备案。

控制痕迹：用户权限台账。

风险点20

风险描述：用户权限的更新和修改不及时，岗位职位变动后相关权限未及时调整，导致企业机密数据外泄，影响企业正常经营运作。

关键控制措施：用户工作职责变化时，提出权限修改请求，经其业务部门负责人签字确认后，系统管理员调整此用户的操作权限。

控制痕迹：用户权限变更申请表。

风险点21

风险描述：用户账户未及时注销，导致企业机密数据外泄，影响企业正常经营运作。

关键控制措施：①系统管理员根据用户的离职通知单，删除此用户在系统中的账户并记录相关操作；②用户离职后，立即注销其账号。

控制痕迹：用户注销记录。

风险点22

风险描述：企业未能定期对重要业务系统的账号进行监督盘查，导致不相容职务用户账号交叉操作，影响系统数据真实性，使得企业机密数据外泄，影响企业正常经营运作。

关键控制措施：信息中心负责人每季度对系统管理权限使用情况、用户操作权限分配情况和应用系统安全设定或参数（如口令设定）的执行情况进行检查，并纠正违规操作。

控制痕迹：安全检查报告。

风险点23

风险描述：未能对系统用户进行适当培训，导致用户使用不当，影响业务或财务数据的准确完整。

关键控制措施：信息中心配合人力资源部门对系统使用人员进行定期岗位培训，形成培训签到表，确保系统相关使用人员具备相应的信息系统使用操作技能和知识。

控制痕迹：培训计划。

风险点 24

风险描述：企业通过系统传输涉密或关键数据时，未采取加密措施，导致信息被第三方窃取或对外泄露，影响日常生产经营。

关键控制措施：①企业进行涉密或关键数据传输时，对信息采取数字加密措施。②系统管理员在变动前必须办理交接手续，接替人员应认真接管移交工作，具体要求为：由相关部门负责人或其指定人员负责监交；交接完毕以前的系统管理维护工作由现任系统管理员负责；交接完成后由移交人填写移交清单并经监交人员及交接的双方签字，移交清单作为档案存档。③移交清单包括的内容，包括网络服务器口令，数据库超级口令，本级信息系统管理员口令，历年历史数据备份，本年度所有数据备份，系统维护记录本，所有版本的信息系统软件，所有版本的数据库管理系统软件及版本授权证书和序列号，其他应交接的内容。④对交接内容应进行上机测试，确保交接质量。上述几项口令应最后交接，交接后，接替人员应立即更换所有口令，并开始承担系统管理员的所有工作。

控制痕迹：①数据加密；②交接情况记录表；③移交清单；④交接上机测试记录。

风险点 25

风险描述：对于发生岗位变化或离岗的系统相关用户，未能及时调整系统中账号的访问权限，导致数据被更改或泄露风险。

关键控制措施：使用系统的员工发生离岗或岗位变化时，系统管理员应及时根据员工现有情况进行账号权限删除或新增用户账号。

控制痕迹：权限变更或删除申请单。

风险点 26

风险描述：信息资产包含 U 盘等存储硬件和电脑等的维修没有相应的审批，导致重要信息泄露风险，影响企业信息的安全性。

关键控制措施：信息资产维修需审批（信息资产包含 U 盘等存储硬件和电脑）。

控制痕迹：信息资产维修审批表。

风险点 27

风险描述：信息资产企业内调拨和企业间移转未审批，导致信息资产内机密资料泄露，影响企业信息的安全。

关键控制措施：信息资产企业内调拨和企业间转移需经相关业务部门领

导及信息中心负责人审批，对信息资产内的文件进行审核确认无机密资料后方可转移。

控制痕迹：信息资产转移审批表。

风险点 28

风险描述：企业未明确规定信息资产报废需要经过 IT 确认无企业机密才可报废，可能导致企业关键信息丢失，影响生产经营。

关键控制措施：信息资产报废需经过信息中心确认无企业机密并由相关业务部门领导及信息中心负责人审核签字后才可报废。

控制痕迹：信息资产报废审批表。

风险点 29

风险描述：没有建立数据备份与恢复机制，影响企业的数据安全。

关键控制措施：应当建立数据备份与恢复机制，规定数据备份的频率、方法、介质、范围等方面。

控制痕迹：数据备份与恢复机制。

风险点 30

风险描述：未根据企业的实际情况明确数据备份的范围、频率、方式，导致企业的备份达不到预期效果，影响企业的数据安全和企业资产的使用效率。

关键控制措施：应当建立数据备份与恢复机制，规定数据备份的频率、方法、介质、范围等方面。

控制痕迹：数据备份与恢复机制。

风险点 31

风险描述：操作员未按照数据备份的制度流程进行操作，影响企业的数据安全。

关键控制措施：系统管理员按照规定的操作流程，进行数据备份，并检查确认备份的执行情况同时记录和保管相关文档。

控制痕迹：数据备份检查记录。

风险点 32

风险描述：企业未定期对数据进行备份，导致系统出现重大错误时，重大信息被永久摧毁而无法恢复，影响日常生产经营。

关键控制措施：①系统管理员应当定期对数据进行备份，以便在计算机发生故障时可将数据恢复到最近状态；②对备份的数据应加强管理，防止被非法拷贝或毁坏，要对其内容及运行环境（如财务软件的版本）等进行记录；③网络版的备份应连同主控数据库一并备份，数据库的备份要永久保留；④以介质保存的数据档案必须有两份备份，并分别存于不同地点，按照有关规定保存在温湿度适宜、阳光不直射，不能被损害的场所。

控制痕迹：数据备份记录。

风险点 33

风险描述：未进行异地备份，影响企业的数据安全。

关键控制措施：①系统管理员按照"数据备份与恢复"的操作流程，每月将数据备份制成一式二份，一份由信息中心保存，另一份由业务部门保存；②信息中心每月将关键数据的备份保存至另一地点，使用上锁的文件柜，钥匙由信息中心负责人保管。

控制痕迹：数据备份记录。

风险点 34

风险描述：备份介质的保存不当，造成损坏，影响企业的数据安全。

关键控制措施：备份介质应存放在防火防潮的安全地点（如保险柜），备份介质存放地点的访问权限应定期检查，并由专人负责备份介质的借调和管理。

控制痕迹：备份介质定期检查记录。

风险点 35

风险描述：数据备份和恢复未执行检查，导致操作工作没有落到实处，影响企业的数据安全。

关键控制措施：信息中心负责人定期对备份操作执行情况、备份保管情况和备份恢复测试情况进行检查。

控制痕迹：备份数据检查记录表。

风险点 36

风险描述：未进行数据备份后的恢复演习，导致实际备份数据无法恢复，影响企业的数据安全和保证业务的正常运行。

关键控制措施：系统管理员对备份的数据进行备份介质管理和备份恢复测试工作检查。

控制痕迹：数据备份恢复演习情况报告。

9.3　外包物流合规管理

9.3.1　概述

外包物流合规管理规定了企业外包物流管理相关工作，涉及企业物流外包企业的选择和管理。

9.3.2　相关制度

相关制度：外包物流管理制度；货物运输管理规定；供应商管理程序；物流供应商流程；保险理赔流程；仓储作业指导书；物流部 GCC 关务系统。

9.3.3　职责分工

物流部：负责会同销售部及采购部编制外部物流实施计划；选择外包物流商；监督货物运输过程；负责妥善处理毁损货物以及因货物毁损导致的后果；与外包物流企业核对台账等工作。

授权审批部门：负责外部物流计划和物流商选择的审批。

9.3.4　控制目标

外包物流合规管理的控制目标如表 9-3 所示。

表9-3　外包物流合规管理的控制目标

序号	控制目标	目标类别
1	确保外部物流能够满足企业正常运营需求	经营效率目标
2	确保物流货品符合国家法律法规	合法合规目标
3	确保外包物流资源合理使用	经营效率目标

续 表

序号	控制目标	目标类别
4	确保货物及时安全送达目的地	资产保全目标
5	确保物流成本最小化	经营效率目标

9.3.5 风险控制点

风险点1

风险描述：外包物流计划制订不及时、不合理，影响正常生产运营。

关键控制措施：物流部依据采购业务流转单或计划调库时间，提前编制企业外部物流实施计划，由物流部负责人定期考核。

控制痕迹：关务系统。

风险点2

风险描述：物流物品违反国家法规，可能会遭受外部处罚并带来经济损失和信誉损失。

关键控制措施：制订物流计划前，物流部需会同法务部就国家相关政策、法规要求进行讨论研究，将违反国家法规的物流物品排除在外包物流物品清单外，以避免外部法律风险。

控制痕迹：合规性文件。

风险点3

风险描述：外部物流未经授权，物流被滥用，导致企业资源浪费。

关键控制措施：外部物流使用需要配备相关的单据，如调库单、发票等，否则不办理物流。

控制痕迹：外部物流项目审批表。

风险点4

风险描述：外包物流取件不及时，影响企业生产运营。

关键控制措施：物流部应与外包物流企业保持良好沟通，实时了解货品的运输情况，确保货品按照原定路线及时运抵目的地，并按照约定的到货时间与收货方确认到货情况。

控制痕迹：货物到货清单。

风险点 5

风险描述：外包物流领取货物的验证不足，货物被冒领，造成企业货物丢失。

关键控制措施：发货、到货时，凭提货通知单办理提货，同时物流部应与外包物流企业及时确认相关人员身份及货品数量、质量等信息，防止货品被冒领、丢失、损毁等情况不能被及时发现，造成企业损失。

控制痕迹：提货通知单。

风险点 6

风险描述：运输方式选择不合理，造成成本浪费。

关键控制措施：外包物流计划制订过程中需充分考虑货品性能、运输要求等，选择最合适的物流运输方式，保证货品安全的同时有效进行成本控制。

控制痕迹：物流方式选择报告书。

风险点 7

风险描述：外包物流企业物流过程中发生货物丢失，造成损失。

关键控制措施：与外包物流企业就外包合同细则进行详细规定，就货物丢失、损毁赔付责任、意外事故赔付责任等进行明确界定并规定赔偿金额。

控制痕迹：物流外包合同。

风险点 8

风险描述：外包物流企业物流过程中发生事故，货物损毁，造成损失。

关键控制措施：与外包物流企业就外包合同细则进行详细规定，就货物丢失、损毁赔付责任、意外事故赔付责任等进行明确界定并规定赔偿金额。

控制痕迹：物流外包合同。

风险点 9

风险描述：运输过程中货物保管不善，导致货物损毁，造成损失。

关键控制措施：与外包物流企业就外包合同细则进行详细规定，就货物丢失、损毁赔付责任、意外事故赔付责任等进行明确界定并规定赔偿金额。

控制痕迹：物流外包合同。

风险点 10

风险描述：外包物流配送不及时，影响企业的生产运营。

关键控制措施：物流部应与外包物流企业保持良好沟通，实时了解货品的运输情况，确保货品按照原定路线及时运抵目的地，并按照约定的到货时间与收货方确认到货情况。

控制痕迹：到货情况登记表。

风险点 11

风险描述：物流物资的接收程序不严格，导致货物损毁无法被发现。

关键控制措施：发货、到货时，物流部应与外包物流企业及时确认相关人员身份及货品数量、质量等信息，防止货品被冒领、丢失、损毁等情况不能被及时发现，造成企业损失，到货时，按照仓储作业指导书执行。

控制痕迹：物料接收检验入库单。

风险点 12

风险描述：货物损失后物流企业的赔付不抵损失，导致企业资产损失。

关键控制措施：购买相应的货物运输保险。

控制痕迹：外包物流企业资质审核表。

风险点 13

风险描述：对物流承运商的选择不当及选择承运商时未进行招投标，导致物流运输服务质低价高。

关键控制措施：①对物流外包企业的经营资质及服务质量、信誉等进行充分的调研评价，并设置对已合作物流外包企业的考核评定机制，确定有足够赔付能力、信誉优良的物流承包企业作为合作方；②按照招投标管理程序选择进行承运商招投标，以选择合适的承运商。

控制痕迹：①外包物流企业资质审核表；②招投标文件。

风险点 14

风险描述：物流企业达不到企业物流要求，影响企业生产运营和资产安全。

关键控制措施：企业对物流供应商定期考核，对达不到企业要求的物流企业，要求其整改，一个月整改后仍不能达到要求的，淘汰该物流企业。

控制痕迹：无。

风险点 15

风险描述：物流企业对不合格和损毁物品的处理不恰当，影响企业声誉。

关键控制措施：①与外包物流企业就外包合同细则进行详细规定，就货物丢失、损毁赔付责任、意外事故赔付责任等进行明确界定并规定赔偿金额，对于不足部分由保险理赔；②发生货物损毁等情况时，物流部应与保险企业及时沟通，妥善处理，否则就地销毁。

控制痕迹：①物流外包合同；②货品损毁登记表。

风险点 16

风险描述：物流外包企业未及时回复到货情况，导致与客户间的结款不明确。

关键控制措施：物流部应与外包物流企业保持良好沟通，实时了解货品的运输情况，确保货品按照原定路线及时运抵目的地，并按照约定的到货时间与收货方确认到货情况。

控制痕迹：货物到货清单。

风险点 17

风险描述：与外包物流企业台账的核对不及时、不准确，造成结款时产生运输量纠纷。

关键控制措施：由专人进行物流账务核对，设置物品运输量记录台账并与外包物流企业进行核对确认，避免双方在结款时就运输量产生纠纷。

控制痕迹：对账单。

9.4　内部物流合规管理

9.4.1　概述

内部物流合规管理规定了企业有内部物流管理相关工作，涉及企业内部物流的管理和调拨，确保企业内部物流能够高效、有序、合规，满足企业业务的需求。

9.4.2　相关制度

相关制度：内部物流管理制度。

9.4.3　职责分工

物流部：负责会同销售部及采购部编制内部物流实施计划，选择合适的运输方式，监督货物运输过程；发生运输意外事故后，负责与保险企业就赔付问题进行商讨，并妥善处理因货物毁损导致的其他事宜；负责与收货方定期核对物流台账等工作。

9.4.4 控制目标

内部物流合规管理的控制目标如表9-4所示。

表9-4 内部物流合规管理的控制目标

序　号	控制目标	目标类别
1	确保内部物流满足生产运营需求	经营效率目标
2	确保内部物流资源得到充分合理运用	经营效率目标
3	确保货物安全及时到达目的地	经营效率目标

9.4.5 风险控制点

风险点1

风险描述：内部物流计划制订不及时、不合理，影响正常生产运营。

关键控制措施：物流部依据企业生产经营计划，会同销售部及采购部共同编制企业内部物流实施计划，由物流部负责人及相关业务部门负责人共同签字审批。

控制痕迹：内部物流计划书。

风险点2

风险描述：内部物流未经授权，物流被滥用，导致企业资源浪费。

关键控制措施：①内部物流计划的制订、实施必须经物流部负责人签字审批后方可生效；②物流部应与物流车队保持良好沟通，实时了解货品的运输情况，确保货品按照原定路线及时运抵目的地，并按照约定的到货时间与收货方确认到货情况。

控制痕迹：①内部物流项目审批表；②货物到货清单。

风险点3

风险描述：运输方式选择不合理，造成成本浪费。

关键控制措施：内部物流计划制订过程中需充分考虑货品性能、运输要求等，选择最合适的物流运输方式，保证货品安全的同时有效进行成本控制。

控制痕迹：物流方式选择报告书。

风险点 4

风险描述：运输过程中发生的车辆及人员意外、安全事故，造成企业重大损失。

关键控制措施：与保险企业就人为、意外事故责任的鉴定及赔付细则进行商讨，就货物丢失和损毁赔付责任、人员车辆意外事故赔付责任等进行明确界定并规定赔偿金额。

控制痕迹：保险合同。

风险点 5

风险描述：因自然灾害等非人为因素影响物流计划的执行。

关键控制措施：①子企业之间设置有效的信息沟通机制并明确信息沟通责任人，发生意外情况无法按照预期完成物流运输计划时及时调整生产经营计划，尽量将损失控制到最小；②与保险企业就人为、意外事故责任的鉴定及赔付细则进行商讨，就货物丢失和损毁赔付责任、人员车辆意外事故赔付责任等进行明确界定并规定赔偿金额。

控制痕迹：①物流应急预案；②保险合同。

风险点 6

风险描述：运输过程中司机监守自盗，造成企业货物丢失风险。

关键控制措施：①与保险企业就人为、意外事故责任的鉴定及赔付细则进行商讨，就货物丢失和损毁赔付责任、人员车辆意外事故赔付责任等进行明确界定并规定赔偿金额；②人力资源部门配合物流部对车队司机进行背景调查，聘用素质过硬、信用良好的人员。

控制痕迹：①保险合同；②人员背景调查表。

风险点 7

风险描述：运输过程中货物保管不善，导致货物损毁，造成损失。

关键控制措施：①与保险企业就人为、意外事故责任的鉴定及赔付细则进行商讨，就货物丢失和损毁赔付责任、人员车辆意外事故赔付责任等进行明确界定并规定赔偿金额；②人力资源部门配合物流部对车队司机进行背景调查，聘用素质过硬、信用良好的人员。

控制痕迹：①保险合同；②人员背景调查表。

风险点 8

风险描述：配送不及时，影响生产运营。

关键控制措施：物流部应与物流车队保持良好沟通，实时了解货品的运输情况，确保货品按照原定路线及时运抵目的地，并按照约定的到货时间与收货方确认到货情况。

控制痕迹：货物到货清单。

风险点9

风险描述：货物抵达后，货物交接确认不完整，造成纠纷。

关键控制措施：①发货方应及时与收货方确认物品验收情况，设立物品验收台账并由双方经办人、负责人签字确认；②对于物品损耗、丢失情况及时沟通并纳入台账定期核对确认。

控制痕迹：物品验收台账。

风险点10

风险描述：发货与收货子企业间未定期进行台账的核对，可能造成企业对运输过程中货品的损耗、丢失情况掌握不明确。

关键控制措施：①发货方应及时与收货方确认物品验收情况，设立物品验收台账并由双方经办人、负责人签字确认；②对于物品损耗、丢失情况及时沟通并纳入台账定期核对确认。

控制痕迹：①发货清单；②物品验收台账。

第 10 章 企业合规不起诉操作流程

10.1 启动阶段

企业合规不起诉有依申请启动和依职权启动两种。

10.1.1 依申请启动

当涉案企业申请启动合规不起诉程序时检察机关第一步工作就是判断有无整改条件。这种情况一般适用于小企业。

1. 如何判断涉案企业具有整改条件

走访有关主管机关、走访属地管理乡镇了解情况；委托第三方监管人尽职调查。此时，检察机关可以商请本地第三方监督评估机制管理委员会委派律师团队对涉案企业进行尽职调查，之后出具报告反映涉案企业有无整改能力。当然，检察机关也可以自行委托。

2. 层报省级检察机关批准

在当前改革试点阶段，在省级检察机关不批准启动合规不起诉程序的情况下，合规不起诉程序无法启动。目前，由于合规不起诉没有明确法律依据，因此由省级检察机关决定合规不起诉的启动与结束是非常有必要的。因为基层检察机关与市级检察机关都不甚了解合规不起诉的流程与注意要素，所以需要省级检察机关"把总关"。当刑事诉讼法修改后，可以将合规不起诉的启动审批权限下放至市级检察机关，省级检察机关主要确认第三方监督评估组织是否有效监管了涉案企业的整改情况，从而确定是否对涉案企业做出不起诉决定。

10.1.2　依申请启动依职权启动

检察机关若认为该企业具有整改条件（如中型企业），则可以通过直接制发合规整改意向书等方式，询问涉案企业是否需要合规整改。当企业同意整改后，检察机关可以再层报省级检察机关批准启动合规不起诉程序。

1. 侦查阶段与审查阶段也可启动

由于整改的可行性比整改必要性重要得多，检察官依托检察官办公室提前介入侦查，在判断侦查活动基本终结的前提下，需要考虑涉案企业有无条件整改。当检察机关受理案件后，不论是审查逮捕阶段还是审查起诉阶段，也需要考虑涉案企业是否有条件合规整改。

2. 层报省级检察机关批准

根据权限划分，依职权启动的合规不起诉程序，需要层报省级检察机关批准。

3. 检察机关需要向涉案企业制发合规整改意向书

当检察机关认为涉案企业具有整改条件且层报省级检察机关审批同意启动后，检察机关需要告知涉案企业在指定时间内递交合规承诺。

10.2　整改阶段

10.2.1　涉案企业出具合规承诺

合规承诺是指涉案企业或人员方向公诉机关自愿对涉案企业进行刑事合规整改的承诺。

合规承诺书应包括且不限于以下内容：
①如实供述犯罪事实、认罪认罚。
②愿意赔偿被害方损失、消除犯罪影响（如产品召回、修复受损环境）。
③接受派驻合规监督员指导监督。
④承诺后15日内出具整改方案。
⑤合规整改期内不得再犯罪。

10.2.2 涉案企业出具整改方案

整改方案是指围绕着涉案犯罪事实所暴露的企业经营犯罪基因进行剔除的"手术方案"。整改方案应针对企业涉嫌的罪名，对于引发犯罪的企业内部治理结构、规章制度、人员培训等问题和漏洞进行全面梳理，通过制订完备的合规管理规范、构建有效的合规组织体系、健全合规风险防范及违规应对机制等方式，在制度上有效防止犯罪再次发生。

整改方案应包括且不限于以下内容：

①确定整改内容，建立合规部门确定具体人员。

②合规整改期限。

③协助合规监管。为合规监督员开展尽职调查、内部调查、反舞弊调查、证据保全等行为积极提供便利，严格执行合规监督员提出的要求与建议。

④改善经营工作。对违规行为进行自查整改（如经营是否遵循相应标准，账目是否完备），根据合规风险因素调整生产、就业、纳税等方案。

⑤监管风险部门（如税务、财务、信贷、知识产权、市场运营、后勤）。

⑥强化内部处分，加强合规考核培训。对违法违规行为的发生负有责任的员工或管理者做出处分（涉嫌违法犯罪的移交相关部门）。

⑦持续配合调查。为监管部门办理案件提供便利，协助配合监管部门找寻了解情况的员工。

⑧参与公益事业。根据经营状况，向与犯罪矫治有关的公益组织提供资助，鼓励管理者与员工积极参与公益活动。

⑨承诺禁止做出与整改方案宗旨相矛盾的行为。合规整改方案及合规整改考察报告应及时抄送相关监管部门。

10.3 第三方监督评估

2021 年 6 月，最高人民检察院等九部委印发《关于建立涉案企业合规第三方监督评估机制的指导意见（试行）》（以下简称《指导意见》），这标志着企业合规及第三方监督评估机制将成为一种司法机关实行的刑事政策，对我国企业产生重大影响。第三方监督评估机制作为企业合规中的重点环节，其在实践中应如何建设将成为企业合规推行中的难点问题。

10.3.1 第三方监督评估机制的内涵

根据《指导意见》的定义，"企业合规第三方监督评估机制"是指人民检察院在办理涉企犯罪案件时，对符合企业合规改革试点适用条件的，交由第三方监督评估机制管理委员会选任组成的第三方监督评估组织，对涉案企业的合规承诺进行调查、评估、监督和考察。考察结果作为人民检察院依法处理案件的重要参考。

可见，第三方监督评估机制中存在三个主体，即检察院、第三方机制管委会和第三方监督组织。其中，检察院负责企业合规程序的启动和考核工作；第三方机制管委会负责选任工作；第三方监督组织负责帮助企业进行具体的合规工作实施。在第三方监督评估机制中，检察院是毋庸置疑的主导角色，其直接决定着合规工作的启动与否和合格与否；第三方机制管委会承担着承上启下的作用，一方面负责着与检察院进行合作对接，另一方面通过建立第三方机制专业人员名录库来进行第三方监督组织的选取；第三方监督组织则是第三方机制中工作内容最多的角色，对企业具体合规工作内容进行指导、监督、考察。检察院内部司法资源有限，第三方监督组织可以替其分担压力，某种意义上来说，第三方监督组织相当于检察机关的派出机构，在检察院的授权下行使着部分检察机关的权力。

《指导意见》规定，第三方机制管委会应当组建巡回检查小组，对相关组织和人员在第三方机制相关工作中的履职情况开展不预先告知的现场抽查和跟踪监督。巡回监管人，一般而言是地市级、省级、国家级第三方监督评估机制管理委员会对涉案企业随时合规考察的临时性工作组，一方面可以监督评估涉案企业整改情况，另一方面可以监督评估第三方监管人的工作情况。

10.3.2 建立第三方监督评估组织

第三方监督评估组织是第三方监督评估管理委员会在特定案件中，对特定涉案企业进行整改考察验收而建立的临时工作组织，由检察机关商请第三方监督评估管理委员会组建。当涉案企业获得一揽子激励或整改未通过验收被提起公诉，该组织便自动解散。

目前法律法规尚未规定第三方监督评估组织的人员组成。实践中，一般包括有关主管机关的业务骨干及体制外专业人员。体制外专业人员包括律师、税务师与有关主管机关自身拥有的专家库成员（如研究院所人员）。

《指导意见》规定，第三方组织组成人员名单应当报送负责办理案件的人民检察院备案。人民检察院或者涉案企业、个人、其他相关单位、人员对选任的第三方组织组成人员提出异议的，第三方机制管委会应当调查核实并视情况做出调整。为确保合规整改的效果，第三方监督评估机制管理委员会可先随机抽取 2 组或 3 组专业团队，后由涉案企业综合比照后选择 1 组或 2 组专业团队。

10.3.3　确定合规整改方案

整改方案应重点围绕合规风险因素展开并及时修正，内容应包括且不限于：

①建立合规部门，具体确定人员。

②确定合规整改期限。实践中，整改期限一般为 5~15 个月。即使立法修正扩大附条件不起诉范围，整改期限也不应该超过 24 个月。

③协助合规监管。不得妨碍第三方监管人的工作；为第三方监管人开展尽职调查、内部调查、反舞弊调查、证据保全等行为积极提供便利；严格执行第三方监管人提出的要求建议。

④改善经营工作。完善决策程序；对违规行为进行自查整改（如经营是否遵循相应标准、账目是否完备）；根据合规风险因素调整生产、就业、纳税等方案。

⑤监管风险部门（如税务、财务、信贷、知识产权、市场运营、后勤）。

⑥强化内部处分，加强合规考核培训。对违法违规行为的发生负有责任的员工或管理者作出处分（涉嫌违法犯罪的移交相应部门）；对培训处分工作全面留痕并加强考核。

⑦持续配合调查。为监管部门办理案件提供便利，协助配合监管部门找寻了解情况的员工。

⑧参与公益事业。向与相关犯罪矫治有关的公益组织提供资助；要求管理者与员工积极参与公益活动。

⑨承诺禁止做出与整改方案宗旨相矛盾的行为。

10.3.4　合规考察

第三方监督评估组织开展工作中首先需要铭记对法律负责、对检察机关负责，报告的情况必须反映真实，对专业问题的反馈也必须符合应当遵守的规定且说明详细理由。合规考察的内容主要包括以下几点：

①审阅材料。一方面可以由企业提供材料给第三方监管人进行审查；另一方面，第三方监管人有权力随机抽查，指定材料要求企业领导、工作人员立即提供。

②访谈。随时随地与企业内部各层级、各职能人员进行沟通，企业领导、工作人员不能以任何理由拒绝。

③参与会议。第三方监管人作为检察机关派驻人员有权力参与企业的高层、中层、基层会议并发言，但对商业秘密、经营思路、生产流程、融资情况、财务信息要严格保密，否则企业有权提出异议，检察机关也会向主管部门发出建议处分的检察意见书。

④参与建立合规部门，指定专人负责与第三方监管人进行沟通对接。

⑤梳理出合规依据并专业分析。对各种渠道取得资料的分析，发现异常及重大问题。

⑥公开信息检索，包括媒体检索和数据库检索。

⑦调查问卷，以了解股权结构、业务、政府关联性、合规和内控的总体情况。

⑧背景调查，以掌握关注对象人的背景信息。

⑨现场调查，包括接受员工的法律咨询。

在具体工作中，第三方监管人要注意涉案企业生产的饱满程度，商品的装卸，厂区工作的有序，办公区人员的工作情况等。感受厂区员工的工作情绪，厂区办公区的卫生整洁程度，各类公示牌、走廊宣传栏的更新频率和张贴的内容，员工接触时的精神面貌等。体验合规文化的贯彻程度。注意合规整改的负面影响、合规整改过程中的员工反馈与管理层反馈：合规整改对经营风险（主营业务、科学技术、产业链）的影响，对财务风险（资金链）的影响。在合规考察中，发现涉案企业漏罪新罪、历史遗留问题与新产生的违规问题等，应交第三方监督评估机制管理委员会综合讨论决定，也可以决定停止整改，交检察机关依法处理。

10.3.5　结果评估

考察期满，第三方监督评估组织应进行考核评估。评估验收标准有两个：第一个标准为整体考核，在各个方面第三方监管人查不到问题，这就说明企业已经整改到位；第二个标准为按照之前给企业的专项诊断标准和验收标准，从而进行有效的判断，看企业是否整改到位。考核评估后，第三方监督评估组织出具书面报告，检察院结合合规报告，具体履行情况，做出缓刑或者不起诉的决定。

在第三方监督评估过程中，应坚持全程留痕原则，在案件受理、调查初核、合规承诺、合规整改、评估处理等各个环节形成工作材料，并归入检察卷。

10.4 合规考察

适用刑事合规考察的对象主要有两类：一是涉案企业；二是涉案企业直接负责的主管人员和其他直接责任人员。考察对象必须同时符合以下条件。

10.4.1 涉案主体方面

1. 涉案企业的条件

初犯、偶犯；犯罪事实清楚、证据确实充分；自愿认罪认罚；同时在资质方面也必须符合如下条件之一：①在依法纳税、吸纳就业人口、带动当地经济发展等方面发挥一定作用；②拥有自主知识产权、商誉、专有技术或商业秘密；③符合现行产业政策或未来产业发展趋势；④其经营状况影响所在行业、上下游产业链及区域竞争力；⑤直接负责的主管人员和其他直接责任人员系该涉罪企业负责人或实际控制人、核心技术人员等对经营发展起关键作用的人员。

2. 涉案企业人员的条件

初犯、偶犯；犯罪事实清楚、证据确实充分；自愿认罪认罚；依法可能被判处 3 年以下有期徒刑、拘役、管制或单处罚金；若依法应当被判处 3 年以上 10 年以下有期徒刑的，应当具有自首、从犯或者立功等法定减轻量刑情节。

10.4.2 涉案罪名方面

既适用于单位犯罪案件，也适用于企业经营者、管理者、关键技术人员等重要生产经营人员与企业生产经营相关的个人犯罪案件。

10.5　听证验收

10.5.1　涉案企业提交听证会申请

整改后期，涉案企业可以向检察机关提交听证申请。检察机关在接到申请后，应商请第三方监督评估组织确定听证会的时间地点。

10.5.2　听证程序

《人民检察院审查案件听证工作规定》规定了听证会的程序。听证会一般按照下列步骤进行：

①承办案件的检察官介绍案件情况和需要听证的问题。

②当事人及其他参加人就需要听证的问题分别说明情况。

③听证员向当事人或者其他参加人提问。

④主持人宣布休会，听证员就听证事项进行讨论。

⑤主持人宣布复会，根据案件情况，可以由听证员或者听证员代表发表意见。

⑥当事人发表最后陈述意见。

⑦主持人对听证会进行总结。

10.5.3　最终处理

1. 对通过验收的涉案企业的处理

若涉案企业或人员在合规考察期满后，达到了预期的合规目标，则检察机关一般应当对涉案企业及直接负责的主管人员或其他直接责任人员做出不起诉决定。

对涉案企业刑事程序终结后需予以行政处罚的案件，人民检察院应将合规考察报告副本移送相应行政机关，并视情以检察建议或其他适当方式，建议行政机关对涉案企业减轻或免除处罚，行政机关对企业合规情况和检察机关建议进行评估后，原则上应对涉案企业减轻或免除处罚。

检察机关需要向有关主管机关制发对涉案企业从宽行政处罚的检察意见书。

2. 对没有通过验收的涉案企业的处理

若涉案企业没有通过验收，检察机关可以层报省级检察机关，由省级检察机关决定对涉案企业依法处理的意见。根据该意见，办案检察机关应对涉案企业依法处理。

附录一：法律文件

商业银行操作风险管理指引

2007.05

第一章　总　则

第一条　为加强商业银行的操作风险管理，根据《中华人民共和国银行业监督管理法》《中华人民共和国商业银行法》以及其他有关法律法规，制定本指引。

第二条　在中华人民共和国境内设立的中资商业银行、外商独资银行和中外合资银行适用本指引。

第三条　本指引所称操作风险是指由不完善或有问题的内部程序、员工和信息科技系统，以及外部事件所造成损失的风险。本定义所指操作风险包括法律风险，但不包括策略风险和声誉风险。

第四条　2018年3月组建中国银行保险监督管理委员会（以下简称2018年3月组建中国银行保险监督管理委员会）依法对商业银行的操作风险管理实施监督检查，评价商业银行操作风险管理的有效性。

第二章　操作风险管理

第五条　商业银行应当按照本指引要求，建立与本行的业务性质、规模和复杂程度相适应的操作风险管理体系，有效地识别、评估、监测和控制／缓释操作风险。操作风险管理体系的具体形式不要求统一，但至少应包括以下基本要素：

（一）董事会的监督控制；

（二）高级管理层的职责；

（三）适当的组织架构；

（四）操作风险管理政策、方法和程序；

（五）计提操作风险所需资本的规定。

第六条　商业银行董事会应将操作风险作为商业银行面对的一项主要风险，并承担监控操作风险管理有效性的最终责任。主要职责包括：

（一）制定与本行战略目标相一致且适用于全行的操作风险管理战略和总体政策；

（二）通过审批及检查高级管理层有关操作风险的职责、权限及报告制度，确保全行的操作风险管理决策体系的有效性，并尽可能地确保将本行从事的各项业务面临的操作风险控制在可以承受的范围内；

（三）定期审阅高级管理层提交的操作风险报告，充分了解本行操作风险管理的总体情况、高级管理层处理重大操作风险事件的有效性以及监控和评价日常操作风险管理的有效性；

（四）确保高级管理层采取必要的措施有效地识别、评估、监测和控制／缓释操作风险；

（五）确保本行操作风险管理体系接受内审部门的有效审查与监督；

（六）制定适当的奖惩制度，在全行范围有效地推动操作风险管理体系地建设。

第七条　商业银行的高级管理层负责执行董事会批准的操作风险管理战略、总体政策及体系。主要职责包括：

（一）在操作风险的日常管理方面，对董事会负最终责任；

（二）根据董事会制定的操作风险管理战略及总体政策，负责制定、定期审查和监督执行操作风险管理的政策、程序和具体的操作规程，并定期向董事会提交操作风险总体情况的报告；

（三）全面掌握本行操作风险管理的总体状况，特别是各项重大的操作风险事件或项目；

（四）明确界定各部门的操作风险管理职责以及操作风险报告的路径、频率、内容，督促各部门切实履行操作风险管理职责，以确保操作风险管理体系的正常运行；

（五）为操作风险管理配备适当的资源，包括但不限于提供必要的经费、设置必要的岗位、配备合格的人员、为操作风险管理人员提供培训、赋予操作风险管理人员履行职务所必需的权限等；

（六）及时对操作风险管理体系进行检查和修订，以便有效地应对内部程序、产品、业务活动、信息科技系统、员工及外部事件和其他因素发生变化所造成的操作风险损失事件。

第八条　商业银行应指定部门专门负责全行操作风险管理体系的建立和实施。该部门与其他部门应保持独立，确保全行范围内操作风险管理的一致性和有效性。主要职责包括：

（一）拟定本行操作风险管理政策、程序和具体的操作规程，提交高级管理层和董事会审批；

（二）协助其他部门识别、评估、监测、控制及缓释操作风险；

（三）建立并组织实施操作风险识别、评估、缓释（包括内部控制措施）和监测方法以及全行的操作风险报告程序；

（四）建立适用全行的操作风险基本控制标准，并指导和协调全行范围内的操作风险管理；

（五）为各部门提供操作风险管理方面的培训，协助各部门提高操作风险管理水平、履行操作风险管理的各项职责；

（六）定期检查并分析业务部门和其他部门操作风险的管理情况；

（七）定期向高级管理层提交操作风险报告；

（八）确保操作风险制度和措施得到遵守。

第九条　商业银行相关部门对操作风险的管理情况负直接责任。主要职责包括：

（一）指定专人负责操作风险管理，其中包括遵守操作风险管理的政策、程序和具体的操作规程；

（二）根据本行统一的操作风险管理评估方法，识别、评估本部门的操作风险，并建立持续、有效的操作风险监测、控制／缓释及报告程序，并组织实施；

（三）在制定本部门业务流程和相关业务政策时，充分考虑操作风险管理和内部控制的要求，应保证各级操作风险管理人员参与各项重要的程序、控制措施和政策的审批，以确保与操作风险管理总体政策的一致性；

（四）监测关键风险指标，定期向负责操作风险管理的部门或牵头部门通报本部门操作风险管理的总体状况，并及时通报重大操作风险事件。

第十条　商业银行法律、合规、信息科技、安全保卫、人力资源等部门在管理好本部门操作风险的同时，应在涉及其职责分工及专业特长的范围内为其他部门管理操作风险提供相关资源和支持。

第十一条　商业银行的内审部门不直接负责或参与其他部门的操作风险管理，但应定期检查评估本行的操作风险管理体系运作情况，监督操作风险管理政策的执行情况，对新出台的操作风险管理政策、程序和具体的操作规程进行独立评估，并向董事会报告操作风险管理体系运行效果的评估情况。

鼓励业务复杂程度较高和规模较大的商业银行委托社会中介机构对其操作风险管理体系定期进行审计和评价。

第十二条　商业银行应当制定适用于全行的操作风险管理政策。操作风险管理政策应当与银行的业务性质、规模、复杂程度和风险特征相适应。主要内容包括：

（一）操作风险的定义；

（二）适当的操作风险管理组织架构、权限和责任；

（三）操作风险的识别、评估、监测和控制／缓释程序；

（四）操作风险报告程序，其中包括报告的责任、路径、频率，以及对各部门的其他具体要求；

（五）应针对现有的和新推出的重要产品、业务活动、业务程序、信息科技系统、人员管理、外部因素及其变动，及时评估操作风险的各项要求。

第十三条　商业银行应当选择适当的方法对操作风险进行管理。

具体的方法可包括：评估操作风险和内部控制、损失事件的报告和数据收集、关键风险指标的监测、新产品和新业务的风险评估、内部控制的测试和审查以及操作风险的报告。

第十四条　业务复杂及规模较大的商业银行，应采用更加先进的风险管理方法，如使用量化方法对各部门的操作风险进行评估，收集操作风险损失数据，并根据各业务线操作风险的特点有针对性地进行管理。

第十五条　商业银行应当制定有效的程序，定期监测并报告操作风险状况和重大损失情况。应针对潜在损失不断增大的风险，建立早期的操作风险预警机制，以便及时采取措施控制、降低风险，降低损失事件的发生频率及损失程度。

第十六条　重大操作风险事件应当根据本行操作风险管理政策的规定及时向董事会、高级管理层和相关管理人员报告。

第十七条　商业银行应当将加强内部控制作为操作风险管理的有效手段，

与此相关的内部措施至少应当包括：

（一）部门之间具有明确的职责分工以及相关职能的适当分离，以避免潜在的利益冲突；

（二）密切监测遵守指定风险限额或权限的情况；

（三）对接触和使用银行资产的记录进行安全监控；

（四）员工具有与其从事业务相适应的业务能力并接受相关培训；

（五）识别与合理预期收益不符及存在隐患的业务或产品；

（六）定期对交易和账户进行复核和对账；

（七）主管及关键岗位轮岗轮调、强制性休假制度和离岗审计制度；

（八）重要岗位或敏感环节员工八小时内外行为规范；

（九）建立基层员工署名揭发违法违规问题的激励和保护制度；

（十）查案、破案与处分适时、到位的双重考核制度；

（十一）案件查处和相应的信息披露制度；

（十二）对基层操作风险管控奖惩兼顾的激励约束机制。

第十八条　为有效地识别、评估、监测、控制和报告操作风险，商业银行应当建立并逐步完善操作风险管理信息系统。管理信息系统至少应当记录和存储与操作风险损失相关的数据和操作风险事件信息，支持操作风险和控制措施的自我评估，监测关键风险指标，并可提供操作风险报告的有关内容。

第十九条　商业银行应当制定与其业务规模和复杂性相适应的应急和业务连续方案，建立恢复服务和保证业务连续运行的备用机制，并应当定期检查、测试其灾难恢复和业务连续机制，确保在出现灾难和业务严重中断时这些方案和机制的正常执行。

第二十条　商业银行应当制定与外包业务有关的风险管理政策，确保业务外包有严谨的合同和服务协议、各方的责任义务规定明确。

第二十一条　商业银行可购买保险以及与第三方签订合同，并将其作为缓释操作风险的一种方法，但不应因此忽视控制措施的重要作用。

购买保险等方式缓释操作风险的商业银行，应当制定相关的书面政策和程序。

第二十二条　商业银行应当按照银保监会关于商业银行资本充足率管理的要求，为所承担的操作风险提取充足的资本。

第三章　操作风险监管

第二十三条　商业银行的操作风险管理政策和程序应报 2018 年 3 月组建中国银行保险监督管理委员会备案。商业银行应按照规定向 2018 年 3 月组建中国银行保险监督管理委员会或其派出机构报送与操作风险有关的报告。委托社会中介机构对其操作风险管理体系进行审计的，还应提交外部审计报告。

第二十四条　商业银行应及时向 2018 年 3 月组建中国银行保险监督管理委员会或其派出机构报告下列重大操作风险事件：

（一）抢劫商业银行或运钞车、盗窃银行业金融机构现金 30 万元以上的案件，诈骗商业银行或其他涉案金额 1000 万元以上的案件；

（二）造成商业银行重要数据、账册、重要空白凭证严重损毁、丢失，造成在涉及两个或两个以上省（自治区、直辖市）范围内中断业务 3 小时以上，在涉及一个省（自治区、直辖市）范围内中断业务 6 小时以上，严重影响正常工作开展的事件；

（三）盗窃、出卖、泄漏或丢失涉密资料，可能影响金融稳定，造成经济秩序混乱的事件；

（四）高管人员严重违规；

（五）发生不可抗力导致严重损失，造成直接经济损失 1000 万元以上的事故、自然灾害；

（六）其他涉及损失金额可能超过商业银行资本净额 1‰ 的操作风险事件；

（七）2018 年 3 月组建中国银行保险监督管理委员会规定其他需要报告的重大事件。

第二十五条　2018 年 3 月组建中国银行保险监督管理委员会对商业银行有关操作风险管理的政策、程序和做法进行定期的检查评估。主要内容包括：

（一）商业银行操作风险管理程序的有效性；

（二）商业银行监测和报告操作风险的方法，包括关键操作风险指标和操作风险损失数据；

（三）商业银行及时有效处理操作风险事件和薄弱环节的措施；

（四）商业银行操作风险管理程序中的内控、检查和内审程序；

（五）商业银行灾难恢复和业务连续方案的质量和全面性；

（六）计提的抵御操作风险所需资本的充足水平；

（七）操作风险管理的其他情况。

第二十六条 对于2018年3月组建中国银行保险监督管理委员会在监管中发现的有关操作风险管理的问题，商业银行应当在规定的时限内，提交整改方案并采取整改措施。

对于发生重大操作风险事件而未在规定时限内采取有效整改措施的商业银行，2018年3月组建中国银行保险监督管理委员会将依法采取相关监管措施。

第四章 附则

第二十七条 政策性银行、金融资产管理公司、城市信用社、农村信用社、农村合作银行、信托投资公司、财务公司、金融租赁公司、汽车金融公司、货币经纪公司、邮政储蓄机构等其他银行业金融机构参照本指引执行。

第二十八条 未设董事会的银行业金融机构，应当由其经营决策机构履行本指引规定的董事会的有关操作风险管理职责。

第二十九条 在中华人民共和国境内设立的外国银行分行，应当遵循其总行制定的操作风险管理政策和程序，按照规定向2018年3月组建中国银行保险监督管理委员会或其派出机构报告重大操作风险事件并接受2018年3月组建中国银行保险监督管理委员会的监管；其总行未制定操作风险管理政策和程序的，按照本指引的有关要求执行。

第三十条 本指引所涉及的有关名词见附录。

第三十一条 本指引自发布之日起施行。

附录:《商业银行操作风险管理指引》有关名词的说明附录

《商业银行操作风险管理指引》有关名词的说明

一、操作风险事件

操作风险事件是指由不完善或有问题的内部程序、员工和信息科技系统，以及外部因素所造成财务损失或影响银行声誉、客户和员工的操作事件，具体事件包括：内部欺诈，外部欺诈，就业制度和工作场所安全，客户、产品和业务活动，实物资产的损坏，营业中断和信息技术系统瘫痪，执行、交割和流程管理七种类型（进一步的信息可参阅《统一资本计量和资本标准的国际协议：修订框架》，即巴塞尔新资本协议的"附录 7：损失事件分类详表"）。

二、自我风险评估、关键风险指标

商业银行用于识别、评估操作风险的常用工具。

（一）自我风险评估

自我风险评估是指商业银行识别和评估潜在操作风险以及自身业务活动的控制措施、适当程度及有效性的操作风险管理工具。

（二）关键风险指标

关键风险指标是指代表某一风险领域变化情况并可定期监控的统计指标。关键风险指标可用于监测可能造成损失事件的各项风险及控制措施，并作为反映风险变化情况的早期预警指标（高级管理层可据此迅速采取措施），具体指标例如：每亿元资产损失率、每万人案件发生率、百万元以上案件发生比率、超过一定期限尚未确认的交易数量、失败交易占总交易数量的比例、员工流动率、客户投诉次数、错误和遗漏的频率以及严重程度等。

三、法律风险

法律风险包括但不限于下列风险：1.商业银行签订的合同因违反法律或行政法规可能被依法撤销或者确认无效的；2.商业银行因违约、侵权或者其他事由被提起诉讼或者申请仲裁，依法可能承担赔偿责任的；3.商业银行的业务活动违反法律或行政法规，依法可能承担行政责任或者刑事责任的。

中央企业合规管理指引（试行）

2018.11

第一章 总 则

第一条 为推动中央企业全面加强合规管理，加快提升依法合规经营管理水平，着力打造法治央企，保障企业持续健康发展，根据《中华人民共和国公司法》《中华人民共和国企业国有资产法》等有关法律法规规定，制定本指引。

第二条　本指引所称中央企业，是指国务院国有资产监督管理委员会（以下简称国资委）履行出资人职责的国家出资企业。

本指引所称合规，是指中央企业及其员工的经营管理行为符合法律法规、监管规定、行业准则和企业章程、规章制度以及国际条约、规则等要求。

本指引所称合规风险，是指中央企业及其员工因不合规行为，引发法律责任、受到相关处罚、造成经济或声誉损失以及其他负面影响的可能性。

本指引所称合规管理，是指以有效防控合规风险为目的，以企业和员工经营管理行为为对象，开展包括制度制定、风险识别、合规审查、风险应对、责任追究、考核评价、合规培训等有组织、有计划的管理活动。

第三条　国资委负责指导监督中央企业合规管理工作。

第四条　中央企业应当按照以下原则加快建立健全合规管理体系：

（一）全面覆盖。坚持将合规要求覆盖各业务领域、各部门、各级子企业和分支机构、全体员工，贯穿决策、执行、监督全流程。

（二）强化责任。把加强合规管理作为企业主要负责人履行推进法治建设第一责任人职责的重要内容。建立全员合规责任制，明确管理人员和各岗位员工的合规责任并督促有效落实。

（三）协同联动。推动合规管理与法律风险防范、监察、审计、内控、风险管理等工作相统筹、相衔接，确保合规管理体系有效运行。

（四）客观独立。严格依照法律法规等规定对企业和员工行为进行客观评价和处理。合规管理牵头部门独立履行职责，不受其他部门和人员的干涉。

第二章　合规管理职责

第五条　董事会的合规管理职责主要包括：

（一）批准企业合规管理战略规划、基本制度和年度报告；

（二）推动完善合规管理体系；

（三）决定合规管理负责人的任免；

（四）决定合规管理牵头部门的设置和职能；

（五）研究决定合规管理有关重大事项；

（六）按照权限决定有关违规人员的处理事项。

第六条　监事会的合规管理职责主要包括：

（一）监督董事会的决策与流程是否合规；

（二）监督董事和高级管理人员合规管理职责履行情况；

（三）对引发重大合规风险负有主要责任的董事、高级管理人员提出罢免建议；

（四）向董事会提出撤换公司合规管理负责人的建议。

第七条　经理层的合规管理职责主要包括：

（一）根据董事会决定，建立健全合规管理组织架构；

（二）批准合规管理具体制度规定；

（三）批准合规管理计划，采取措施确保合规制度得到有效执行；

（四）明确合规管理流程，确保合规要求融入业务领域；

（五）及时制止并纠正不合规的经营行为，按照权限对违规人员进行责任追究或提出处理建议；

（六）经董事会授权的其他事项。

第八条　中央企业设立合规委员会，与企业法治建设领导小组或风险控制委员会等合署，承担合规管理的组织领导和统筹协调工作，定期召开会议，研究决定合规管理重大事项或提出意见建议，指导、监督和评价合规管理工作。

第九条　中央企业相关负责人或总法律顾问担任合规管理负责人，主要职责包括：

（一）组织制订合规管理战略规划；

（二）参与企业重大决策并提出合规意见；

（三）领导合规管理牵头部门开展工作；

（四）向董事会和总经理汇报合规管理重大事项；

（五）组织起草合规管理年度报告。

第十条　法律事务机构或其他相关机构为合规管理牵头部门，组织、协调和监督合规管理工作，为其他部门提供合规支持，主要职责包括：

（一）研究起草合规管理计划、基本制度和具体制度规定；

（二）持续关注法律法规等规则变化，组织开展合规风险识别和预警，参与企业重大事项合规审查和风险应对；

（三）组织开展合规检查与考核，对制度和流程进行合规性评价，督促违规整改和持续改进；

（四）指导所属单位合规管理工作；

（五）受理职责范围内的违规举报，组织或参与对违规事件的调查，并提出处理建议；

（六）组织或协助业务部门、人事部门开展合规培训。

第十一条　业务部门负责本领域的日常合规管理工作，按照合规要求完善业务管理制度和流程，主动开展合规风险识别和隐患排查，发布合规预警，组织合规审查，及时向合规管理牵头部门通报风险事项，妥善应对合规风险事件，做好本领域合规培训和商业伙伴合规调查等工作，组织或配合进行违规问题调查并及时整改。

监察、审计、法律、内控、风险管理、安全生产、质量环保等相关部门，在职权范围内履行合规管理职责。

第三章　合规管理重点

第十二条　中央企业应当根据外部环境变化，结合自身实际，在全面推进合规管理的基础上，突出重点领域、重点环节和重点人员，切实防范合规风险。

第十三条　加强对以下重点领域的合规管理：

（一）市场交易。完善交易管理制度，严格履行决策批准程序，建立健全自律诚信体系，突出反商业贿赂、反垄断、反不正当竞争，规范资产交易、招投标等活动；

（二）安全环保。严格执行国家安全生产、环境保护法律法规，完善企业生产规范和安全环保制度，加强监督检查，及时发现并整改违规问题；

（三）产品质量。完善质量体系，加强过程控制，严把各环节质量关，提供优质产品和服务；

（四）劳动用工。严格遵守劳动法律法规，健全完善劳动合同管理制度，规范劳动合同签订、履行、变更和解除，切实维护劳动者合法权益；

（五）财务税收。健全完善财务内部控制体系，严格执行财务事项操作和审批流程，严守财经纪律，强化依法纳税意识，严格遵守税收法律政策；

（六）知识产权。及时申请注册知识产权成果，规范实施许可和转让，加强对商业秘密和商标的保护，依法规范使用他人知识产权，防止侵权行为；

（七）商业伙伴。对重要商业伙伴开展合规调查，通过签订合规协议、要求作出合规承诺等方式促进商业伙伴行为合规；

（八）其他需要重点关注的领域。

第十四条　加强对以下重点环节的合规管理：

（一）制度制定环节。强化对规章制度、改革方案等重要文件的合规审查，确保符合法律法规、监管规定等要求；

（二）经营决策环节。严格落实"三重一大"决策制度，细化各层级决策事项和权限，加强对决策事项的合规论证把关，保障决策依法合规；

（三）生产运营环节。严格执行合规制度，加强对重点流程的监督检查，确保生产经营过程中照章办事、按章操作；

（四）其他需要重点关注的环节。

第十五条　加强对以下重点人员的合规管理：

（一）管理人员。促进管理人员切实提高合规意识，带头依法依规开展经营管理活动，认真履行承担的合规管理职责，强化考核与监督问责；

（二）重要风险岗位人员。根据合规风险评估情况明确界定重要风险岗位，有针对性加大培训力度，使重要风险岗位人员熟悉并严格遵守业务涉及的各项规定，加强监督检查和违规行为追责；

（三）海外人员。将合规培训作为海外人员任职、上岗的必备条件，确保遵守我国和所在国法律法规等相关规定；

（四）其他需要重点关注的人员。

第十六条　强化海外投资经营行为的合规管理：

（一）深入研究投资所在国法律法规及相关国际规则，全面掌握禁止性规定，明确海外投资经营行为的红线、底线；

（二）健全海外合规经营的制度、体系、流程，重视开展项目的合规论证和尽职调查，依法加强对境外机构的管控，规范经营管理行为；

（三）定期排查梳理海外投资经营业务的风险状况，重点关注重大决策、重大合同、大额资金管控和境外子企业公司治理等方面存在的合规风险，妥善处理、及时报告，防止扩大蔓延。

第四章　合规管理运行

第十七条　建立健全合规管理制度，制定全员普遍遵守的合规行为规范，针对重点领域制定专项合规管理制度，并根据法律法规变化和监管动态，及时将外部有关合规要求转化为内部规章制度。

第十八条　建立合规风险识别预警机制，全面系统梳理经营管理活动中存在的合规风险，对风险发生的可能性、影响程度、潜在后果等进行系统分析，对于典型性、普遍性和可能产生较严重后果的风险及时发布预警。

第十九条　加强合规风险应对，针对发现的风险制定预案，采取有效措施，及时应对处置。对于重大合规风险事件，合规委员会统筹领导，合规管理负责人牵头，相关部门协同配合，最大限度化解风险、降低损失。

第二十条　建立健全合规审查机制，将合规审查作为规章制度制定、重大事项决策、重要合同签订、重大项目运营等经营管理行为的必经程序，及时对不合规的内容提出修改建议，未经合规审查不得实施。

第二十一条　强化违规问责，完善违规行为处罚机制，明晰违规责任范围，细化惩处标准。畅通举报渠道，针对反映的问题和线索，及时开展调查，严肃追究违规人员责任。

第二十二条　开展合规管理评估，定期对合规管理体系的有效性进行分析，对重大或反复出现的合规风险和违规问题，深入查找根源，完善相关制度，堵塞管理漏洞，强化过程管控，持续改进提升。

第五章　合规管理保障

第二十三条　加强合规考核评价，把合规经营管理情况纳入对各部门和所属企业负责人的年度综合考核，细化评价指标。对所属单位和员工合规职责履行情况进行评价，并将结果作为员工考核、干部任用、评先选优等工作的重要依据。

第二十四条　强化合规管理信息化建设，通过信息化手段优化管理流程，记录和保存相关信息。运用大数据等工具，加强对经营管理行为依法合规情况的实时在线监控和风险分析，实现信息集成与共享。

第二十五条　建立专业化、高素质的合规管理队伍，根据业务规模、合规风险水平等因素配备合规管理人员，持续加强业务培训，提升队伍能力水平。

海外经营重要地区、重点项目应当明确合规管理机构或配备专职人员，切实防范合规风险。

第二十六条　重视合规培训，结合法治宣传教育，建立制度化、常态化培训机制，确保员工理解、遵循企业合规目标和要求。

第二十七条　积极培育合规文化，通过制定发放合规手册、签订合规承诺书等方式，强化全员安全、质量、诚信和廉洁等意识，树立依法合规、守法诚信的价值观，筑牢合规经营的思想基础。

第二十八条　建立合规报告制度，发生较大合规风险事件，合规管理牵头部门和相关部门应当及时向合规管理负责人、分管领导报告。重大合规风险事件应当向国资委和有关部门报告。

合规管理牵头部门于每年年底全面总结合规管理工作情况，起草年度报告，经董事会审议通过后及时报送国资委。

第六章 附 则

第二十九条 中央企业根据本指引，结合实际制定合规管理实施细则。

地方国有资产监督管理机构可以参照本指引，积极推进所出资企业合规管理工作。

第三十条 本指引由国资委负责解释。

第三十一条 本指引自公布之日起施行。

关于建立涉案企业合规第三方监督评估机制的指导意见（试行）

2021.06

为贯彻落实习近平总书记重要讲话精神和党中央重大决策部署，在依法推进企业合规改革试点工作中建立健全涉案企业合规第三方监督评估机制，有效惩治预防企业违法犯罪，服务保障经济社会高质量发展，助力推进国家治理体系和治理能力现代化，根据刑法、刑事诉讼法等法律法规及相关政策精神，制定本指导意见。

第一章 总 则

第一条 涉案企业合规第三方监督评估机制（以下简称第三方机制），是指人民检察院在办理涉企犯罪案件时，对符合企业合规改革试点适用条件的，交由第三方监督评估机制管理委员会（以下简称第三方机制管委会）选任组成的第三方监督评估组织（以下简称第三方组织），对涉案企业的合规承诺进行调查、评估、监督和考察。考察结果作为人民检察院依法处理案件的重要参考。

第二条 第三方机制的建立和运行，应当遵循依法有序、公开公正、平等保护、标本兼治的原则。

第三条　第三方机制适用于公司、企业等市场主体在生产经营活动中涉及的经济犯罪、职务犯罪等案件，既包括公司、企业等实施的单位犯罪案件，也包括公司、企业实际控制人、经营管理人员、关键技术人员等实施的与生产经营活动密切相关的犯罪案件。

第四条　对于同时符合下列条件的涉企犯罪案件，试点地区人民检察院可以根据案件情况适用本指导意见：

（一）涉案企业、个人认罪认罚；

（二）涉案企业能够正常生产经营，承诺建立或者完善企业合规制度，具备启动第三方机制的基本条件；

（三）涉案企业自愿适用第三方机制。

第五条　对于具有下列情形之一的涉企犯罪案件，不适用企业合规试点以及第三方机制：

（一）个人为进行违法犯罪活动而设立公司、企业的；

（二）公司、企业设立后以实施犯罪为主要活动的；

（三）公司、企业人员盗用单位名义实施犯罪的；

（四）涉嫌危害国家安全犯罪、恐怖活动犯罪的；

（五）其他不宜适用的情形。

第二章　第三方机制管委会的组成和职责

第六条　最高人民检察院、国务院国有资产监督管理委员会、财政部、全国工商联会同司法部、生态环境部、国家税务总局、国家市场监督管理总局、中国国际贸易促进委员会等部门组建第三方机制管委会，全国工商联负责承担管委会的日常工作，国务院国有资产监督管理委员会、财政部负责承担管委会中涉及国有企业的日常工作。

第三方机制管委会履行下列职责：

（一）研究制定涉及第三方机制的规范性文件；

（二）研究论证第三方机制涉及的重大法律政策问题；

（三）研究制定第三方机制专业人员名录库的入库条件和管理办法；

（四）研究制定第三方组织及其人员的工作保障和激励制度；

（五）对试点地方第三方机制管委会和第三方组织开展日常监督和巡回检查；

（六）协调相关成员单位对所属或者主管的中华全国律师协会、中国注册会计师协会、中国企业联合会、中国注册税务师协会、中国贸促会全国企业合规委员会(中国贸促会商事法律服务中心)以及其他行业协会、商会、机构等在企业合规领域的业务指导,研究制定涉企犯罪的合规考察标准;

(七)统筹协调全国范围内第三方机制的其他工作。

第七条　第三方机制管委会各成员单位建立联席会议机制,由最高人民检察院、国务院国有资产监督管理委员会、财政部、全国工商联负责同志担任召集人,根据工作需要定期或者不定期召开会议,研究有关重大事项和规范性文件,确定阶段性工作重点和措施。

各成员单位应当按照职责分工,认真落实联席会议确定的工作任务和议定事项,建立健全日常联系、联合调研、信息共享、宣传培训等机制,推动企业合规改革试点和第三方机制相关工作的顺利进行。

第八条　试点地方的人民检察院和国资委、财政部门、工商联应当结合本地实际,参照本指导意见第六条、第七条规定组建本地区的第三方机制管委会并建立联席会议机制。

试点地方第三方机制管委会履行下列职责:

(一)建立本地区第三方机制专业人员名录库,并根据各方意见建议和工作实际进行动态管理;

(二)负责本地区第三方组织及其成员的日常选任、培训、考核工作,确保其依法依规履行职责;

(三)对选任组成的第三方组织及其成员开展日常监督和巡回检查;

(四)对第三方组织的成员违反本指导意见的规定,或者实施其他违反社会公德、职业伦理的行为,严重损害第三方组织形象或公信力的,及时向有关主管机关、协会等提出惩戒建议,涉嫌违法犯罪的,及时向公安司法机关报案或者举报,并将其列入第三方机制专业人员名录库黑名单;

(五)统筹协调本地区第三方机制的其他工作。

第九条　第三方机制管委会应当组建巡回检查小组,按照本指导意见第六条第五项、第八条第三项的规定,对相关组织和人员在第三方机制相关工作中的履职情况开展不预先告知的现场抽查和跟踪监督。

巡回检查小组成员可以由人大代表、政协委员、人民监督员、退休法官、检察官以及会计审计等相关领域的专家学者担任。

第三章　第三方机制的启动和运行

第十条　人民检察院在办理涉企犯罪案件时，应当注意审查是否符合企业合规试点以及第三方机制的适用条件，并及时征询涉案企业、个人的意见。涉案企业、个人及其辩护人、诉讼代理人或者其他相关单位、人员提出适用企业合规试点以及第三方机制申请的，人民检察院应当依法受理并进行审查。

人民检察院经审查认为涉企犯罪案件符合第三方机制适用条件的，可以商请本地区第三方机制管委会启动第三方机制。第三方机制管委会应当根据案件具体情况以及涉案企业类型，从专业人员名录库中分类随机抽取人员组成第三方组织，并向社会公示。

第三方组织组成人员名单应当报送负责办理案件的人民检察院备案。人民检察院或者涉案企业、个人、其他相关单位、人员对选任的第三方组织组成人员提出异议的，第三方机制管委会应当调查核实并视情况做出调整。

第十一条　第三方组织应当要求涉案企业提交专项或者多项合规计划，并明确合规计划的承诺完成时限。

涉案企业提交的合规计划，主要围绕与企业涉嫌犯罪有密切联系的企业内部治理结构、规章制度、人员管理等方面存在的问题，制定可行的合规管理规范，构建有效的合规组织体系，健全合规风险防范报告机制，弥补企业制度建设和监督管理漏洞，防止再次发生相同或者类似的违法犯罪。

第十二条　第三方组织应当对涉案企业合规计划的可行性、有效性与全面性进行审查，提出修改完善的意见建议，并根据案件具体情况和涉案企业承诺履行的期限，确定合规考察期限。

在合规考察期内，第三方组织可以定期或者不定期对涉案企业合规计划履行情况进行检查和评估，可以要求涉案企业定期书面报告合规计划的执行情况，同时抄送负责办理案件的人民检察院。第三方组织发现涉案企业或其人员尚未被办案机关掌握的犯罪事实或者新实施的犯罪行为，应当中止第三方监督评估程序，并向负责办理案件的人民检察院报告。

第十三条　第三方组织在合规考察期届满后，应当对涉案企业的合规计划完成情况进行全面检查、评估和考核，并制作合规考察书面报告，报送负责选任第三方组织的第三方机制管委会和负责办理案件的人民检察院。

第十四条　人民检察院在办理涉企犯罪案件过程中，应当将第三方组织合规考察书面报告、涉案企业合规计划、定期书面报告等合规材料，作为依法作出批准或者不批准逮捕、起诉或者不起诉以及是否变更强制措施等决定，提出量刑建议或者检察建议、检察意见的重要参考。

人民检察院发现涉案企业在预防违法犯罪方面制度不健全、不落实，管理不完善，存在违法犯罪隐患，需要及时消除的，可以结合合规材料，向涉案企业提出检察建议。

人民检察院对涉案企业作出不起诉决定，认为需要给予行政处罚、处分或者没收其违法所得的，应当结合合规材料，依法向有关主管机关提出检察意见。

人民检察院通过第三方机制，发现涉案企业或其人员存在其他违法违规情形的，应当依法将案件线索移送有关主管机关、公安机关或者纪检监察机关处理。

第十五条　人民检察院对于拟作不批准逮捕、不起诉、变更强制措施等决定的涉企犯罪案件，可以根据《人民检察院审查案件听证工作规定》召开听证会，并邀请第三方组织组成人员到会发表意见。

第十六条　负责办理案件的人民检察院应当履行下列职责：

（一）对第三方组织组成人员名单进行备案审查，发现组成人员存在明显不适当情形的，及时向第三方机制管委会提出意见建议；

（二）对涉案企业合规计划、定期书面报告进行审查，向第三方组织提出意见建议；

（三）对第三方组织合规考察书面报告进行审查，向第三方机制管委会提出意见建议，必要时开展调查核实工作；

（四）依法办理涉案企业、个人及其辩护人、诉讼代理人或者其他相关单位、人员在第三方机制运行期间提出的申诉、控告或者有关申请、要求；

（五）刑事诉讼法、人民检察院刑事诉讼规则等法律、司法解释规定的其他法定职责。

第十七条　第三方组织及其组成人员在合规考察期内，可以针对涉案企业合规计划、定期书面报告开展必要的检查、评估，涉案企业应当予以配合。

第三方组织及其组成人员应当履行下列义务：

（一）遵纪守法，勤勉尽责，客观中立；

（二）不得泄露履职过程中知悉的国家秘密、商业秘密和个人隐私；

（三）不得利用履职便利，索取、收受贿赂或者非法侵占涉案企业、个人的财物；

（四）不得利用履职便利，干扰涉案企业正常生产经营活动。

第三方组织组成人员系律师、注册会计师、税务师（注册税务师）等中介组织人员的，在履行第三方监督评估职责期间不得违反规定接受可能有利益关系的业务；在履行第三方监督评估职责结束后一年以内，上述人员及其所在中介组织不得接受涉案企业、个人或者其他有利益关系的单位、人员的业务。

第十八条　涉案企业或其人员在第三方机制运行期间，认为第三方组织或其组成人员存在行为不当或者涉嫌违法犯罪的，可以向负责选任第三方组织的第三方机制管委会反映或者提出异议，或者向负责办理案件的人民检察院提出申诉、控告。

涉案企业及其人员应当按照时限要求认真履行合规计划，不得拒绝履行或者变相不履行合规计划、拒不配合第三方组织合规考察或者实施其他严重违反合规计划的行为。

第四章　附　则

第十九条　纪检监察机关认为涉嫌行贿的企业符合企业合规试点以及第三方机制适用条件，向人民检察院提出建议的，人民检察院可以参照适用本指导意见。

第二十条　试点地方人民检察院、国资委、财政部门、工商联可以结合本地实际，参照本指导意见会同有关部门制定具体实施办法，并按照试点工作要求报送备案。

本指导意见由最高人民检察院、国务院国有资产监督管理委员会、财政部、全国工商联会同司法部、生态环境部、国家税务总局、国家市场监督管理总局、中国国际贸易促进委员会负责解释，自印发之日起施行。

《关于建立涉案企业合规第三方监督评估机制的指导意见（试行）》实施细则

2021.11

为深入学习贯彻习近平新时代中国特色社会主义思想，全面贯彻习近平法治思想，完整、准确、全面贯彻新发展理念，认真落实最高人民检察院、司法部、财政部、生态环境部、国务院国资委、税务总局、市场监管总局、全国工商联、中国贸促会《关于建立涉案企业合规第三方监督评估机制的指导意见（试行）》（以下简称《指导意见》），依法推进企业合规改革试点工作，规范涉案企业合规第三方监督评估机制管理委员会（以下简称第三方机制管委会）以及第三方监督评估机制（以下简称第三方机制）相关工作有序开展，结合工作实际，制定本实施细则。

第一章　第三方机制管委会的组成和职责

第一条　第三方机制管委会是承担对第三方机制的宏观指导、具体管理、日常监督、统筹协调等职责，确保第三方机制依法、有序、规范运行，以及第三方监督评估组织（以下简称第三方组织）及其组成人员依法依规履行职责的议事协调机构。

第二条　第三方机制管委会成员单位包括最高人民检察院、司法部、财政部、生态环境部、国务院国资委、税务总局、市场监管总局、全国工商联、中国贸促会等部门，并可以根据工作需要增加成员单位。

第三条　第三方机制管委会履行下列职责：

（一）研究制定涉及第三方机制的规范性文件；

（二）研究论证第三方机制涉及的重大法律政策问题；

（三）研究制定第三方机制专业人员名录库的入库条件和管理办法；

（四）研究制定第三方组织及其组成人员的工作保障和激励制度；

（五）对试点地方第三方机制管委会和第三方组织开展日常监督和巡回检查；

（六）协调相关成员单位对所属或者主管的中华全国律师协会、中国注册会计师协会、中国企业联合会、中国注册税务师协会、中国贸促会全国企业合规委员会（中国贸促会商事法律服务中心）以及其他行业协会、商会、机构等在企业合规领域的业务指导，研究制定涉企犯罪的合规考察标准；

（七）统筹协调第三方机制的其他工作。

第二章　第三方机制管委会联席会议的职责

第四条　第三方机制管委会建立联席会议机制，以联席会议形式研究制定重大规范性文件，研究论证重大法律政策问题，研究确定阶段性工作重点和措施，协调议定重大事项，推动管委会有效履职尽责。

第五条　联席会议由最高人民检察院、国务院国资委、财政部、全国工商联有关负责同志担任召集人,管委会其他成员单位有关负责同志担任联席会议成员。联席会议成员因工作变动需要调整的,由所在单位提出,联席会议确定。

第六条　联席会议原则上每半年召开一次,也可以根据工作需要临时召开。涉及企业合规改革试点工作及重大法律政策议题的由最高人民检察院召集,涉及第三方机制管委会日常工作及民营企业议题的由全国工商联召集,涉及国有企业议题的由国务院国资委、财政部召集。召集人可以根据议题邀请其他相关部门、单位以及专家学者参加会议。

第七条　联席会议以纪要形式明确会议议定事项,印发第三方机制管委会各成员单位及有关方面贯彻落实,重大事项按程序报批,落实情况定期报告联席会议。

第八条　联席会议设联络员,由第三方机制管委会各成员单位有关司局负责同志担任。在联席会议召开之前,应当召开联络员会议,研究讨论联席会议议题和需提交联席会议议定的事项及其他有关工作。

联络员应当根据所在单位职能,履行下列职责:

(一)协调本单位与其他成员单位的工作联系;

(二)组织研究起草有关规范性文件,研究论证有关法律政策问题,对有关事项或者议题提出意见建议;

(三)组织研究提出本单位需提交联席会议讨论的议题;

(四)在联席会议成员因故不能参加会议时,受委托参加会议并发表意见;

(五)组织落实联席会议确定的工作任务和议定事项。

第九条　联席会议设联系人,由第三方机制管委会各成员单位有关处级负责同志担任,负责日常联系沟通工作,承办联席会议成员及联络员的交办事项。

第三章　第三方机制管委会办公室的职责

第十条　第三方机制管委会下设办公室作为常设机构,负责承担第三方机制管委会的日常工作。办公室设在全国工商联,由全国工商联有关部门负责同志担任办公室主任,最高人民检察院、国务院国资委、财政部有关部门负责同志担任办公室副主任。

第十一条　第三方机制管委会办公室履行下列职责:

（一）协调督促各成员单位落实联席会议确定的工作任务和议定事项；

（二）收集整理各成员单位提交联席会议研究讨论的议题，负责联席会议和联络员会议的组织筹备工作；

（三）协调指导联席会议联系人开展日常联系沟通工作；

（四）负责国家层面第三方机制专业人员名录库的建立选任、日常管理、动态调整，并建立禁入名单等惩戒机制；

（五）组织开展对试点地方第三方机制管委会和第三方组织日常监督和巡回检查；

（六）承担第三方机制管委会及其联席会议交办的其他工作。

第十二条　第三方机制管委会办公室应当采取有效措施，建立健全第三方机制管委会联合调研、信息共享、案例指导、宣传培训等机制，并加强与中华全国律师协会、中国注册会计师协会、中国企业联合会、中国注册税务师协会、中国贸促会全国企业合规委员会（中国贸促会商事法律服务中心）以及其他行业协会、商会、机构的工作联系。

第十三条　第三方机制管委会办公室牵头组建巡回检查小组，邀请人大代表、政协委员、人民监督员、退休法官、退休检察官以及会计、审计、法律、合规等相关领域的专家学者担任巡回检查小组成员，对试点地方第三方机制管委会和相关第三方组织及其组成人员的履职情况开展不预先告知的现场抽查和跟踪监督。

第三方机制管委会办公室应当将巡回检查情况及时报告第三方机制管委会及其联席会议，并提出改进工作的意见建议。

第十四条　第三方机制管委会办公室可以推动各成员单位、各工作联系单位根据工作需要互派干部挂职交流，探索相关单位工作人员兼任检察官助理制度，并协调各成员单位视情派员参与第三方机制管委会办公室工作，提升企业合规工作专业化规范化水平。

第十五条　试点地方的人民检察院和国资委、财政、工商联等有关单位应当结合本地实际，组建本地区的第三方机制管委会并建立联席会议机制，设立第三方机制管委会办公室负责日常工作。

第四章　第三方组织的性质

第十六条　第三方组织是试点地方第三方机制管委会选任组成的负责对涉案企业的合规承诺及其完成情况进行调查、评估、监督和考察的临时性组织。

第十七条　第三方组织的运行应当遵循依法依规、公开公正、客观中立、专业高效的原则。

第十八条　试点地方第三方机制管委会负责对其选任组成的第三方组织及其组成人员履职期间的监督、检查、考核等工作，确保其依法依规履行职责。

第五章　第三方机制的启动

第十九条　人民检察院在办理涉企犯罪案件时，应当注意审查是否符合企业合规试点以及第三方机制的适用条件，并及时听取涉案企业、人员的意见。经审查认为符合适用条件的，应当商请本地区第三方机制管委会启动第三方机制。

公安机关、纪检监察机关等办案机关提出适用建议的，人民检察院参照前款规定处理。

第二十条　涉案企业、人员及其辩护人、诉讼代理人以及其他相关单位、人员提出适用企业合规试点以及第三方机制申请的，人民检察院应当依法受理并进行审查。经审查认为符合适用条件的，应当商请本地区第三方机制管委会启动第三方机制。

第二十一条　第三方机制管委会收到人民检察院商请后，应当综合考虑案件涉嫌罪名、复杂程度以及涉案企业类型、规模、经营范围、主营业务等因素，从专业人员名录库中分类随机抽取人员组成第三方组织。

专业人员名录库中没有相关领域专业人员的，第三方机制管委会可以采取协商邀请的方式，商请有关专业人员参加第三方组织。

同一个第三方组织一般负责监督评估一个涉案企业。同一案件涉及多个涉案企业，或者涉案企业之间存在明显关联关系的，可以由同一个第三方组织负责监督评估。

第二十二条　涉案企业、人员的居住地与案件办理地不一致的，案件办理地第三方机制管委会可以委托涉案企业、人员居住地第三方机制管委会选任组成第三方组织并开展监督评估，或者可以通过第三方机制管委会成员单位及其所属或者主管的行业协会、商会、机构的异地协作机制，协助开展监督评估。

第二十三条　第三方组织一般由3至7名专业人员组成，针对小微企业的第三方组织也可以由2名专业人员组成。

同一名专业人员在不存在利益关系、保障工作质量的条件下，可以同时担任一个以上第三方组织的组成人员。

第三方机制管委会应当根据工作需要，指定第三方组织牵头负责人，也可由第三方组织组成人员民主推举负责人，并报第三方机制管委会审定。

第二十四条　第三方机制管委会应当将第三方组织组成人员名单及提出意见的方式向社会公示，接受社会监督。

公示期限由第三方机制管委会根据情况决定，但不得少于五个工作日。公示可以通过在涉案单位所在地或者有关新闻媒体、网站发布公示通知等形式进行。

第二十五条　涉案企业、人员或者其他相关单位、人员对选任的第三方组织组成人员提出异议，或者第三方组织组成人员申请回避的，第三方机制管委会应当及时调查核实并视情况作出调整。

公示期满后无异议或者经审查异议不成立的，第三方机制管委会应当将第三方组织组成人员名单报送负责办理案件的人民检察院备案。人民检察院发现组成人员存在明显不适当情形的，应当及时向第三方机制管委会提出意见建议，第三方机制管委会依照本条第一款的规定处理。

第二十六条　人民检察院对第三方机制管委会报送的第三方组织组成人员名单，经审查未提出不同意见的，应当通报第三方机制管委会，并由第三方机制管委会宣告第三方组织成立。

第三方组织存续期间，其组成人员一般不得变更。确需变更的，第三方机制管委会应当依照本实施细则相关规定处理。

第六章　第三方机制的运行

第二十七条　第三方组织成立后，应当在负责办理案件的人民检察院的支持协助下，深入了解企业涉案情况，认真研判涉案企业在合规领域存在的薄弱环节和突出问题，合理确定涉案企业适用的合规计划类型，做好相关前期准备工作。

第三方机制管委会可以根据工作需要，指派专门人员负责与选任组成的第三方组织及负责办理案件的人民检察院、涉案企业联络沟通，协调处理第三方机制启动和运行有关事宜。

第二十八条　第三方组织根据涉案企业情况和工作需要，应当要求涉案企业提交单项或者多项合规计划，对于小微企业可以视情简化。

涉案企业提交的合规计划，应当以全面合规为目标、专项合规为重点，主要针对与企业涉嫌犯罪有密切联系的企业内部治理结构、规章制度、人员管理等方面存在的问题，制定可行的合规管理规范，构建有效的合规组织体系，完善相关业务管理流程，健全合规风险防范报告机制，弥补企业制度建设和监督管理漏洞，防止再次发生相同或者类似的违法犯罪。

第二十九条　第三方组织应当对涉案企业合规计划的可行性、有效性与全面性进行审查，重点审查以下内容：

（一）涉案企业完成合规计划的可能性以及合规计划本身的可操作性；

（二）合规计划对涉案企业预防治理涉嫌的犯罪行为或者类似违法犯罪行为的实效性；

（三）合规计划是否覆盖涉案企业在合规领域的薄弱环节和明显漏洞；

（四）其他根据涉案企业实际情况需要重点审查的内容。

第三方组织应当就合规计划向负责办理案件的人民检察院征求意见，综合审查情况一并向涉案企业提出修改完善的意见。

第三十条　第三方组织根据案件具体情况和涉案企业承诺履行的期限，并向负责办理案件的人民检察院征求意见后，合理确定合规考察期限。

第三十一条　在合规考察期内，第三方组织可以定期或者不定期对涉案企业合规计划履行情况进行监督和评估，可以要求涉案企业定期书面报告合规计划的执行情况，同时抄送负责办理案件的人民检察院。

第三方组织发现涉案企业执行合规计划存在明显偏差或错误的，应当及时进行指导、提出纠正意见，并报告负责办理案件的人民检察院。

第三十二条　第三方组织发现涉案企业或其人员尚未被办案机关掌握的犯罪事实或者新实施的犯罪行为，应当中止第三方监督评估程序，并及时向负责办理案件的人民检察院报告。

负责办理案件的人民检察院接到报告后，依照刑事诉讼法及相关司法解释的规定依法处理。

第三十三条　第三方组织在合规考察期届满后，应当对涉案企业的合规计划完成情况进行全面了解、监督、评估和考核，并制作合规考察书面报告。

合规考察书面报告一般应当包括以下内容：

（一）涉案企业履行合规承诺、落实合规计划情况；

（二）第三方组织开展了解、监督、评估和考核情况；

（三）第三方组织监督评估的程序、方法和依据；

（四）监督评估结论及意见建议；

（五）其他需要说明的问题。

第三十四条　合规考察书面报告应当由第三方组织全体组成人员签名或者盖章后，报送负责选任第三方组织的第三方机制管委会、负责办理案件的人民检察院等单位。

第三方组织组成人员对合规考察书面报告有不同意见的，应当在报告中说明其不同意见及理由。

第三十五条　本实施细则第三十一条、第三十三条规定的监督、评估方法应当紧密联系企业涉嫌犯罪有关情况，包括但不限于以下方法；

（一）观察、访谈、文本审阅、问卷调查、知识测试；

（二）对涉案企业的相关业务与管理事项，结合业务发生频率、重要性及合规风险高低进行抽样检查；

（三）对涉案企业的相关业务处理流程，结合相关原始文件、业务处理踪迹、操作管理流程等进行穿透式检查；

（四）对涉案企业的相关系统及数据，结合交易数据、业务凭证、工作记录以及权限、参数设置等进行比对检查。

第三十六条　涉案企业及其人员对第三方组织开展的检查、评估应当予以配合并提供便利，如实填写、提交相关文件、材料，不得弄虚作假。

涉案企业或其人员认为第三方组织或其组成人员的检查、评估行为不当或者涉嫌违法犯罪的，可以向负责选任第三方组织的第三方机制管委会反映或者提出异议，或者向负责办理案件的人民检察院提出申诉、控告。

第三十七条　负责选任第三方组织的第三方机制管委会和负责办理案件的人民检察院收到第三方组织报送的合规考察书面报告后，应当及时进行审查，双方认为第三方组织已经完成监督评估工作的，由第三方机制管委会宣告第三方组织解散。

第三十八条　第三方组织组成人员系律师、注册会计师、税务师（注册税务师）等中介组织人员的，在履行第三方监督评估职责期间不得违反规定接受可能有利益关系的业务，在履行第三方监督评估职责结束后二年以内，上述人员及其所在中介组织不得接受涉案企业、人员或者其他有利益关系的单位、人员的业务。

第三十九条　第三方机制管委会或者负责办理案件的人民检察院发现第三方组织或其组成人员故意提供虚假报告或者提供的报告严重失实的，应当依照《指导意见》的规定及时向有关主管机关、协会等提出惩戒建议，涉嫌违法犯罪的，及时向有关机关报案或者举报，并将其列入第三方机制专业人员名录库禁入名单。

第四十条　负责办理案件的人民检察院应当要求知悉案情的第三方组织组成人员，参照执行防止干预司法"三个规定"，严格做好有关事项填报工作。

第七章　附则

第四十一条　试点地方第三方机制管委会可以结合本地实际，参照《指导意见》及本实施细则制定具体实施办法，并按照试点工作要求报送备案。

第四十二条　本实施细则由最高人民检察院、国务院国资委、财政部、全国工商联会同司法部、生态环境部、税务总局、市场监管总局、中国贸促会等部门组建的第三方机制管委会负责解释，自印发之日起施行。

涉案企业合规第三方监督评估机制专业人员选任管理办法（试行）

2021.11

为深入学习贯彻习近平新时代中国特色社会主义思想，全面贯彻习近平法治思想，完整、准确、全面贯彻新发展理念，认真落实最高人民检察院、司法部、财政部、生态环境部、国务院国资委、税务总局、市场监管总局、全国工商联、中国贸促会《关于建立涉案企业合规第三方监督评估机制的指导意见（试行）》（以下简称《指导意见》），规范涉案企业合规第三方监督评估机制专业人员（以下简称第三方机制专业人员）选任管理工作，保障涉案企业合规第三方监督评估机制（以下简称第三方机制）有效运行，结合工作实际，制定本办法。

第一章　总　则

第一条　第三方机制专业人员，是指由涉案企业合规第三方监督评估机制管理委员会（以下简称第三方机制管委会）选任确定，作为第三方监督评估组织（以下简称第三方组织）组成人员参与涉案企业合规第三方监督评估工作的相关领域专业人员，主要包括律师、注册会计师、税务师（注册税务师）、企业合规师、相关领域专家学者以及有关行业协会、商会、机构、社会团体（以下简称有关组织）的专业人员。

生态环境、税务、市场监督管理等政府工作部门中具有专业知识的人员可以被选任确定为第三方机制专业人员，或者可以受第三方机制管委会邀请或者受所在单位委派参加第三方组织及其相关工作，其选任管理具体事宜由第三方机制管委会与其所在单位协商确定。有关政府工作部门所属企事业单位中的专业人员可以被选任确定为第三方机制专业人员，参加第三方组织及其相关工作。

有关单位中具有专门知识的退休人员参加第三方组织及其相关工作的，应当同时符合有关退休人员的管理规定。

第二条　第三方机制专业人员选任管理应当遵循依法依规、公开公正、分级负责、接受监督的原则。

第三条　各级第三方机制管委会统筹协调本级第三方机制专业人员的选任、培训、考核、奖惩、监督等工作。

国家层面第三方机制管委会负责研究制定涉及第三方机制专业人员的规范性文件及保障激励制度，统筹协调全国范围内涉及第三方机制专业人员的相关工作。

上级第三方机制管委会应当加强对下级第三方机制管委会涉及第三方机制专业人员相关工作的具体指导。

第二章　第三方机制专业人员的选任

第四条　国家层面、省级和地市级第三方机制管委会应当组建本级第三方机制专业人员名录库（以下简称名录库）。经省级第三方机制管委会审核同意，有条件的县级第三方机制管委会可以组建名录库。

第五条　名录库以个人作为入库主体，不得以单位、团体作为入库主体。

名录库应当分类组建，总人数不少于五十人。人员数量、组成结构和各专业领域名额分配可以由负责组建名录库的第三方机制管委会根据工作需要自行确定，并可以结合实际进行调整。

省级以下名录库的入库人员限定为本省（自治区、直辖市）区域内的专业人员。因专业人员数量不足未达到组建条件的，可以由省级第三方机制管委会统筹协调相邻地市联合组建名录库。

第六条　第三方机制专业人员应当拥有较好的政治素质和道德品质，具备履行第三方监督评估工作的专业知识、业务能力和时间精力，其所在单位或者所属有关组织同意其参与第三方监督评估工作。

第三方机制专业人员一般应当具备下列条件：

（一）拥护中国共产党领导，拥护我国社会主义法治；

（二）具有良好道德品行和职业操守；

（三）持有本行业执业资格证书，从事本行业工作满三年；

（四）工作业绩突出，近三年考核等次为称职以上；

（五）熟悉企业运行管理或者具备相应专业知识；

（六）近三年未受过与执业行为有关的行政处罚或者行业惩戒；

（七）无受过刑事处罚、被开除公职或者开除党籍等情形；

（八）无其他不适宜履职的情形。

第七条　第三方机制管委会一般应当按照制定计划、发布公告、本人申请、单位推荐、材料审核、考察了解、初定人选、公示监督、确定人选、颁发证书等程序组织实施第三方机制专业人员选任工作。

第八条　第三方机制管委会组织实施第三方机制专业人员选任，应当在成员单位或其所属或者主管的律师协会、注册会计师协会、注册税务师协会等有关组织的官方网站上发布公告。

公告应当载明选任名额、标准条件、报名方式、报名材料和选任工作程序等相关事项，公告期一般不少于二十个工作日。

第九条　第三方机制管委会可以通过审查材料、走访了解、面谈测试等方式对报名人员进行审核考察，并在此基础上提出拟入库人选。

第三方机制管委会可以通过成员单位所属或者主管的有关组织了解核实拟入库人选的相关情况。

第十条　第三方机制管委会应当将拟入库人选名单及监督联系方式向社会公示，接受社会监督。公示可以通过在拟入库人选所在单位或者有关新闻媒体、网站发布公示通知等形式进行，公示期一般不少于七个工作日。

第三方机制管委会对于收到的举报材料、情况反映应当及时进行调查核实，视情提出处理意见。调查核实过程中可以根据情况与举报人、反映人沟通联系。

第十一条　第三方机制管委会在确定拟入库人选时应当综合考虑报名人员的政治素质、执业（工作）时间、工作业绩、研究成果、表彰奖励，以及所在单位的资质条件、人员规模、所获奖励、行业影响力等情况。同等条件下，可以优先考虑担任党代表、人大代表、政协委员、人民团体职务的人选。

第十二条　公示期满后无异议或者经审查异议不成立的，第三方机制管委会应当向入库人员颁发证书，并通知其所在单位或者所属有关组织。名录库人员名单应当在第三方机制管委会成员单位的官方网站上公布，供社会查询。

第三方机制管委会应当明确入库人员的任职期限，一般为二至三年。经第三方机制管委会审核，期满后可以续任。

第三章　第三方机制专业人员的日常管理

第十三条　第三方机制专业人员根据履职需要，可以查阅相关文件资料，参加有关会议和考察活动，接受业务培训。

第十四条　第三方机制专业人员应当认真履职、勤勉尽责，严格履行相关法律法规及《指导意见》等有关保密、回避、廉洁等义务。

第十五条　第三方机制管委会应当结合涉案企业合规第三方监督评估工作情况，定期组织第三方机制专业人员进行业务培训、开展调研考察和座谈交流，总结推广经验做法。

第三方机制管委会有关成员单位应当指导所属或者主管的有关组织，加强本行业、本部门涉及第三方机制相关工作的理论实务研究，积极开展业务培训和工作指导。

第十六条　第三方机制管委会可以通过定期考核、一案一评、随机抽查、巡回检查等方式，对第三方机制专业人员进行考核评价。考核结果作为对第三方机制专业人员奖励激励、续任或者调整出库的重要依据。

第十七条　第三方机制管委会应当建立健全第三方机制专业人员奖励激

励制度，对表现突出的第三方机制专业人员给予奖励激励，或向其所在单位或者所属有关组织提出奖励激励的建议。

第十八条　第三方机制管委会应当及时将考核结果、奖励激励情况书面通知本人及所在单位或者所属有关组织，可以通过有关媒体向社会公布。

第十九条　第三方机制管委会应当建立健全第三方机制专业人员履职台账，全面客观记录第三方机制专业人员业务培训、参加活动和履行职责情况，作为确定考核结果的重要参考。

第二十条　第三方机制管委会在对第三方机制专业人员的履职情况开展考核评价时，应当主动征求办理案件的检察机关、巡回检查小组以及涉案企业等意见建议。

第二十一条　第三方机制专业人员有下列情形之一的，考核评价结果应当确定为不合格，并视情作出相应后续处理：

（一）不参加第三方组织工作或者不接受第三方机制管委会分配工作任务，且无正当理由的；

（二）在履行第三方监督评估职责中出现重大失误，造成不良影响的；

（三）在履行第三方监督评估职责中存在行为不当，涉案企业向第三方机制管委会反映或者提出异议，造成不良影响的；

（四）其他造成不良影响或者损害第三方组织形象、公信力的情形。

第二十二条　第三方机制管委会对违反有关义务的第三方机制专业人员，可以谈话提醒、批评教育，或视情通报其所在单位或者所属有关组织，情节严重或者造成严重后果的可以将其调整出库。

第三方机制专业人员有下列情形之一的，第三方机制管委会应当及时将其调整出库：

（一）在选任或者履职中弄虚作假，提供虚假材料或者情况的；

（二）受到刑事处罚、被开除公职或者开除党籍的；

（三）受到行政处罚或者行业惩戒，情节严重的；

（四）违反《指导意见》第十七条第二款第二项至第四项规定的；

（五）利用第三方机制专业人员身份发表与履职无关的言论或者从事与履职无关的活动，造成严重不良影响的；

（六）考核评价结果两次确定为不合格的；

（七）实施严重违反社会公德、职业道德或者其他严重有损第三方机制专业人员形象、公信力行为的；

（八）其他不适宜继续履行第三方监督评估职责的情形。

第三方机制管委会发现第三方机制专业人员的行为涉嫌违规的，应当及时向有关主管机关，或其所在单位或者所属有关组织反映情况、提出惩戒或者处理建议；涉嫌违法犯罪的，应当及时向有关机关报案或者举报。

第二十三条　第三方机制管委会应当建立健全第三方机制专业人员名录库禁入名单制度。对于依照本办法第二十二条规定被调整出库的第三方机制专业人员，应当列入名录库禁入名单。

第三方机制管委会对列入名录库禁入名单的人员应当逐级汇总上报，实现信息共享。

第二十四条　第三方机制专业人员因客观原因不能履职、本人不愿继续履职或者产生影响履职重大事项的，应当及时向第三方机制管委会报告并说明情况，主动辞任第三方机制专业人员。第三方机制管委会应当及时进行审查并将其调整出库。

第二十五条　第三方机制管委会应当根据工作需要，结合履职台账、考核情况以及本人意愿、所在单位或者所属有关组织意见等，定期或者不定期对名录库人员进行动态调整。名录库人员名单调整更新后，应当依照本办法第十二条规定，及时向社会公布。

第四章　工作保障

第二十六条　第三方机制管委会各成员单位、第三方机制专业人员所在单位或者所属有关组织以及涉案企业，应当为第三方机制专业人员履行职责提供必要支持和便利条件。

第二十七条　第三方机制专业人员选任管理工作所需业务经费和第三方机制专业人员履职所需费用，试点地方可以结合本地实际，探索多种经费保障模式。

第五章　附　则

第二十八条　地方各级第三方机制管委会可以结合本地实际，参照本办法制定具体实施细则，并按照试点工作要求报送备案。

有关部门、组织可以结合本行业、本部门实际，制定名录库人员的具体入选标准。

本办法出台前，已组建的各地各级名录库不符合本办法规定的，可以继续试点。

第二十九条　本办法由最高人民检察院、国务院国资委、财政部、全国工商联会同司法部、生态环境部、税务总局、市场监管总局、中国贸促会等部门组建的第三方机制管委会负责解释，自印发之日起施行。

涉案企业合规建设、评估和审查办法（试行）

2022.04

为深入学习贯彻习近平新时代中国特色社会主义思想，全面贯彻习近平法治思想，完整、准确、全面贯彻新发展理念，认真落实最高人民检察院、司法部、财政部、生态环境部、国务院国资委、税务总局、市场监管总局、全国工商联、中国贸促会《关于建立涉案企业合规第三方监督评估机制的指导意见（试行）》（以下简称《指导意见》）及其实施细则，依法推进企业合规改革试点工作，规范第三方监督评估机制（以下简称第三方机制）相关工作有序开展，结合工作实际，制定本办法。

第一章　总则

第一条　涉案企业合规建设，是指涉案企业针对与涉嫌犯罪有密切联系的合规风险，制定专项合规整改计划，完善企业治理结构，健全内部规章制度，形成有效合规管理体系的活动。

涉案企业合规评估，是指第三方监督评估组织（以下简称第三方组织）对涉案企业专项合规整改计划和相关合规管理体系有效性进行了解、评价、监督和考察的活动。

涉案企业合规审查，是指负责办理案件的人民检察院对第三方组织的评估过程和结论进行审核。

针对未启动第三方机制的小微企业合规，可以由人民检察院对其提交的合规计划和整改报告进行审查。

第二条　对于涉案企业合规建设经评估符合有效性标准的，人民检察院可以参考评估结论依法作出不批准逮捕、变更强制措施、不起诉的决定，提出从宽处罚的量刑建议，或者向有关主管机关提出从宽处罚、处分的检察意见。

对于涉案企业合规建设经评估未达到有效性标准或者采用弄虚作假手段骗取评估结论的，人民检察院可以依法作出批准逮捕、起诉的决定，提出从严处罚的量刑建议，或者向有关主管机关提出从严处罚、处分的检察意见。

第二章　涉案企业合规建设

第三条　涉案企业应当全面停止涉罪违规违法行为，退缴违规违法所得，补缴税款和滞纳金并缴纳相关罚款，全力配合有关主管机关、公安机关、检察机关及第三方组织的相关工作。

第四条　涉案企业一般应当成立合规建设领导小组，由其实际控制人、主要负责人和直接负责的主管人员等组成，必要时可以聘请外部专业机构或者专业人员参与或者协助。合规建设领导小组应当在全面分析研判企业合规风险的基础上，结合本行业合规建设指引，研究制定专项合规计划和内部规章制度。

第五条　涉案企业制定的专项合规计划，应当能够有效防止再次发生相同或者类似的违法犯罪行为。

第六条　涉案企业实际控制人、主要负责人应当在专项合规计划中作出合规承诺并明确宣示，合规是企业的优先价值，对违规违法行为采取零容忍的态度，确保合规融入企业的发展目标、发展战略和管理体系。

第七条　涉案企业应当设置与企业类型、规模、业务范围、行业特点等相适应的合规管理机构或者管理人员。

合规管理机构或者管理人员可以专设或者兼理，合规管理的职责必须明确、具体、可考核。

第八条　涉案企业应当针对合规风险防控和合规管理机构履职的需要，通过制定合规管理规范、弥补监督管理漏洞等方式，建立健全合规管理的制度机制。

涉案企业的合规管理机构和各层级管理经营组织均应当根据其职能特点设立合规目标，细化合规措施。

合规管理制度机制应当确保合规管理机构或者管理人员独立履行职责，对于涉及重大合规风险的决策具有充分发表意见并参与决策的权力。

第九条　涉案企业应当为合规管理制度机制的有效运行提供必要的人员、培训、宣传、场所、设备和经费等人力物力保障。

第十条　涉案企业应当建立监测、举报、调查、处理机制，保证及时发现和监控合规风险，纠正和处理违规行为。

第十一条　涉案企业应当建立合规绩效评价机制，引入合规指标对企业主要负责人、经营管理人员、关键技术人员等进行考核。

第十二条　涉案企业应当建立持续整改、定期报告等机制，保证合规管理制度机制根据企业经营发展实际不断调整和完善。

第三章　涉案企业合规评估

第十三条　第三方组织可以根据涉案企业情况和工作需要，制定具体细化、可操作的合规评估工作方案。

第十四条　第三方组织对涉案企业专项合规整改计划和相关合规管理体系有效性的评估，重点包括以下内容：

（一）对涉案合规风险的有效识别、控制；

（二）对违规违法行为的及时处置；

（三）合规管理机构或者管理人员的合理配置；

（四）合规管理制度机制建立以及人力物力的充分保障；

（五）监测、举报、调查、处理机制及合规绩效评价机制的正常运行；

（六）持续整改机制和合规文化已经基本形成。

第十五条　第三方组织应当以涉案合规风险整改防控为重点，结合特定行业合规评估指标，制定符合涉案企业实际的评估指标体系。

评估指标的权重可以根据涉案企业类型、规模、业务范围、行业特点以及涉罪行为等因素设置，并适当提高合规管理的重点领域、薄弱环节和重要岗位等方面指标的权重。

第四章　涉案企业合规审查

第十六条　第三方机制管委会和人民检察院收到第三方组织报送的合规考察书面报告后，应当及时进行审查，重点审查以下内容：

（一）第三方组织制定和执行的评估方案是否适当；

（二）评估材料是否全面、客观、专业，足以支持考察报告的结论；

（三）第三方组织或其组成人员是否存在可能影响公正履职的不当行为或者涉嫌违法犯罪行为。

经第三方机制管委会和人民检察院审查，认为第三方组织已经完成监督评估工作的，由第三方机制管委会宣告第三方组织解散。对于审查中发现的疑点和重点问题，人民检察院可以要求第三方组织或其组成人员说明情况，也可以直接进行调查核实。

第十七条　人民检察院对小微企业提交合规计划和整改报告的审查，重点包括合规承诺的履行、合规计划的执行、合规整改的实效等内容。

第十八条　第三方机制管委会收到关于第三方组织或其组成人员存在行为不当或者涉嫌违法犯罪的反映、异议，或者人民检察院收到上述内容的申诉、控告的，双方应当及时互相通报情况并会商提出处理建议。

第十九条　第三方机制管委会或者人民检察院经审查合规考察书面报告等材料发现，或者经对收到的反映、异议或者申诉、控告调查核实确认，第三方组织或其组成人员存在违反《指导意见》及其实施细则规定的禁止性行为，足以影响评估结论真实性、有效性的，第三方机制管委会应当重新组建第三方组织进行评估。

第五章　附则

第二十条　本办法所称涉案企业，是指涉嫌单位犯罪的企业，或者实际控制人、经营管理人员、关键技术人员等涉嫌实施与生产经营活动密切相关犯罪的企业。

对与涉案企业存在关联合规风险或者由类案暴露出合规风险的企业，负责办理案件的人民检察院可以对其提出合规整改的检察建议。

第二十一条　涉案企业应当以全面合规为目标、专项合规为重点，并根据规模、业务范围、行业特点等因素变化，逐步增设必要的专项合规计划，推动实现全面合规。

第二十二条　大中小微企业的划分，根据国家相关标准执行。

第二十三条　本办法由国家层面第三方机制管委会负责解释。自印发之日起施行。

附录二：典型案例

案例一

张家港市 L 公司、张某甲等人污染环境案

（一）基本案情

江苏省张家港市 L 化机有限公司（以下简称 L 公司）系从事不锈钢产品研发和生产的省级高科技民营企业，张某甲、张某乙、陆某某分别系该公司的总经理、副总经理、行政主管。

2018 年下半年，L 公司在未取得生态环境部门环境评价的情况下建设酸洗池，并于 2019 年 2 月私设暗管，将含有镍、铬等重金属的酸洗废水排放至生活污水管，造成严重环境污染。苏州市张家港生态环境局现场检测，L 公司排放井内积存水样中总镍浓度为 29.4mg/L、总铬浓度为 29.2mg/L，分别超过《污水综合排放标准》的 29.4 倍和 19.5 倍。2020 年 6 月，张某甲、张某乙、陆某某主动向张家港市公安局投案，如实供述犯罪事实，自愿认罪认罚。

2020 年 8 月，张家港市公安局以 L 公司及张某甲等人涉嫌污染环境罪向张家港市检察院移送审查起诉。张家港市检察院进行办案影响评估并听取 L 公司合规意愿后，指导该公司开展合规建设。

（二）企业合规整改情况及处理结果

检察机关经审查认为，L 公司及张某甲等人虽涉嫌污染环境罪，但排放污水量较小，尚未造成实质性危害后果，可以进行合规考察监督并参考考察情况依法决定是否适用不起诉。同时经调查，L 公司系省级高科技民营企业，年均纳税 400 余万元、企业员工 90 余名、拥有专利 20 余件，部分产品突破国外垄断。如果公司及其主要经营管理人员被判刑，对国内相关技术领域将造成较大影响。有鉴于此，2020 年 10 月，检察机关向 L 公司送达《企业刑事合规告知书》，该公司在第一时间提交了书面合规承诺及行业地位、科研力量、纳税贡献、承担社会责任等证明材料。

检察机关在认真审查调查报告、听取行政机关意见以及综合审查企业书面承诺的基础上，对 L 公司做出合规考察决定。随后，L 公司聘请律师对合规建设进行初评，全面排查企业合规风险，制订详细合规计划，检察机关委托税务、生态环境、应急管理等部门对合规计划进行专业评估。L 公司每月向检察机关书面汇报合规计划实施情况。2020 年 12 月，组建以生态环境部门专业人员为组长的评估小组，对 L 公司整改情况及合规建设情况进行评估，经评估合格，通过合规考察。同月，检察机关邀请人民监督员、相关行政主管部门、工商联等各界代表，召开公开听证会，参会人员一致建议对 L 公司作不起诉处理。检察机关经审查认为，符合刑事诉讼法相关规定，当场公开宣告不起诉决定，并依法向生态环境部门提出对该公司给予行政处罚的检察意见。2021 年 3 月，苏州市生态环境局根据《水污染防治法》有关规定，对 L 公司做出行政处罚决定。

通过开展合规建设，L 公司实现了快速转型发展，逐步建立起完备的生产经营、财务管理、合规内控的管理体系，改变了野蛮粗放的发展运营模式，企业家和员工的责任感明显提高，企业抵御和防控经济风险的能力得到进一步增强。2021 年 L 公司一季度销售收入同比增长 275%，缴纳税收同比增长 333%，成为所在地区增幅最大的企业。

（三）典型意义

一是检察机关积极主动发挥合规主导责任。本案中，检察机关在办理涉企犯罪案件时，主动审查是否符合企业合规试点适用条件，并及时征询涉案企业、个人的意见，做好合规前期准备。在企业合规建设过程中，检察机关会同有关部门，对涉案企业合规计划及实施情况进行检查、评估、考察，引导涉案企业实质化合规整改，取得明显成效。

二是检察机关推动企业合规与检察听证、刑行衔接相结合。本案中，检察机关召开公开听证会，听取各方面意见后对涉案企业依法做出不起诉决定，以公开促公正，提升司法公信力。同时，检察机关结合企业合规情况，主动做好刑行衔接工作，提出检察意见移送有关主管机关处理，防止不起诉后一放了之。

案例二

上海市 A 公司、B 公司、关某某虚开增值税专用发票案

（一）基本案情

被告单位上海 A 医疗科技股份有限公司（以下简称 A 公司）、上海 B 科技有限公司（以下简称 B 公司），被告人关某某系 A、B 两家公司实际控制人。

2016 年至 2018 年间，关某某在经营 A 公司、B 公司业务期间，在无真实货物交易的情况下，通过他人介绍，采用支付开票费的方式，让他人为两家公司虚开增值税专用发票共 219 份，价税合计 2887 余万元，其中税款 419 万余元已申报抵扣。2019 年 10 月，关某某到案后如实供述上述犯罪事实并补缴涉案税款。

2020 年 6 月，公安机关以 A 公司、B 公司、关某某涉嫌虚开增值税专用发票罪移送检察机关审查起诉。上海市宝山区检察院受理案件后，走访涉案企业及有关方面了解情况，督促企业做出合规承诺并开展合规建设。

（二）企业合规整改情况及处理结果

检察机关走访涉案企业了解经营情况，并向当地政府了解其纳税及容纳就业情况。经调查，涉案企业系我国某技术领域的领军企业、上海市高新技术企业，科技实力雄厚，对地方经济发展和增进就业有很大贡献。公司管理人员及员工学历普遍较高，对合规管理的接受度高、执行力强，企业合规具有可行性，检察机关遂督促企业做出合规承诺并开展合规建设。同时，检察机关先后赴多地税务机关对企业提供的纳税材料及涉案税额补缴情况进行核实，并针对关某某在审查起诉阶段提出的立功线索自行补充侦查，认为其具有立功情节。

2020 年 11 月，检察机关以 A 公司、B 公司、关某某涉嫌虚开增值税专用发票罪对其提起公诉并适用认罪认罚从宽制度。同年 12 月，上海市宝山区人民法院采纳检察机关全部量刑建议，以虚开增值税专用发票罪分别判处被告单位 A 公司罚金 15 万元，B 公司罚金 6 万元，被告人关某某有期徒刑三年，缓刑五年。

法院判决后，检察机关联合税务机关上门回访，发现涉案企业的合规建设仍需进一步完善，遂向其制发检察建议并公开宣告，建议进一步强化合法合规经营意识，严格业务监督流程，提升税收筹划和控制成本能力。检察机

关在收到涉案企业对检察建议的回复后，又及时组织合规建设回头看。经了解，涉案企业已经逐步建立合规审计、内部调查、合规举报等有效合规制度，聘请专业人士进行税收筹划，大幅节约生产经营成本，提高市场占有份额。

（三）典型意义

一是检察机关推动企业合规与适用认罪认罚从宽制度相结合。本案中，检察机关在督促企业作出合规承诺并开展合规建设的同时，通过适用认罪认罚从宽制度，坚持和落实能不判实刑的提出判缓刑的量刑建议等司法政策，努力让企业"活下来""留得住""经营得好"，取得更好的司法办案效果。

二是检察机关推动企业合规与检察建议相结合。本案中，检察机关会同税务机关在回访过程中，发现涉案企业在预防违法犯罪方面制度不健全、不落实，管理不完善，存在违法犯罪隐患，需要及时消除的，结合合规整改情况，向涉案企业制发检察建议，推动其深化实化合规建设，避免合规整改走过场、流于形式。

案例三

王某某、林某某、刘某乙对非国家工作人员行贿案

（一）基本案情

深圳 Y 科技股份有限公司（以下简称 Y 公司）系深圳 H 智能技术有限公司（以下简称 H 公司）的音响设备供货商。Y 公司业务员王某某为了在 H 公司音响设备选型中获得照顾，向 H 公司采购员刘某甲陆续支付好处费 25 万元，并在刘某甲的暗示下向 H 公司技术总监陈某行贿 24 万余元。由王某某通过公司采购流程与深圳市 A 数码科技有限公司（以下简称 A 公司）签订采购合同，将资金转入至 A 公司账户，A 公司将相关费用扣除后，将剩余的资金转入陈某指定的账户中。Y 公司副总裁刘某乙、财务总监林某某对相关款项进行审核后，王某某从公司领取行贿款项实施行贿。

2019 年 10 月，H 公司向深圳市公安局南山分局报案，王某某、林某某、刘某乙及刘某甲、陈某相继到案。2020 年 3 月，深圳市公安局南山分局以王某某、林某某、刘某乙涉嫌对非国家工作人员行贿罪，刘某甲、陈某涉嫌非国家工作人员受贿罪向深圳市南山区检察院移送审查起诉。

2020 年 4 月，检察机关对王某某依据刑事诉讼法第一百七十七条第二款做出不起诉决定，对林某某、刘某乙依据刑事诉讼法第一百七十七条第一款

做出不起诉决定，以陈某、刘某甲涉嫌非国家工作人员受贿罪向深圳市南山区法院提起公诉。同月，深圳市南山区法院以非国家工作人员受贿罪判处被告人刘某甲有期徒刑6个月，判处被告人陈某拘役5个月。法院判决后，检察机关于2020年7月与Y公司签署合规监管协议，协助企业开展合规建设。

（二）企业合规整改情况及处理结果

检察机关在司法办案过程中了解到，Y公司属于深圳市南山区拟上市的重点企业，该公司在专业音响领域处于国内领先地位，已经在开展上市前辅导，但本案暴露出Y公司在制度建设和日常管理中存在较大漏洞。检察机关与Y公司签署合规监管协议后，围绕与商业贿赂犯罪有密切联系的企业内部治理结构、规章制度、人员管理等方面存在的问题，制定可行的合规管理规范，构建有效的合规组织体系，健全合规风险防范报告机制，弥补企业制度建设和监督管理漏洞，防止再次发生相同或者类似的违法犯罪。Y公司对内部架构和人员进行了重整，着手制定企业内部反舞弊和防止商业贿赂指引等一系列规章制度，增加企业合规的专门人员。检察机关通过回访Y公司合规建设情况，针对企业可能涉及的知识产权等合规问题进一步提出指导意见，推动企业查漏补缺并重启了上市申报程序。

（三）典型意义

本案中，检察机关积极推动企业合规与依法适用不起诉相结合。依法对涉案企业负责人做出不起诉决定，不是简单一放了之，而是通过对企业提出整改意见，推动企业合规建设，进行合规考察等后续工作，让涉案企业既为违法犯罪付出代价，又吸取教训建立健全防范再犯的合规制度，维护正常经济秩序。

案例四

新泰市J公司等建筑企业串通投标系列案件

（一）基本案情

2013年以来，山东省新泰市J工程有限公司（以下简称J公司）等6家建筑企业，迫于张某黑社会性质组织的影响力，被要挟参与该涉黑组织骨干成员李某某（新城建筑工程公司经理，犯串通投标罪被判处有期徒刑一年零六个月）组织的串通投标。李某某暗箱操作统一制作标书、统一控制报价，导致新泰市涉及管道节能改造、道路维修、楼房建设等全市13个建设工程项目被新城建筑工程公司中标。由张某黑社会性质组织案带出的5起串通投标案件，涉及该市1家民营企业、2家国有企业、3家集体企业，均为当地建筑业龙头企业，牵扯面大，社会关注度高。

2020年3月、4月，公安机关将上述5起串通投标案件移送新泰市检察院审查起诉。检察机关受理案件后，通过自行补充侦查进一步查清案件事实，同时深入企业开展调查，于2020年5月召开公开听证会，对J公司等6家企业做出不起诉决定。

（二）企业合规整改情况及处理结果

检察机关通过自行补充侦查，查清J公司等6家企业被胁迫陪标的案件事实。6家企业案发时均受到涉黑组织骨干成员李某某的要挟，处于张某黑社会性质组织控制范围内，被迫出借建筑资质参与陪标，且没有获得任何非法利益。同时，检察机关实地到6家企业走访调查，掌握企业疫情防控常态化下复工复产情况及存在的困难问题；多次到住建部门座谈，了解到6家企业常年承接全市重点工程项目，年创税均达1000万元以上，其中1家企业年创税1亿余元，在繁荣地方经济、城乡建设、劳动力就业等方面做出了突出贡献。如做出起诉决定，6家企业三年内将无法参加任何招投标工程，并被列入银行贷款黑名单，将对企业发展、劳动力就业和全市经济社会稳定造成一定的影响。

2020年5月，泰安市两级检察机关邀请人民监督员等各界代表召开公开听证会，参会人员一致同意对J公司等6家企业及其负责人作不起诉处理。检察机关当场公开宣告不起诉决定，并依法向住建部门提出对6家企业给予行政处罚的检察意见，同时建议对近年来建筑行业的招投标情况进行全面细致摸排自查，净化建筑业招投标环境。听证会结束后，检察机关组织当地10家建筑企业、连同6家涉案企业负责人召开专题座谈会，宣讲企业合规知识，用身边案例警醒企业依法规范经营，从而实现了"办理一案、教育一片、治理社会面"的目的。

检察机关还向6家涉案企业发出检察建议，要求企业围绕所涉罪名及相关领域开展合规建设，并对合规建设情况进行跟踪监督，最后举办检察建议落实情况公开回复会，对合规建设情况进行验收，从源头上避免再发生类似违法犯罪问题。在合规建设过程中，6家涉案企业缴纳171万余元行政罚款，并对公司监事会做出人事调整，完善公司重大法务风险防控机制。此后6家被不起诉企业积极扩大就业规模，安置就业人数 2 000 余人，先后中标 20 余项重大民生工程，中标工程总造价 20 余亿元。

（三）典型意义

本案中，检察机关充分履行自行补充侦查职权，全面查清案件事实，开展社会调查，为适用企业合规提供充分依据。同时，检察机关推动企业合规与不起诉决定、检察听证、检察意见、检察建议等相关工作紧密结合，既推动对企业违法犯罪行为依法处罚、教育、矫治，使企业能够改过自新、合规守法经营，又能减少和预防企业再犯罪，使企业更主动地承担社会责任，同时推动当地建筑行业深层次问题的解决，为企业合规建设提供了生动的检察实践。

案例五

上海 J 公司、朱某某假冒注册商标案

（一）基本案情

上海市 J 智能电器有限公司（以下简称"J 公司"）注册成立于 2016 年 1 月，住所地位于浙江省嘉兴市秀洲区，公司以生产智能家居电器为主，拥有专利数百件，有效注册商标 3 件，近年来先后被评定为浙江省科技型中小企业、国家高新技术企业。公司有员工 2 000 余人，年纳税总额 1 亿余元，被不起诉人朱某某系该公司股东及实际控制人。

2018 年 8 月，上海 T 智能科技有限公司（以下简称"T 公司"）与 J 公司洽谈委托代加工事宜，约定由 J 公司为 T 公司代为加工智能垃圾桶，后因试产样品未达质量标准，且无法按时交货等原因，双方于 2018 年 12 月终止合作。为了挽回前期投资损失，2018 年 12 月至 2019 年 11 月，朱某某在未获得商标权利人 T 公司许可的情况下，组织公司员工生产假冒 T 公司注册商标的智能垃圾桶、垃圾盒，并对外销售获利，涉案金额达 560 万余元。2020 年 9 月 11 日，朱某某主动投案后被取保候审。案发后，J 公司认罪认罚，赔偿权利人 700 万元并取得谅解。2020 年 12 月 14 日，上海市公安局浦东分局以犯罪嫌疑单位 J 公司、犯罪嫌疑人朱某某涉嫌假冒注册商标罪移送浦东新区检察院审查起诉。

（二）企业合规整改情况及效果

一是认真审查，对符合适用条件的企业开展合规试点。浦东新区检察院经审查认为，J公司是一家高新技术企业，但公司管理层及员工法律意识淡薄，尤其对涉及商业秘密、专利权、商标权等民事侵权及刑事犯罪认识淡薄，在合同审核、财务审批、采购销售等环节均存在管理不善问题。鉴于J公司具有良好发展前景，犯罪嫌疑人朱某某有自首情节，并认罪认罚赔偿了T公司的损失，且该公司有合规建设意愿，具备启动第三方机制的基本条件，考虑其注册地、生产经营地和犯罪地分离的情况，有必要启动跨区域合规考察。

二是三级联动，开启跨区域合规第三方机制"绿色通道"。2021年4月，浦东新区检察院根据沪浙苏皖四地检察院联合制定的《长三角区域检察协作工作办法》，向上海市检察院申请启动长三角跨区域协作机制，委托企业所在地的浙江省嘉兴市检察院、秀洲区检察院协助开展企业合规社会调查及第三方监督考察。两地检察机关签订《第三方监督评估委托函》，明确委托事项及各方职责，确立了"委托方发起""受托方协助""第三方执行"的合规考察异地协作模式，由秀洲区检察院根据最高检等九部门联合下发的《关于建立涉案企业合规第三方监督评估机制的指导意见（试行）》成立第三方监督评估组织。随后，秀洲区检察院成立了由律师、区市场监督管理局、区科技局熟悉知识产权工作的专业人员组成的第三方监督评估组织，并邀请人大代表、政协委员对涉案企业同步开展监督考察。

三是有的放矢，确保合规计划"治标更治本"。浦东新区检察院结合办案中发现的经营管理不善情况，向J公司制发《合规风险告知书》，从合规风险排查、合规制度建设、合规运行体系及合规文化养成等方面提出整改建议，引导J公司做出合规承诺。第三方组织结合风险告知内容指导企业制订合规计划，明确合规计划的政策性和程序性规定，从责任分配、培训方案到奖惩制度，确保合规计划的针对性和实效性。同时，督促企业对合规计划涉及的组织体系、政策体系、程序体系和风险防控体系等主题进行分解，保证计划的可行性和有效性。J公司制订了包括制定合规章程、健全基层党组织、建立合规组织体系、制定知识产权专项合规政策体系、打造合规程序体系、提升企业合规意识等方面的递进式合规计划，并严格按照时间表扎实推进。

四是找准定位，动态衔接实现异地监管"客观有效"。监督考察期间，第三方组织通过问询谈话、走访调查，深入了解案件背景，帮助企业梳理合规、风控方面的管理漏洞，督促制订专项整改措施。根据第三方组织建议，J

公司成立合规工作领导小组，修改公司章程，强化管理职责，先后制订知识产权管理、合同审批、保密管理、员工培训、风险控制等多项合规专项制度，设立合规专岗，实行管理、销售分离，建立合规举报途径，连续开展刑事合规、民事合规及知识产权保护专项培训，外聘合规专业团队定期对企业进行法律风险全面体检，并且每半个月提交一次阶段性书面报告。第三方组织通过书面审查、实地走访、听取汇报等形式，对合规阶段性成效进行监督检查。同时，浦东新区检察院为确保异地合规监管的有效性，制作了《企业合规监督考察反馈意见表》，实时动态跟进监督评估进度，对第三方组织成员组成、合规计划执行、企业定期书面报告、申诉控告处理等提出意见建议。

五是充分评估，确保监督考察及处理结果"公平公正"。考察期限届满，第三方组织评估认为，经过合规管理，J公司提升合规意识，完善组织架构，设立合规专岗，开展专项检查，建立制度指引，强化流程管理，健全风控机制，加强学习培训，完成了从合规组织体系建立到合规政策制定，从合规程序完善到合规文化建设等一系列整改，评定J公司合规整改合格。浦东新区检察院联合嘉兴市检察院、秀洲区检察院通过听取汇报、现场验收、公开评议等方式对监督考察结果的客观性充分论证。2021年9月10日，浦东新区检察院邀请人民监督员、侦查机关、异地检察机关代表等进行公开听证。经评议，参与听证各方一致同意对涉案企业及个人做出不起诉决定。

（三）典型意义

1.积极探索，为企业合规异地适用第三方机制开拓实践思路。针对涉案企业注册地、生产经营地和犯罪地分离的情况，上海、浙江检察机关依托长三角区域检察协作平台，通过个案办理探索建立企业合规异地协作工作机制，确立了"委托方发起""受托方协助""第三方执行"的合规考察异地协作模式，合力破解异地社会调查、监督考察、行刑衔接等难题，降低司法办案成本，提升办案质效，为推动区域行业现代化治理提供了实践样本。

2.有序推进，切实防止社会调查"一托了之"。本案中，检察机关采取层层递进的工作方式，确保社会调查重点明确、调查结果全面客观。一是事前细化调查提纲。重点围绕涉案企业社会贡献度、企业发展前景、社会综合评价等开展协助调查，一并考察企业家的一贯表现，确保社会调查结果全面客观。二是事中加强沟通协调。浦东新区检察院多次赴浙江会商，就调查方式、调查内容及相关要求达成共识，形成办案合力。秀洲区检察院协调区市场监管、人社、税务、科技、工商联及行业协会，对涉案公司及个人开展全面调查。三是事后进行专项研讨。检察机关深入审查全部协查材料，研究认为涉案企业符合企业合规改革试点适用条件，并层报上级机关审核备案。

3. 完善机制，提升监督评估实际效果。本案中，秀洲区检察院联合当地13个部门出台规范性文件，探索构建企业合规"双组六机制"工作模式。"双组"，即检察机关牵头成立"合规监管考察组"和"合规指导组"两个工作组；"六机制"，即联席会议、合规培育、提前介入、会商通报、指导帮扶、审查监管等六个协作机制。合规考察中，由合规监管考察组和合规指导组共同研究形成专业意见，并邀请人大代表、政协委员全程参与，提高监管考察的透明度和公信力。

4. 标本兼治，有效防治企业违法犯罪。从司法实践看，涉企经济犯罪成因复杂，许多涉及经济社会系统性、深层次矛盾问题，单靠刑事法律的"孤军作战"，难以取得良好的社会治理效果。本案中，检察机关开展企业合规改革以推动源头治理为着力点，针对办案发现的企业经营管理中的突出问题，通过第三方监督评估机制对涉案企业开展扎实有效的合规整改，促进企业依法合规经营发展，对完善制度机制、形成治理合力具有积极意义。

案例六

张家港 S 公司、睢某某销售假冒注册商标的商品案

（一）基本案情

张家港市 S 五交化贸易有限公司（以下简称 S 公司）2015 年 6 月注册成立，注册资本 200 万元，在职员工 3 人，睢某某系该公司法定代表人、实际控制人。

2018 年 11 月 22 日，张家港市市场监督管理局在对 S 公司进行检查时，发现该公司疑似销售假冒"SKF"商标的轴承，并在其门店及仓库内查获标注"SKF"商标的各种型号轴承 27 829 个，金额共计 68 万余元。2018 年 12 月 17 日，张家港市市场监督管理局将该案移送至张家港市公安局。2019 年 2 月 14 日，斯凯孚（中国）有限公司出具书面的鉴别报告，认为所查获的标有"SKF"商标的轴承产品均为侵犯该公司注册商标专用权的产品。2019 年 2 月 15 日，张家港市公安局对本案立案侦查。

（二）企业合规整改情况及效果

一是应公安机关邀请介入侦查。2021 年 5 月初，张家港市检察院应张家

港市公安局邀请，派员介入听取案件情况。梳理在案证据，本案侦查工作的主要情况如下：第一，睢某某辩称涉案的轴承部分是从山东威海一旧货调剂市场打包购买，部分是从广州 H 公司、上海 J 公司购买，认为自己购进的都应该是正品。第二，公安机关经与广州 H 公司、上海 J 公司核实，上海 J 公司系授权的一级代理商，主要经营 SKF 等品牌轴承。广州 H 公司从上海 J 公司进购 SKF 轴承后进行销售，曾 3 次通过上海 J 公司直接发货给 S 公司，共计 54 万元。同时，公安机关对山东威海的旧货调剂市场进行了现场调查，发现该市场确实是二手交易市场，无法追溯货品源头。第三，斯凯孚（中国）有限公司出具书面鉴别报告时，未对查获的轴承及包装的真伪进行现场勘查，仅根据清点明细材料出具了鉴别说明和比对示例，且不愿再重新鉴定。此外，该案立案距今超过两年，已属"挂案"状态。

二是及时启动社会调查。检察机关向 S 公司、睢某某告知企业合规相关政策后，该公司分别向检察机关、公安机关递交了《提请开展刑事合规监督考察的申请书》。随后，承办检察官走访企业和市场监督管理局、税务局等行政部门，实地查看公司经营现状、指导填写合规承诺、撰写调查报告。走访调查了解到，该公司系已实际经营六年的小微民营企业，因涉嫌犯罪被立案，一定程度上影响经营，资金周转困难，公司面临危机。该公司规章制度不健全，内部管理不完善，尤其是企业采购程序不规范，对供货商资质和货品来源审查不严，单据留存不全，还曾因接受虚开的增值税发票被税务机关行政处罚。检察机关经综合考虑，鉴于 S 公司有整改行为和较强的合规愿望，认为可以开展企业合规监督考察。

三是深入会商达成共识。检察机关认为，该案证明 S 公司及睢某某犯罪故意的证据不确实、不充分，公安机关也难以再查明轴承及包装的来源是否合法，案件久拖不决已处于"挂案"状态，亟待清理。检察机关与公安机关共同分析了相关情况，并就该案下一步处理进行会商，双方就企业合规、"挂案"清理工作达成共识。公安机关明确表示，如该公司通过企业合规监督考察时还没有新的证据进展，将做出撤案处理。

四是扎实推进合规考察。经向上级检察机关请示并向张家港市企业合规监管委员会报告后，张家港市检察院联合公安机关对 S 公司启动合规监督考察程序，确定 6 个月的整改考察期。同时，张家港市企业合规监管委员会根据第三方监督评估机制，从第三方监管人员库中随机抽取组建监督评估小组，跟踪 S 公司整改、评估合规计划落实情况。按照合规计划，S 公司梳理企业风险点，制订财务管理合规建设制度、发票制发流程、货物销售采购流程等内部制度，并形成规范的公司合同模板。在税务方面，公司从以往直接与代账会计单线联系转变为与会计所在单位签订合同，对财务人员应尽责任、单位管理职责进行书面约定。在知识产权方面，公司明确渠道商应提供品牌授权证明并备案，每笔发货都注明产品明细，做到采购来路明晰、底数清晰。合规整改期间，检察机关会同第三方监督评估小组，每月通过座谈会议、电话联系、查阅资料、实地检查等方式，特别是通过"不打招呼"的随机方式，检查企业合规建设情况。同时，检察机关还向公安机关通报企业合规建设进展情况，邀请参与合规检查，并认真吸收公安机关对合规制度完善提出的意见。2021年8月5日，鉴于该公司员工数少、业务单一、合规建设相对简易的情况，第三方监督评估小组提出缩短合规监督考察期限的建议。检察机关听取市场监督管理部门、税务部门意见后，决定将合规监督考察期限缩短至3个月。2021年8月16日至18日，第三方监督评估小组对该公司合规有效性进行评估，出具了合规建设合格有效的评估报告。

五是参考考察结果做出处理。2021年8月20日，张家港市检察院组织公开听证，综合考虑企业合规整改效果，就是否建议公安机关撤销案件听取意见，听证与会人员一致同意检察机关制发相关检察建议。当日，检察机关向公安机关发出检察建议，公安机关根据检察建议及时作出撤案处理，并移送市场监督管理部门做行政处罚。检察机关两个月后回访发现，S公司各项经营已步入正轨，因为合规建设，两家大型企业看中S公司合规资质与其建立了长期合作关系，业务预期翻几番，发展势头强劲。

（三）典型意义

1. 对尚未进入检察环节的涉企"挂案"进行排查，采取与企业合规改革试点结合等方式能动清理。检察机关推进涉企"挂案"清理过程中，除依托统一业务应用系统中排除出相关数据外，还可以通过控告申诉、日常走访、服务企业平台等了解"挂案"线索。对尚未进入检察环节的案件，可采取介入侦查的形式，积极与公安机关开展个案会商。通过听取案件情况、审查在案证据、实地走访调查等工作，与公安机关共同分析是否属于"挂案"、"挂案"原因、"挂案"影响及侦查取证方向、可行性等因素，分类施策、妥善处理。对符合合规监督考察条件的案件，积极引导涉案企业开展合规整改，促进涉企"挂案"清理，最大限度降低"挂案"对企业生产经营的影响。

2. 严格把握企业合规监督考察条件、标准和工作程序，规范清理涉企"挂案"。通过企业合规促进"挂案"清理，在具体操作中应该重点把握三点。一是要通过走访调查，深入了解犯罪嫌疑人认罪悔罪态度、企业经营状况、社会贡献、合规意愿及违法犯罪既往历史等情况，评估涉案企业是否符合开展合规监督考察的条件。二是要加强对外沟通，向公安机关讲清企业合规政策和涉企"挂案"清理意义，争取理解和支持。三是要依托第三方监督评估机制，客观公正地跟踪指导企业合规建设、评估合规有效性，以第三方监督评估结论为主要依据，听取行政机关以及公开听证等多方意见，做到"阳光"清理、规范清理。本案中，检察机关按照申请、调查、会商、考察等程序，规范推进企业合规，同时引入第三方组织对企业合规建设进行全程监督，值得肯定。

3. 与公安机关等有关部门积极配合，多措并举合力护航民营经济健康发展。为加强民营经济平等保护，2020年10月以来，最高检与公安部联合部署开展涉民营企业刑事诉讼"挂案"专项清理工作。全国检察机关、公安机关强化协作、多措并举，一大批"挂案"得到有效清理，该撤案的及时撤案，该继续侦办的尽快突破，以实际行动服务"六稳""六保"大局，受到社会各界的广泛好评。同时，检察机关正在深入开展涉案企业合规改革试点，落实少捕慎诉慎押刑事司法政策，依法保护涉案企业和企业家人身和财产合法权益，向涉案企业提出整改意见，督促涉案企业作出合规承诺并积极整改。在日常"挂案"清理工作中，检察机关要针对涉案企业暴露出的经营管理、法律风险方面的突出问题，自觉开展企业合规工作，积极适用第三方监督评估机制，会同公安机关等有关部门综合运用经济、行政、刑事等手段，既促进涉案企业合规守法经营，也警示潜在缺乏规制约束的企业遵纪守法发展，逐步建立长效机制，实现精准监督。

案例七

山东沂南县Y公司、姚某明等人串通投标案

（一）基本案情

山东省沂南县Y有限公司（以下简称Y公司）系专门从事家电销售及售后服务的有限责任公司，法定代表人姚某明。除Y公司外，姚某明还实际控制由其表哥姚某柱担任法定代表人的沂水县H电器有限公司（以下简称H公司）。

2016 年 9 月、2018 年 3 月、2020 年 6 月，犯罪嫌疑人姚某明为让 Y 公司中标沂水县农村义务教育学校取暖空调设备采购、沂水县第一、第四中学教室空调等招标项目，安排犯罪嫌疑人徐某（Y 公司员工）借用 H 公司等三家公司资质，通过暗箱操作统一制作标书、统一控制报价、协调专家评委等方式串通投标，后分别中标，中标金额共计 1 134 万余元。2021 年 1 月，沂水县公安局以 Y 公司、姚某明等人涉嫌串通投标罪移送沂水县检察院审查起诉。

（二）企业合规整改情况及效果

一是综合审查，确定案件纳入企业合规考察范围。沂水县检察院经审查认为，虽然该案中标金额较大，但 Y 公司姚某明等人有自首情节，主动认罪认罚，Y 公司正处于快速发展阶段，在沂南县、沂水县空调销售市场占据较大份额，疫情防控期间带头捐款捐物，综合考虑企业社会贡献度、发展前景、社会综合评价、企业负责人一贯表现等情况，以及该企业在法律意识、商业伦理、人员管理、财务管理等方面存在的问题，决定对该案适用企业合规试点工作。2021 年 6 月，沂水县检察院经征询涉案企业、个人同意，层报山东省检察院审核批准，对该案正式启动企业合规考察。

二是探索异地协作，对涉案企业开展第三方监督评估。结合涉案企业 Y 公司所在地为沂南县、犯罪地为沂水县的实际，沂水县检察院多次与两地第三方机制管委会及沂南县检察院沟通交流，共同签订《企业合规异地协作协议》，并由沂南、沂水两地第三方机制管委会从专业人员名录库中抽取律师、市场监管、工商联人员 5 人组建第三方组织，对 Y 公司合规建设开展监督评估。第三方组织多次深入企业实地走访、考察，主动约谈企业负责人，全面了解企业情况，诊断出 Y 公司在风险防控、日常管理方面存在缺乏招投标管理制度、内部审批不严、账簿登记不实、守法意识不强、工资发放不规范等诸多问题，指导企业制定覆盖生产经营全过程、各环节和管理层级的合规计划，确定 3 个月的考察期。整改过程中，第三方组织每月将合规计划执行情况通报双方检察机关及第三方机制管委会，四方会商后对合规计划及执行情况提出修改完善意见建议，定期跟踪调度，并于考察期满后出具对涉案企业的合规考察报告。同时，沂水县检察院积极建议县工商联、县市场监管局指派专人，参照 Y 公司合规计划，一并督促做好关联企业 H 公司的合规整改。

三是组建巡回检查小组，对第三方组织履职情况开展"飞行监管"。沂水县第三方机制管委会制订《沂水县企业合规改革试点巡回检查小组工作方案》，结合本案案情，选取 6 名熟悉企业经营和法律知识的人大代表、政协委员、人民监督员组成巡回检查小组。巡回检查小组和办案检察官通过不预先告知的方式，深入到两个企业进行实地座谈，现场抽查 Y 公司近期中标的招标项目，对第三方组织履职情况及企业合规整改情况进行"飞行监管"。通过现场核查，认为涉案企业整改到位，未发现第三方组织不客观公正履职情况。

四是延伸检察职能，扩大办案效果。承办检察官在全面审查合规考察报告和案件情况的基础上，提出拟不起诉意见。为确保公开公正，检察机关邀请政协委员、人民监督员和第三方机制管委会成员等 5 人组成听证团，对该案进行合规验收听证，听证人员一致同意检察机关意见。2021 年 10 月，沂水县检察院经综合评估案情、企业合规整改、公开听证等情况，认为 Y 公司、姚某明等人主动投案、认罪认罚，主观恶性较小，串通投标次数较少，且案发后有效进行企业合规整改，建立健全相关制度机制堵塞管理漏洞，依法合规经营不断创造利税，社会危害性较小，对 Y 公司、姚某明等人依法做出相对不起诉决定。同时，针对办案过程中发现的问题，沂水县检察院建议行政主管部门对 Y 公司及其他公司出借资质的行为依法处理；向财政、教育、市场监管三部门发出完善招投标管理、堵塞制度漏洞等检察建议，建议进一步严格落实行贿犯罪查询、政府采购活动中违法违规行为查询等制度规定，加强对招标代理公司管理。

当地市场监管等部门积极采纳检察建议，开展招投标领域专项整治，对 2021 年以来 60 余个招投标项目全面清查，发现标前审查不严格、招标代理机构管理不规范等问题 21 个，并针对问题逐项整改；举办行业管理人员、招标代理机构专题培训，建立健全投标单位标前承诺制度、违法违规行为强制查询制度，对专项整治以来中标项目进行动态跟踪，畅通违法行为举报途径、加大惩罚力度，强化行政监管，有效遏制了串标、围标等违法行为发生。

（三）典型意义

1. 积极探索，对第三方组织开展"飞行监管"。该案中，为确保企业合规建设和第三方组织监督工作依法、规范、有序进行，第三方机制管委会组建巡回检查小组，探索建立"飞行监管"机制，对第三方组织及其组成人员的履职情况开展不预先告知的现场抽查和跟踪监督。实践中，第三方机制管委会可以牵头组建巡回检查小组，邀请人大代表、政协委员、人民监督员、退休法官、检察官及会计、审计、法律、合规等相关领域的专家学者担任巡回检查小组成员开展巡回检查，并将检查情况及时报告第三方机制管委会及其联席会议，提出改进工作的意见建议。

2. 强化协作配合，促进关联企业共同整改。该案探索建立第三方监督评估异地协作模式，对涉案企业开展合规建设，同时由行政主管部门加强对关联企业合规整改的监督指导。经过共同监管，涉案企业及关联企业专门聘请法律顾问进行合规建设，同时建立每月述职谈合规、合规学习、员工管理、财务管理、举报制度等相关机制。整改期间，Y公司参与了六个项目的招投标，依法合规承揽工程2 000余万元，稳定持续提供就业岗位200余个。同时，各职能部门在各自管理环节落实"谁执法谁普法"，加强正面引导和反面警示，让招投标领域相关从业人员正确判断自己的行为性质，遵规守法，加强行业自律。

3. 注重行业治理，实现"办理一案、治理一片"效果。近年来，不法分子为经济利益所驱动，在工程建设、设备采购等多个领域大肆"串标""围标"，不仅严重扰乱市场经济秩序，侵害其他招投标当事人合法利益，还给工程质量、安全管理带来隐患，各方务必高度重视，采取有力措施加以解决。该案中，检察机关积极延伸办案职能，主动作为，注重加强与相关行政主管部门的沟通协作，用好公开听证、检察意见、检察建议组合拳，促进从个案合规提升为行业合规，助力在招投标领域形成合规建设的法治氛围，努力实现"办理一起案件、扶助一批企业、规范一个行业"的良好示范效应。

案例八

随州市Z公司康某某等人重大责任事故案

（一）基本案情

湖北省随州市Z有限公司（以下简称Z公司）系当地重点引进的外资在华食品加工企业，康某某、周某某、朱某某分别系该公司行政总监、安环部责任人、行政部负责人。

2020年4月15日，Z公司与随州市高新区某保洁经营部法定代表人曹某某签订污水沟清理协议，将食品厂洗衣房至污水站下水道、污水沟内垃圾、污泥的清理工作交由曹某某承包。2020年4月23日，曹某某与其同事刘某某违规进入未将盖板挖开的污水沟内作业时，有硫化氢等有毒气体逸出，导致二人与前来救助的吴某某先后中毒身亡。随州市政府事故调查组经调查后认定该事故为一起生产安全责任事故。曹某某作为清污工程的承包方，不具备有限空间作业的安全生产条件，在未为作业人员配备应急救援装备及物资，未对作业人员进行安全培训的情况下，违规从事污水沟清淤作业，导致事故发生，对事故负有直接责任。康某某、周某某、朱某某作为Z公司分管和负责安全生产的责任人，在与曹某某签订合同以及曹某某实施清污工程期间把关不严，未认真履行相关工作职责，未及时发现事故隐患，导致发生较大生产安全事故。案发后，康某某、周某某、朱某某先后被公安机关采取取保候审措施，Z公司分别对曹某某等三人的家属进行赔偿，取得了谅解。2021年1月22日，随州市公安局曾都区分局以康某某、周某某、朱某某涉嫌重大责任事故罪移送随州市曾都区检察院审查起诉。

（二）企业合规整改情况及效果

一是审查启动企业合规考察。曾都区检察院经审查认为，康某某等人涉嫌重大责任事故罪，属于企业人员在生产经营履职过程中的过失犯罪，同时反映出涉案企业存在安全生产管理制度不健全、操作规程执行不到位等问题。事故报告认定被害人曹某某对事故负有直接责任，结合三名犯罪嫌疑人的相应管理职责，应当属于次要责任。三人认罪认罚，有自首情节，依法可以从宽、减轻处罚。Z公司系外资在华企业，是当地引进的重点企业，每年依法纳税，并解决2500余人的就业问题，对当地经济助力很大，且Z公司所属集团正在积极准备上市，如果公司管理人员被判刑，对公司发展将造成较大影响。2021年5月，检察机关征询Z公司意见后，Z公司提交了开展企业合规的申请书、书面合规承诺以及企业经营状况、纳税就业、社会贡献度等证明材料，检察机关经审查对Z公司作出合规考察决定。

二是精心组织第三方监督评估。检察机关委托当地应急管理局、市场监督管理局、工商联等第三方监督评估机制管委会成员单位以及安全生产协会，共同组成了第三方监督评估组织。第三方组织指导涉案企业结合事故调查报告和整改要求，按照合规管理体系的标准格式制定、完善合规计划；建立以法定代表人为负责人、企业部门全覆盖的合规组织架构；健全企业经营管理需接受合规审查和评估的审查监督、风险预警机制；完善安全生产管理制度和定期检查排查机制，从制度上预防安全事故再发生，初步形成安全生产领域"合规模板"。Z公司在合规监管过程中积极整改并向第三方组织书面汇报合规计划实施情况。2021年8月，第三方组织对Z公司合规整改及合规建设情况进行评估，并报第三方机制管委会审核，Z公司通过企业合规考察。

三是公开听证依法做出不起诉决定。检察机关在收到评估报告和审核意见后组织召开公开听证会，邀请省人大代表、省政协委员、人民监督员、公安机关和行政监管部门代表、工商联代表及第三方组织代表参加听证，参会人员一致同意检察机关对康某某等三人作不起诉处理。2021年8月24日，检察机关依法对康某某、周某某、朱某某做出不起诉决定。

Z公司通过开展合规建设，逐步建立起完备的生产经营、安全防范、合规内控的管理体系，企业管理人员和员工的安全生产意识和责任感明显增强，生产效益得到进一步提升。

（三）典型意义

1. 检察机关积极稳妥在涉企危害生产安全犯罪案件中适用企业合规，推动当地企业强化安全生产意识。检察机关为遏制本地生产安全事故多发频发势头，保护人民群众生命财产安全，教育警示相关企业建立健全安全生产管理制度，积极稳妥选择在安全生产领域开展企业合规改革试点。涉企危害生产安全犯罪具有不同于涉企经济犯罪、职务犯罪的特点，检察机关需要更加深入细致开展社会调查，对涉企危害生产安全犯罪的社会危害性以及合规整改的必要性、可行性进行全面评估，确保涉案企业"真整改""真合规"，切实防止"边整改""边违规"。

2. 检察机关在企业合规试点中注意"因罪施救""因案明规"。在合规整改期间，检察机关针对危害生产安全犯罪的特点，建议第三方组织对企业合规整改情况定期或不定期进行检查，确保企业合规整改措施落实落细。同时，第三方组织还根据检察机关建议，要求企业定期组织安全生产全面排查和专项检查，组织作业人员学习生产安全操作规程，加强施工承包方安全资质审查，配备生产作业防护设备，聘请专家对企业人员进行专项安全教育培训并考试考核。涉案企业通过合规整改，提高了安全生产隐患排查和事故防范能力，有效防止再次发生危害生产安全违法行为。

3. 检察机关积极适用第三方机制，确保监督评估的专业性。本案中，检察机关紧密结合涉企危害生产安全犯罪特点，有针对性加强与第三方机制管委会沟通协调，由安全生产领域相关行政执法机关、行业协会人员组成第三方组织，应急管理部门相关人员担任牵头人，提升监督评估专业性。第三方组织围绕本案中造成生产安全责任事故的重要因素，如未认真核验承包方作业人员劳动防护用品、应急救援物资配备等情况，未及时发现承包方劳动防护用品配备不到位等问题，指导涉案企业及其相关人员结合履行合规计划，认真落实安全生产职责，细致排查消除安全生产隐患，确保合规整改取得实效。

案例九

深圳 X 公司走私普通货物案

（一）基本案情

X 股份有限公司（以下简称"X 公司"）系国内水果行业的龙头企业。2018 年开始，X 公司从其收购的 T 公司进口榴梿销售给国内客户。张某某为 T 公司总经理，负责在泰国采购榴梿并包装、报关运输至香港；曲某某为 X 公司副总裁，分管公司进口业务；李某、程某分别为 X 公司业务经理，负责具体对接榴梿进口报关、财务记账、货款支付等。

X 公司进口榴梿海运主要委托深圳、珠海两地的 S 公司（另案处理）代理报关。在报关过程中，由 S 公司每月发布虚假"指导价"，X 公司根据指导价制作虚假采购合同及发票用于报关，报关价格低于实际成本价格。2018 年至 2019 年期间，X 公司多次要求以实际成本价报关，均被 S 公司以统一报价容易快速通关等行业惯例为由拒绝。2019 年 4 月后，经双方商议最终决定以实际成本价报关。

2019 年 12 月 12 日，张某某、曲某某、李某、程某被抓获归案。经深圳海关计核，2018 年 3 月至 2019 年 4 月，X 公司通过 S 公司低报价格进口榴梿 415 柜，偷逃税款合计 397 万余元。案发后，X 公司规范了报关行为，主动补缴了税款。2020 年 1 月 17 日，深圳市检察院以走私普通货物罪对张某某、曲某某批准逮捕，以无新的社会危险性为由对程某、李某做出不批准逮捕决定。2020 年 3 月 3 日，为支持疫情防控期间企业复工复产，根据深圳市检察院建议，张某某、曲某某变更强制措施为取保候审。2020 年 6 月 17 日，深圳海关缉私局以 X 公司、张某某、曲某某、李某、程某涉嫌走私普通货物罪移送深圳市检察院审查起诉。

（二）企业合规整改情况及效果

一是精准问诊，指导涉案企业扎实开展合规建设。2020 年 3 月，在深圳市检察院的建议下，X 公司开始启动为期一年的进口业务合规整改工作。X 公司制订的合规计划主要针对与走私犯罪有密切联系的企业内部治理结构、规章制度、人员管理等方面存在的问题，制订可行的合规管理规范，构建有效的合规组织体系，完善相关业务管理流程，健全合规风险防范报告机制，弥补企业制度建设和监督管理漏洞，防止再次发生类似违法犯罪。经过前期合规整改，X公司在集团层面设立了合规管理委员会，合规部、内控部与审计部形成合规风险管理的三道防线。加强代理报关公司合规管理，明确在合同履行时的责任划分。聘请进口合规领域的律师事务所、会计师事务所对重点法律风险及其防范措施提供专业意见，完善业务流程和内控制度。建立合规风险识别、合规培训、合规举报调查、合规绩效考核等合规体系运行机制，积极开展合规文化建设。X公司还制订专项预算，为企业合规体系建设和维护提供持续的人力和资金保障。合规建设期间，X公司被宝安区促进企业合规建设委员会（以下简称"宝安区合规委"）列为首批合规建设示范企业。鉴于该公司积极开展企业合规整改，建立了较为完善的合规管理体系，实现合规管理对所有业务及流程的全覆盖，取得阶段性良好效果，为进一步支持民营企业复工复产，深圳市检察院于2020年9月9日对X公司及涉案人员做出相对不起诉处理，X公司被不起诉后继续进行合规整改。

二是认真开展第三方监督评估，确保企业合规整改效果。为检验合规整改效果，避免"纸面合规""形式合规"，深圳市宝安区检察院受深圳市检察院委托，于2021年6月向宝安区合规委提出申请，宝安区合规委组织成立了企业合规第三方监督评估工作组，对X公司合规整改情况进行评估验收和回访考察。第三方工作组通过查阅资料、现场检查、听取汇报、针对性提问、调查问卷等方式进行考察评估并形成考察意见。工作组经考察认为，X集团的合规整改取得了明显效果，制订了可行的合规管理规范，在合规组织体系、制度体系、运行机制、合规文化建设等方面搭建起了基本有效的合规管理体系，弥补了企业违法违规行为的管理漏洞，从而能够有效防范企业再次发生相同或者类似的违法犯罪。通过合规互认的方式，相关考察意见将作为深圳海关对X公司作出行政处理决定的重要参考。为了确保合规整改的持续性，考察结束后，第三方工作组继续对X集团进行为期一年的回访考察。

三是强化合规引导，做好刑事司法与行政管理、行业治理的衔接贯通。深圳市检察院在该案办理过程中，在合规整改结果互认、合规从宽处理等方面加强与深圳海关的沟通协作，形成治理合力，共同指导X公司做好合规整改，发挥龙头企业在行业治理的示范作用。整改期间，X公司积极推动行业生态良性发展，不仅主动配合海关总署关税司工作，不定期提供公司进口水果的采购价格，作为海关总署出具验估价格参数的参照标准，还参与行业协会调研、探讨开展定期价格审查评估与监督机制。针对案件办理过程中发现的行政监管漏洞、价格低报等行业普遍性问题，深圳市检察院依法向深圳海关发出《检察建议书》并得到采纳。深圳海关已就完善进口水果价格管理机制向海关总署提出合理化建议，并对报关行业开展规范化管理以及加强普法宣讲，引导企业守法自律。

开展合规整改以来，X集团在合法合规的基础上，实现了年营业收入25%、年进口额60%的逆势同比增长。2021年8月10日X集团被评为深圳市宝安区"3A"信用企业（3A：海关认证、纳税信用、公共信用），同年9月9日被评为诚信合规示范企业。

（三）典型意义

1. 落实少捕慎诉慎押刑事司法政策，降低办案对企业正常生产经营的影响。该案中，鉴于X公司长期以正规报关为主，不是低报走私犯意的提起者，系共同犯罪的从犯，案发后积极与海关、银行合作，探索水果进口合规经营模式，深圳市检察院经过社会危险性量化评估，对重要业务人员李某、程某做出不捕决定。在跟踪侦查进展，深入了解涉案企业复工复产状况的基础上，深圳市检察院对两名高管张某某、曲某某启动捕后羁押必要性审查。经审查，深圳市检察院认为该案事实已经查清，主要证据已收集完毕，建议侦查机关将两名高管变更强制措施回归企业。后侦查机关根据建议及时对张某某、曲某某变更为取保候审，有效避免企业生产停顿带来的严重影响。

2. 坚守法定办案期限，探索合规考察不局限于办案期限的模式。企业合规改革试点要依法有序推进，不能随意突破法律。改革试点中，如何处理合规考察期限和办案期限的关系是亟须厘清的重要问题。根据案件采取强制措施方式的不同，至多存在六个半月或一年的不同办案期限。本案中，涉案企业作为大型民营企业，其涉案合规风险点及合规管理体系建设较为复杂，合规整改时间无法在案件办理期限内完成。作为企业合规改革第一批试点地区，深圳检察机关根据涉案企业阶段性的合规整改情况做出不起诉决定后，持续督促其进行合规整改，合规考察期限届满后通过第三方工作组开展合规监督评估，确保合规整改充分开展、取得实效。

3. 积极促成"合规互认"，彰显企业合规程序价值。检察机关对涉案企业作出不起诉决定后，行政执法机关仍需对涉案企业行政处罚的，检察机关可以提出检察意见。在企业合规整改期限较长的情况下，合规程序往往横跨多个法律程序，前一法律程序中已经开展的企业合规能否得到下一法律程序的认可，是改革试点实践中普遍存在的问题。本案中，深圳市检察机关对涉案企业开展第三方监督评估后，积极促成"合规互认"，将企业合规计划、定期书面报告、合规考察报告等移送深圳海关，作为海关做出处理决定的重要参考，彰显了企业合规的程序价值。

4. 设置考察回访程序，确保合规监管延续性。企业合规监督评估后，涉案企业合规体系是否能实现持续有效地运转，直接关系到合规整改的实效。本案中，第三方工作组针对涉案企业合规管理体系建设尚待完善之处，再进行为期一年的企业合规跟踪回访，助力企业通过持续、全面合规打造核心竞争力。

案例十

海南文昌市S公司、翁某某掩饰、隐瞒犯罪所得案

（一）基本案情

海南省文昌市S科技开发有限公司（以下简称S公司）系当地高新技术民营企业，翁某某系该公司厂长。

2015年至2016年期间，张某某（另案处理）在海南省文昌市翁田镇某处实施非法采矿，经张某某雇请的王某某（另案处理）联系，将采挖的石英砂出售给S公司。S公司厂长翁某某为解决生产原料来源问题，在明知石英砂为非法采挖的情况下，仍予以收购，共计3.69万吨。随后，翁某某安排公司财务部门通过公司员工陈某某及翁某某个人账户，将购砂款转账支付给王某某，王某某再将钱取出交给张某某。经审计，S公司支付石英砂款共计125万余元。

2020年2月，文昌市公安局在侦查张某某涉恶犯罪团伙案件时，发现翁某某涉嫌掩饰、隐瞒犯罪所得犯罪线索。2021年1月，翁某某经公安机关传唤到案后，如实供述犯罪事实，自愿认罪认罚。2021年2月，文昌市公安局以翁某某涉嫌掩饰、隐瞒犯罪所得罪移送文昌市检察院审查起诉。检察机关经审查，以涉嫌掩饰、隐瞒犯罪所得罪追加S公司为被告单位。

（二）企业合规整改情况及效果

一是认真审查启动企业合规。检察机关经审查了解，S公司、翁某某涉嫌掩饰、隐瞒犯罪所得罪，反映出该公司及其管理人员过度关注生产效益，片面追求经济利益，法律意识较为淡薄。S公司系高新技术民营企业，生产的产品广泛应用于航天、新能源、芯片等领域，曾荣获全国优秀民营科技企业创新奖，现有员工80余人，年产值2 000余万元。2021年3月，经S公司申请，

检察机关启动合规整改程序，要求该公司对自身存在的管理漏洞进行全面自查并开展合规整改。2021年4月，S公司提交了合规整改承诺书，由公司董事会审核通过，并经检察机关审查同意，企业按照要求进行合规整改。

二是扎实开展第三方监督评估。2021年7月，由文昌市自然资源和规划局、市场监督管理局、税务局、综合行政执法局、工商联等单位的相关人员及人大代表、政协委员、律师代表等组成的第三方监督评估组织，对S公司合规整改情况进行评估验收。2021年8月，第三方监督评估组织出具评估验收报告，认为S公司已经按照要求进行合规整改，建立了较为完善的内控制度和管理机制，可以对类似的刑事合规风险进行识别并有效预防违法犯罪。检察机关就S公司是否符合从宽处理条件及案发后合规整改评估情况举行公开听证会，充分听取人大代表、政协委员、律师代表和相关行政部门负责人的意见，还邀请人民监督员参加，全程接受监督。听证会上，听证员、人民监督员一致同意检察机关对S公司和翁某某的从宽处理意见，同时认可该企业的整改结果。

三是综合考虑提出轻缓量刑建议。2021年9月，文昌市检察院根据案情，结合企业合规整改情况，以S公司、翁某某涉嫌掩饰、隐瞒犯罪所得罪依法提起公诉，并提出轻缓量刑建议。2021年11月，文昌市法院采纳检察机关全部量刑建议，以掩饰、隐瞒犯罪所得罪分别判处被告单位S公司罚金3万元；被告人翁某某有期徒刑一年，缓刑一年六个月，并处罚金人民币1万元；退缴的赃款125万余元予以没收，上缴国库。判决已生效。

（三）典型意义

1.非试点地区在法律框架内积极开展企业合规改革相关工作。文昌市检察院充分认识开展涉案企业合规改革工作的重大意义，作为非试点地区积极主动作为，全面梳理排查2020年以来受理的涉企刑事案件，建立涉企案件台账，通过严把企业合规案件的条件和范围，精心选定开展企业合规改革工作的重点案件。

2.结合案发原因，指导企业制订切实可行的合规计划。检察机关经审查认为，S公司在合规经营方面主要存在两个方面的明显漏洞，首先是合同签订履行存在违法风险，其次是财务管理存在违规漏洞。鉴于此，有针对性地指导企业重点围绕建立健全内部监督管理制度进行整改，督促企业在业务审批流程中增加合规性审查环节，建立起业务流程审批—法律事务审核（合规性审查）—资金收支规范—集团公司审计等四个方面全流程监管体系，有效防控无书面合同交易、坐支现金等突出问题。

3. 根据本地实际，推动第三方监督评估机制规范运行。作为非试点地区，检察机关商请当地自然资源和规划局、市场监督管理局、税务局、综合行政执法局、工商联等单位的业务骨干及人大代表、律师代表组成第三方组织对 S 公司合规整改情况进行评估验收，评估方式包括召开座谈会、查阅公司资料和台账、对经营场所检查走访等。各方面专业人员在此基础上结合各自职责范围出具评估验收报告，督促涉案企业履行合规承诺，促进企业合规经营。

4. 充分履行检察职能，确保合规工作取得实效。本案中，检察机关结合办案发现、研判企业管理制度上的漏洞，向涉案企业制发检察建议，有针对性地指出问题，提出整改建议要求，督促涉案企业履行合规承诺。同时，还派员不定期走访 S 公司及相关单位，持续对合规整改进行跟踪检查并提出意见建议。整改完成后，及时公开听证，做到"能听证、尽听证"。目前，S 公司在合规整改完成后，已妥善解决生产原料来源问题，经营状况良好。

参考文献

[1]　尹云霞,李晓霞.中国企业合规的动力及实现路径[J].中国法律评论,2020(30):159-166.

[2]　尹云霞,庄燕君,李晓霞.企业能动性与反腐败"辐射型执法效应"[J].交大法学,2016(2):28-41.

[3]　李玉华.有效刑事合规的基本标准[J].中国刑事法杂志,2021(1):114-130.

[4]　李玉华.我国企业合规的刑事诉讼激励[J].比较法研究,2020(1):19-33.

[5]　邓峰.公司合规的源流及中国的制度局限[J].比较法研究,2020(1):34-45.

[6]　石磊.刑事合规:最优企业犯罪预防方法[N].检察日报,2019-01-26(003).

[7]　王焰明,张飞飞.企业刑事合规计划的制订要把握四个特性[N].2021-07-13(007).

[8]　企业合规改革试点典型案例[N].检察日报,2021-06-04(002).

[9]　郭小明,刘润兴.如何确保刑事合规计划得以有效实施[N].检察日报,2021-08-06(003).

[10]　孟广军,等.严管厚爱,为企业送上"法治定心丸"[N].检察日报,2021-07-12(005).

[11]　孙国祥.刑事合规的理念、机能和中国的构建[J].中国刑事法杂志,2019(2):3-24.

[12]　叶良芳.美国法人审前转处协议制度的发展[J].中国刑事法杂志,2014(3):133-143.

[13]　叶良芳.美国法人审前转处协议制度的演进及其启示[J].刑事法评论,2010,31(2):90-113.

[14]　潘云,杨春雨,季吉如.检察视角下的企业刑事合规建设[J].中国检察官,2020(21):31-33.

[15]　李勇.检察视角下中国刑事合规之构建[J].国家检察官学院学报,2020,28(4):99-114.

[16] 郭林将. 论暂缓起诉在美国公司犯罪中的运用 [J]. 中国刑事法杂志, 2010（7）: 121-127.

[17] 李勇. 企业附条件不起诉的立法建议 [J]. 中国刑事法杂志, 2021（2）: 127-143.

[18] 陈瑞华. 企业合规不起诉制度研究 [J]. 中国刑事法杂志, 2021（1）: 78-96.

[19] 陈瑞华. 企业合规的基本问题 [J]. 中国法律评论, 2020（1）: 178-196.

[20] 陈瑞华. 中兴公司的专项合规计划 [J]. 中国律师, 2020（2）: 87-90.

[21] 陈瑞华. 论企业合规的性质 [J]. 浙江工商大学学报, 2021（1）: 46-60.

[22] 陈瑞华. 合规视野下的企业刑事责任问题 [J]. 环球法律评论, 2020（1）: 23-40.

[23] 陈瑞华. 企业合规制度的三个维度: 比较法视野下的分析 [J]. 比较法研究, 2019（3）: 61-77.

[24] 陈瑞华. 律师如何开展合规业务（二）: 合规尽职调查 [J]. 中国律师, 2020: 82-84.

[25] 陈瑞华. 论企业合规的中国化问题 [J]. 法律科学, 2020（3）: 34-48.

[26] 陈瑞华. 律师如何开展合规业务（三）: 合规内部调查 [J]. 中国律师, 2020（11）: 79-81.

[27] 陈瑞华. 企业合规不起诉改革的八大争议问题 [J]. 中国法律评论, 2021（4）: 1-29.

[28] 陈瑞华. 企业合规出罪的三种模式 [J]. 比较法研究, 2021（3）: 69-88.

[29] 陈瑞华. 刑事诉讼的合规激励模式 [J]. 中国法学, 2020（6）: 225-244.

[30] 陈瑞华. 论企业合规在行政监管机制中的地位 [J]. 上海政法学院学报, 2021（3）: 69-88.

[31] 陈瑞华. 企业合规基本理论（第2版）[M]. 北京: 法律出版社, 2021.

[32] 李本灿等, 编译. 合规与刑法: 全球视野的考察 [M]. 北京: 中国政法大学出版社, 2018.